《元世祖出猎图》轴，绢本设色，台北“故宫博物院”藏，尺寸182.9 cm×104.1 cm

出 版 人：朱文富
责任编辑：王红梅
装帧设计：王占梅
责任校对：牟　霖
责任印制：常　凯

TUXIANG WENXIAN YU WENHUASHI
YOUMU ZHENGZHI DE YINGXIANG

图书在版编目（CIP）数据

图像、文献与文化史 ：游牧政治的映像 / 陈晓伟著. -- 保定 ：河北大学出版社，2017.4（2023.8重印）
ISBN 978-7-5666-1159-8

Ⅰ. ①图… Ⅱ. ①陈… Ⅲ. ①游牧民族－民族历史－中国－古代 Ⅳ. ①K289

中国版本图书馆CIP数据核字(2017)第063842号

出版发行：河北大学出版社
地址：河北省保定市七一东路2666号　邮编：071000
电话：0312-5073003　0312-5073029
网址：www.hbdxcbs.com
邮箱：hbdxcbs818@163.com
经　　销：全国新华书店
印　　刷：保定市北方胶印有限公司
幅面尺寸：148 mm × 210 mm
字　　数：370 千字
印　　张：14.375
版　　次：2017 年 4 月第 1 版
印　　次：2023 年 8 月第 2 次印刷
书　　号：ISBN 978-7-5666-1159-8
定　　价：68.00 元

本书由教育部省属高校人文社科重点研究基地河北大学宋史研究中心基地建设经费、河北省人文社科重点研究基地建设经费、河北大学历史学强势特色学科建设经费、河北大学中国史学科“双一流”建设经费资助出版。

本书系国家社会科学基金重大项目“中国古代民族志文献整理与研究”（批准号：12&ZD136）的研究成果之一。

目　录

下　　编

图版目录

绪　论

北族王朝政治史发展脉络中的辽金元时期是行国政治发育最为成熟的历史阶段，草原游牧传统出身的统治者及其扈从臣僚四季捺钵，巡幸过程中从事各种游猎活动，这成为国家政治生活中的常态现象。本书通过广泛拓展文献来源渠道，探讨游猎制度及其重要内容，再由种种细节呈现其丰富内涵，进而论证游猎活动与政治行为的深层关系。本书以《元世祖出猎图》为主线，稽考辽金元时期游猎图像文献，将图像文本与传统文献相互结合并充分解读，挖掘图像中多类型游猎元素所反映的政治文化问题。

本书分为上、下两编。上编从五个方面展开具体研究：

第一章，作为全书总论及理论阐释，从北番画作创作缘起加以分析，讨论番族画风的艺术流变与历史文化特征。目前，学界流行的所谓“北方草原画派”缺乏系统的理论探讨，鲜有学者明确提出该画派的具体标准条件，就此讨论相关画家及其美术作品。值得注意的是，中国传统画史中，张彦远《历代名画记》的绘画分类体系到宋朝则发生一大变，宣和年间官修目录文献《宣和画谱》将收录其中的画作按照题材分为十个门类，最具特色的一门当数“番族门”，乃系首次创设。本章即以番族门作品及其描述对象为研究基础，循其名实，主张采用“番族画风”定义辽金元时期新生的绘画风格及艺术作品的创作特征。通过进一步考索，提出这种艺术风格实际萌芽于中晚唐时期。历数番族画风影响下所创作的北番画作，各种作品都形成一种固定的创作格套，其内容都与辽金元时期草原游猎生活息息相关，是政治社会生活的写生，具有历史叙事功能。

第二章，是最为基础的图像文本研究，通过传世文献梳理艺术图像的递传源流，并且进一步辨析画家史料，考镜文献源流。具体以一幅画像和一个画家的案例，证明史料文献与传世图像互证有多么重要。

首先，台北“故宫博物院”所藏刘贯道《元世祖出猎图》（轴）是一幅以描述元世祖忽必烈游猎活动为主题的蒙元宫廷画。该画作集中展现忽必烈携皇后及其侍从狩猎的场景，画面整体布局、绘画艺术风格、文化特征均承袭北番画作惯有的创作模式，画中涉及多种游猎文化元素，它们在蒙元社会中具有特殊的政治象征。《元世祖出猎图》虽然备受学界关注，但关于这幅出猎图的文本流传情况却几乎无人考究。本章从书画流传史的角度对《元世祖出猎图》做了一番探讨，通过将传世文献与图像文本相结合，首次指出钱宰《临安诗集·题藩王出猎图》、顾复《平生壮观·元裕宗御容》及纳兰揆叙撰《益戒堂诗后集·题元世祖出猎图》所涉内容皆指今本《元世祖出猎图》，这为今后研究美术史及蒙元游猎制度奠定了文献学基础。其次，以北番画作《五陵按鹰图》《臂鹰人物图》的创作者后梁画家赵嵓为例，指出目前很多美术史论著凡谈及五代画家赵嵓名讳，谓其“本名曰霖，字秋巘”。不过，这种观点十分可疑。经考索，该说法源自康熙时期卞永誉编著的《式古堂书画汇考》，该书将蒙元时期的赵岩（字鲁瞻，号秋巘）当作后梁画家赵嵓，进而把两人事迹混为一谈。本章仔细辨析后梁画家赵嵓的名字问题，追踪元至治三年（1323）天庆寺雅集中的赵鲁瞻之出身来历。

第三章，通过“海青擒天鹅”分析辽金元时期春水活动及游猎制度。研究表明，《元世祖出猎图》在北族行国政治范畴内具有特殊意义，本章从图中“骑士臂鹰”形象切入，搜讨相关图像资料，并与历史文献相结合，分析海东青的狩猎习性及其驯养过程，力图再现辽金元时期“海青擒天鹅”的历史场景。该图作者刘贯道刻意将海东青纳入其中，无非是想表达海青击天鹅活动，由此牵涉出蒙元时期非常盛行的“柳林春猎”习俗。所谓“柳林春猎”，是指元朝定都燕京以后，每年二、三月份，蒙古皇帝通常要在漷州（今北京通州）柳林进行飞放。实际上，这项春猎活动起源于契丹时期。坐落于今内蒙古巴林右旗的辽圣宗永庆陵中室绘有四幅大型壁画，因其描写四季不同风景而被称作《四季山水图》，实际反映的则是契丹皇帝的四时捺钵生活，其中东壁“春图”以沙窝子为构图背景，特别突出一片湖泊，天鹅、鸳鸯、野鸭等水禽游弋其中。此图表示契丹皇帝春季捺钵时所进行的海东青猎捕天鹅之礼俗。我们将辽金元三朝做一比较，发现不仅春水卓放地有相同的地方，最重要的是，三者活动内容几乎一致。通过蒙元时期“柳林春猎”活动，最终从图像学的角度阐释行国政治的另一种意涵。

第四章，以豹猎活动为中心讨论秋狝制度。豹猎是一项风靡欧亚大陆皇家宫廷的狩猎活动，《元世祖出猎图》“马负文豹”即表现这一主题，这幅图底端中部有一位来自中亚或西亚的胡族骑士，其马鞍后铺有鞯垫，上面蹲踞着一头文豹，豹口用皮索套住，那根拴豹的绳索牢牢地握在这位骑士手中，此图像与蒙元时期颇为盛行的豹猎活动密切相关。此外，“马驮猎犬”和“马驮猞猁”两种狩猎图像模式，从游猎角度及艺术创作格套进行分析，实际与“马负文豹”属同一种类型。本章通过钩稽相关题材的草原游猎文化图像，讨论了豹猎活动中的几个关节问题，从而进一步探寻“马负文豹”的历史文化渊源，指出这种艺术形象具有非常典型的游猎文化特征，在内亚范围内也有着相当的普遍性和共通性。其他狩猎图像资料以及与此相关的历史文献所反映出的游猎政治文化特征也值得我们高度重视。

第五章，透过《元世祖出猎图》观察游牧可汗狩猎途中的扈从仪卫制度。该图右下角有两位骑士，一执骨朵，一执黑色大纛，都是重要的护卫礼杖。北族王朝游牧文化历久相承，且不断吸收新的因子，呈现出颇为独特的一面。本章所讨论的神纛信仰，最初发端于突厥，后逐渐被诸游牧民族所继承，在辽金元社会具有特殊地位。与之相关的旗鼓，起初作为中原王朝赏赐边疆民族首领的器物，而后演变成契丹建国前游牧可汗权力的象征。神纛、旗鼓作为契丹社会礼仪之物，既与中原王朝有着密切的关系，同时承继着北方民族的文化传统。本章的研究思路：在游牧文化传承与嬗变的视野下，较为深入地剖析神纛、旗鼓的历史意涵，力图展现行国政治文化之特性。

下编是游猎图像的文献学研究与整理，并以此作为美术史研究的基础。本编所辑录的资料范围，大体以文献中著录的关于辽金元时期游猎活动的图像为限。辽金元社会狩猎活动最为盛行，形成特定的富有特色的游猎制度，由此影响到美术作品的创作风格。当时出现了大量的以游猎活动为题材的图像作品，虽然大部分都已经亡佚，然而很多传世文献中却著录这些作品的题跋、题诗及题记等内容。根据这些文字描述，我们仍旧能够清晰地看到历史中的社会生活图景。本编以《宣和画谱·番族叙论》作为总论，通过搜集各种文献，辑录 48 位辽金元时期画家的履历及其画作，分门别类，从文化史的视角分析北番画作及其历史影响。

综上所述，本书将图像资料与历史研究紧密结合，主要议题为辽金元社会的四季游猎活动，其中分为春水、秋山两个系列。各章节基本都围绕上述问题展开。本书从政治史、美术史及文献学多角度发掘辽金元时期游猎图像文本的学术价值，将这些图像文献进行类型化分析和比较研究，总结其艺术创作特征与历史特色。这里不仅阐释图像文献研究的理论与方法，更以刘贯道《元世祖出猎图》作为典型案例，考证图像版本源流，辨析其流传过程，奠定研究基础。本书采取图像证史的研究方法，从艺术图像的角度，努力突破史料匮乏及汉文文献书写者固有民族偏见的束缚，立足历史文献学基础，明确图像为政治生活写生的作用（它往往成为草原政治家表达特殊意图的重要手段），以此讨论辽金元时期行国政治问题。本书故名《图像、文献与文化史：游牧政治的映像》。

上编

第一章　论番族画风的艺术流变与文化特征

本章从北番画作创作缘起加以分析，讨论番族画风的艺术流变与历史文化特征。目前学界流行的所谓“北方草原画派”缺乏系统的理论探讨，鲜有学者明确提出该画派的具体标准条件，本章就此讨论相关画家及其美术作品。我们将以《宣和画谱》番族门作品及其描述对象为研究基础，循其名实，主张采用“番族画风”定义辽金元时期新生的绘画风格及艺术作品的创作特征。

第一节　从所谓“北方草原画派”问题谈起

关于“北方草原画派”一说，最初是20世纪80年代由陈兆复先生提出的美术史论概念。他论述说，以胡瓌及其作品为典型特色的契丹绘画描写北方草原狩猎射骑生活，由此创立北方草原画派，该画派在塑造人物形象、刻画性格特征及山川风物等方面，具有游牧民族的鲜明特征和艺术特色，这些作品在中国绘画史上有着特殊的意义。[①]“北方草原画派”概念得到很多研究者的认可和推崇。[②] 盖山林先生进一步阐释“北方草原画派”的含义：第一，画派作者出身于北方游牧民族，活动在北方草原，具有一定的地域范围；第二，以描写北方草原的自然景物和社会生活为主题，其描绘对象特定。[③] 乌力吉教授将该画派视作内蒙古本土地域文化及草原文化的范畴，把当代内蒙古绝大部分画家都当作北方草原画派传人，力图将它与近现代内蒙古美术发展史混流。[④]

综上而论，契丹绘画及北方游牧民族美术创作尽管客观存在，但将其艺术渊源及流变一概采用“北方草原画派”加以囊括，须审慎对待。首先，关于“画派”的界定标准，美术史学界尽管尚有争论，通过总结分析，诸家观点的共识在于，画派需要画家群体的形成，他们的创作风格和表现手法相近，且历代相传承。[⑤]

---

① 陈兆复：《契丹族画家胡瓌和北方草原画派》，《美术》1980 年第 3 期。陈兆复：《契丹绘画》，《内蒙古社会科学》1980 年第 4 期。

② 参见李清泉《辽代宫廷绘画机构的两种体制——兼论风格与画派》，《贵州大学学报（艺术版）》2004 年第 1 期；韩雪岩《北方草原画派绘画品格的成因分析》，内蒙古师范大学 2005 年硕士学位论文，第 1—40 页。李晓峰等《契丹艺术史》，内蒙古人民出版社 2008 年版，第 130—134 页；吴婉源《辽墓壁画夫妇出行图图像样本的艺术渊源考述——兼议“北方草原画派”》，中央民族大学 2011 年硕士学位论文，第 33—41 页。

③ 盖山林：《草原的绘画和造型艺术》，见氏著《丝绸之路草原文化研究》，新疆人民出版社 2009 年版，第 308 页。

④ 乌力吉：《草原文化与内蒙古美术的崛起》，《美术》2013 年第 1 期。乌力吉：《北方草原画派与内蒙古美术》，《美术研究》2011 年第 3 期。

⑤ 参见郎绍君《类型与学派——20 世纪中国画略说》，见曹意强、范景中主编《20 世纪中国画“传统的延续与演进”国际学术研讨会论文集》，浙江人民美术出版社 1997 年版，第 12—39 页；周积寅《中国画派论（上、下）》，《中国美术》2013 年第 5、6 期；马鸿增《20 世纪中国地方画派综论》，《南京艺术学院学报（美术及设计版）》2003 年第 2 期；马鸿增《画派的界定标准、时代性及其他——与周积寅先生商榷》，《中国美术》2013 年第 2 期。

而所谓“北方草原画派”目前仍旧缺乏系统的理论探讨，鲜少有学者明确提出该画派的标准条件为何，就此讨论相关画家及其美术作品。其次，此“北方草原”的称谓，明显是以作家出身地域和艺术对象为限，强调草原文化独立意识。尽管北方游牧民族的美术创作源远流长，但像摩崖岩画那样都是基于现实生活的朴素写真，处于绘画艺术的萌芽形态。然而绘画理论及美术流派实际是以中土文化为主体的历史构建，换言之，草原美术绘画必须是一种成熟的艺术形态及相关作品，由此与传统绘画艺术发生共鸣和对话，这样才能真正探讨其在中国美术史中的地位。第三，“北方草原画派”是近三十年才提出的绘画史论概念，它并不是一个历史概念，更于传统美术史文献中无征，所以我们应该探寻更为真实客观的历史本相。尤其值得注意的是，近年来出于打造内蒙古草原文化品牌的现实需要，“北方草原画派”逐渐有演变成为地方文化名片之嫌，某些地方学者亦热衷于此，进而将其功利化和世俗化，自然也就偏离了学术轨道。

本文由此认为，“北方草原画派”是一个值得商榷的画论表述及艺术流派，比较妥帖的是，宜以“番族画风”来概括总结10—14世纪暨辽金元时期新生的绘画风格及艺术作品创作特征，既遵循历史实际情况，又符合中国传统美术史的发展脉络。在论证“番族画风”的成立方面有以下四点：第一，通过梳理画谱文献中的理论阐释，在前后期文献比较中发现“番族”概念，据此解释其下同类型以及与此相关的美术作品；第二，追溯画风的艺术源流，解决源头问题，分析产生此种艺术风格的历史背景；第三，主要特征是什么？拟从画家师承、画作特征、创作背景三方面加以分析；第四，弄清是源于社会政治生活的写生，还是艺术作品的抽象创作。

第二节 画史理论体系中的番族新风及其渊源

中国传统画史研究，对绘画过程中各个不同画风转变的关节，以及由此引发的理论思考，深受美术史学界关注。[①] 我们都知道，晚唐张彦远《历代名画记》是以史传为经，以品评为纬，不仅建构起系统的绘画史体系，而且详细阐释画学理论思想。[②] 该书《叙画之兴废》分析了汉唐以来书画史发展脉络和阶段特征：

> 图画之妙，爰自秦汉，可得而记。降于魏晋，代不乏贤。洎乎南北，哲匠间出。曹、卫、顾、陆，擅重价于前；董、展、孙、杨，垂妙迹于后；张郑两家，高步于隋室；大安兄弟，首冠于皇朝，此盖尤所烜赫也。[③]

张氏"叙历代能画人名，自轩辕至唐会昌凡三百七十二人"[④]，上文列举的数人皆为历代画坛之名宿，唐朝当数"大安兄弟"，指阎立德、阎立本二人，足以引领绘画风尚，算是当时美术学成就的一大标杆。书中叙事采取史传文体，即以人物为纲，但作为唐画

---

① 参见石守谦《文化史范畴中的画史之变》，见氏著《风格与世变：中国绘画十论》，北京大学出版社 2008 年版，第 2—15 页。

② 参见陈池瑜《张彦远〈历代名画记〉的画史体系与史学理论》，《南京艺术学院学报（美术与设计版）》2009 年第 2 期。

③ 张彦远著，俞剑华注释：《历代名画记》卷 1《叙画之兴废》，上海人民美术出版社 1964 年版，第 7 页。

④ 张彦远著，俞剑华注释：《历代名画记》目录"卷四"条，上海人民美术出版社 1964 年版，第 1 页。

典范的阎氏书画作品未涉及北方游牧题材绘画。

不过，张彦远《历代名画记》的绘画分类体系到宋朝则发生变化，特别值得注意。宋代画史评论家郭若虚诟病张彦远《历代名画记》以后的画谱著述，谓“厥后撰集者率多相乱，事既重叠，文亦繁衍”①。郭若虚清楚地认识到唐宋之际的绘画体系相当混乱，毫无章法可循，故于熙宁七年（1074）编成《图画见闻志》。该书编撰体例除对《历代名画记》有所继承外，在书画门类方面则加以创新，“业于绘事，驰名当代者一百四十六人。人物、山水、花鸟、杂画，分为四门”②。也就是说，将宋朝前期画家人物履历及其作品按照上述四个门类进行编排，创作风格相近和同类题材的作家及其作品归列为一类，由此愈加突出绘画体系特征。北宋刘道醇编撰的《圣朝名画评》也是按照这种方法分类：

> 大抵观释教者尚庄严慈觉，观罗汉者尚四像归依，观道流者尚孤闲清古，观人物者尚精神体态，观畜兽者尚驯扰扩厉，观花竹者尚艳丽闲冶，观禽鸟者尚毛羽翔举，观山水者尚平远旷荡，观鬼神者尚筋力变异，观屋木者尚壮丽深远。③

刘道醇分析不同类型绘画的鉴赏手法，乾隆时期四库馆臣将此总结为：“画分六门：一曰人物，二曰山水林木，三曰畜兽，四曰花

---

① 郭若虚著，黄苗子点校：《图画见闻志》卷首《图画见闻志序》，人民美术出版社 1963 年版，第 2 页。

② 郭若虚著，黄苗子点校：《图画见闻志》卷 3《纪艺中》，人民美术出版社 1963 年版，第 67 页。

③ 刘道醇：《圣朝名画评》卷首《圣朝名画评序》，明刻《王氏画苑》本，叶 1b—2a。

卉翎毛，五曰鬼神，六曰屋木。”[①] 上述两书“人物”“山水”“花鸟”三门类相同，“杂画”则细化为“鬼神”和“屋木”。郭若虚《图画见闻志》“四门”以及刘道醇《圣朝名画评》“六门”分类法，其意义不仅在于绘画作品的编排手段有章可循，而且借鉴文献目录学，将此作为理论结构基础，对中国传统美术绘画体系的特征进行总结和画风归类。

我们都知道，《宣和画谱》是一部北宋宣和年间官修图画目录文献，“乃集中秘所藏者，晋魏以来名画凡二百三十一人，计六千三百九十六轴，析为十门，随其世次、而品第之”[②]。该画谱借鉴发扬传统，仍以门类目录法统摄历代绘画作品，将所有画作按照题材进行分科。《宣和画谱》总共设有下述十种门类：道释门、人物门、宫室门、番族门、龙鱼门、山水门、畜兽门、花鸟门、墨竹门、蔬果门。这样编撰体例就由原来以时间为序彻底转变为以题材为类别，从而实现由粗到细、由芜到精的分类方法转型，是绘画研究领域逐步走向深入的具体体现。[③]

其中最具特色的一门当数“番族门”。主要是因为，在中国传统绘画史论中，从未出现过这一门类，《宣和画谱》系首次创设。唐代朱景玄《唐朝名画录序》总结绘画主题，云“夫画者以人物居先，禽兽次之，山水次之，楼殿屋木次之”[④]。即便北宋翰林画院宣和书画学制度中，“其习有六：一曰佛道，二曰人物，三曰山川，四曰鸟兽，五曰竹花，六曰屋木，各以释名”[⑤]。由此可见，

① 刘道醇：《宋朝名画评》卷首“书前提要”，台湾商务印书馆影印文渊阁《四库全书》，第 812 册，第 447 页下栏。

② 《宣和画谱》卷首《宣和画谱叙》，《津逮秘书》本，第 3 页。

③ 参见段玲《〈宣和画谱〉探微》，《美术研究》1996 年第 4 期。

④ 朱景玄：《唐朝名画录》，明刻《王氏画苑》本，叶 1a。

⑤ 赵彦卫著，傅根清点校：《云麓漫钞》卷 2，中华书局 1996 年版，第 28 页。

唐宋时期绘画题材都是秉承传统门类的。那么，《宣和画谱》为何新增不属于传统门类的“番族门”呢？

就“番族门”之设立，《宣和画谱叙目》阐释理由说：“天子有道，守在四夷，或闭关而谢质，或贡琛而通好，以雅以南，则间用其乐，来享来王，则不鄙其人，故以番族次之。”① 《番族叙论》为此做了十分详尽的解释：

> 解缦胡之缨，而敛衽魏阙；袖操戈之手，而思禀正朔；梯山航海，稽首称藩，愿受一廛而为氓。至有遣子弟入学，乐率贡职，奔走而来宾者，则虽异域之远，风声气俗之不同，亦古先哲王所未尝或弃也，此番族所以见于丹青之传。然画者多取其佩弓刀，挟弧矢，游猎狗马之玩，若所甚贬，然亦所以陋蛮夷之风，而有以尊华夏化原之信厚也。今自唐至本朝，画之有见于世者凡五人，唐有胡瓌、胡虔，至五代有李赞华之流，皆笔法可传者。盖赞华系出北虏，是为东丹王，故所画非中华衣冠，而悉其风土故习，是则五方之民，虽器械异制，衣服异宜，亦可按图而考也。后有高益、赵光辅、张戡与李成辈，虽驰誉于时，然光辅以气骨为主而格俗，戡、成全拘形似而乏气骨，皆不兼其所长，故不得入谱云。②

此文全面叙述绘画分科中的“番族”一门形成之原因，其中有三种特征最为重要：

第一，“番族门”及相关绘画作品作为构建传统绘画分科体系中的重要一环，是蛮夷之风华夏化的政治文化产物。且看南齐谢

① 《宣和画谱》卷首《宣和画谱叙目》，《津逮秘书》本，第6页。

② 《宣和画谱》卷8《番族叙论》，《津逮秘书》本，第222—224页。

赫《古画品录序》所述："图绘者，莫不明劝戒，著升沈；千载寂寥，披图可鉴。"[①] 张彦远《叙画之源流》曰："夫画者，成教化，助人伦，穷神变，测幽微，与六籍同功，四时并运，发于天然，非繇述作。"[②] 北方民族游牧文化与中原农耕社会迥异，人物风貌、衣服着装及生活习俗皆有所差异，关于番族的种种写真作品乃是"思禀正朔"暨中土文化影响下的产物，即被视为渐染华风，这种番族绘画风格当是两种社会政治文化的有机融合。

第二，自然形成画家群体，是以所描述的番族景象为分科，而不以生活及出身地域为断限。《番族叙论》提到胡瓌、胡虔、李赞华、高益、赵光辅、张戡、李成等七人，但由于后四者的作品创作存有些许缺陷，画谱中所列画家则为胡瓌、胡虔、李赞华、王仁寿及房从真，被视作该门类的领军人物，他们的作品主要涉及《卓歇图》《射猎图》《番骑图》等。关于画家生活地域，有很多人则来自中原，甚至西南地区，王仁寿为汝南宛人，房从真籍贯为成都。[③] 除此之外，蜀人周行通，"攻画人物鬼神，蕃马戎服，器械毡帐、鹰犬羊雁之类及川原放牧，尽得其妍"，其代表作有《阴山七骑图》，"蜀人皆传周胡蕃马为妙，行通多髯故也"[④]。这些画家出身显然都与游牧草原社会背景无涉。

第三，画家具有师承关系或画艺因袭，所以此种艺术风格才能够得以延续发展，兴盛一时。胡瓌、胡虔父子即为典型一例。

---

① 谢赫著，王伯敏标点注释：《古画品录》，人民美术出版社1959年版，第1页。

② 张彦远著，俞剑华注释：《历代名画记》卷1《叙画之源流》，上海人民美术出版社1964年版，第1页。

③ 《宣和画谱》卷8《番族》，《津逮秘书》本，第232、233页。

④ 黄休复：《益州名画录》卷中《能格上品》，人民美术出版社1964年版，第40—41页。

胡虔，“学父瓌，画番马得誉，世以谓虔丹青之学有父风”①。胡氏番马的绘画技艺驰誉当时，李玄应、李玄审兄弟二人，“并工画蕃马，专学胡瓌”②。师从房从真者，则有蜀人蒲师训，“幼师房从真，画人物、鬼神、蕃马”③。北宋宣和画院待诏黄宗道也是其中一位，“工画人物、蕃马，师胡瓌、东丹王。世论胡画马得肉，东丹得骨，宗道二法俱备”④。由此可见，宗道画蕃马乃博采胡瓌、东丹王二家之所长。

综上所述，《宣和画谱》的编纂，乃是继承发扬唐宋以来传统绘画体系，将原属畜兽门类下的许多画家及其作品重新分类，“番族门”与其他诸门类并列，其下所列举的作品风格相近，由此反映了中国美术发展过程中新生的绘画风格。本文主张以描述对象为主，将其称作“番族画风”。下面简略分析一下产生这项艺术风格的历史背景。

《宣和画谱》“番族”特指契丹，意谓这些绘画作品都发端于此。研究表明，辽朝皇帝非常重视图画及其训鉴作用，其中的重要举措有：神册六年（921）五月丙申，“诏画前代直臣像为《招谏图》”⑤；会同元年（938）六月，“诏建日月四时堂，图写古帝王事于两庑”⑥；开泰七年（1018）七月，“诏翰林待诏陈升写《南征得胜图》于上京五鸾殿”⑦。由此看来，书画作品作为表达

① 《宣和画谱》卷 8《番族》，《津逮秘书》本，第 228 页。

② 郭若虚著，黄苗子点校：《图画见闻志》卷 2《纪艺上》，人民美术出版社 1963 年版，第 38 页。

③ 黄休复：《益州名画录》卷中《妙格下品》，人民美术出版社 1964 年版，第 30 页。

④ 夏文彦：《图绘宝鉴》卷 3《宋朝》，至正二十六年刻本，叶 29b。

⑤ 《辽史》卷 2《太祖纪下》，中华书局 2016 年修订本，第 19 页。

⑥ 《辽史》卷 4《太宗纪下》，中华书局 2016 年修订本，第 48 页。

⑦ 《辽史》卷 16《圣宗纪七》，中华书局 2016 年修订本，第 206 页。

政治意图的有效手段，深为辽朝统治者所接受和利用，由此看出他们很大程度上受到中原文化的浸染。这种社会背景中，番族画风作为中国传统绘画体系中的艺术新风，在传统文化史范畴内，将描写对象突破革新，即以草原游猎社会生活为主角，这种现象实际萌芽于中晚唐时期。

我们注意到，唐朝有很多画家作品都涉及游猎题材。朱景玄《唐朝名画录》尽管未明确提出画论中的“番族”概念，但收录其中的画家及其作品却与此相关。该书叙国朝亲王三人中的汉王元昌，擅长鞍马、鹰鹘、雉兔；江都王善画鞍马。[①] 被列为神品下的韩幹，妙品上的韦无忝，能品中的“陆滉功德、李仲和、李衡、齐旻俱能画蕃马、戎夷部落、鹰犬鸟兽之类，尽得其妙”[②]。此外，张彦远《历代名画记》也叙述相关画家，齐皎，“善外蕃人马”[③]；李仲和之父李渐，“善蕃人、蕃马、骑射、射雕。放牧川原之妙，笔迹气调，古今亡俦”[④]。由此可见，以上诸位画家都以善画番地景象为长，宋朝御府中也藏有数量可观的绘画作品。

通过以上分析，我们看到早在胡瓌等画家写番族风景之前，唐朝画家就已涉猎这类题材，当为其艺术发展的源头，或者前后延续，画风传承有自。辽朝则是番族画风发展创作的鼎盛时期，除上述胡瓌、胡虔、李赞华等人外，康熙时期，王毓贤《绘事备考》辑录契丹贵族萧瀜的传世画作，其中有《混同江钩鱼曲宴图》一、《写义宗千角鹿图》一、《雪碛晾鹰图》二、《角鹰穴狐图》

---

① 朱景玄：《唐朝名画录》卷首《唐朝名画录目》，明刻《王氏画苑》本，叶1a。

② 朱景玄：《唐朝名画录》，明刻《王氏画苑》本，叶16a。

③ 张彦远著，俞剑华注释：《历代名画记》卷10《唐朝下》，上海人民美术出版社1964年版，第198页。

④ 张彦远著，俞剑华注释：《历代名画记》卷10《唐朝下》，上海人民美术出版社1964年版，第202页。

一、《棘林鹘鹞图》四、《秋原讲武图》三、《海东青图》二、《青骹鹰图》一、《受绁鹰图》一、《独击鹘图》一、《臂鹰图》二、《韝鹰图》二、《习鹰图》一、《麋鹿图》一、《驯鹿图》一及《牧放图》一。耶律题子画之传世者：《木叶山图》一、《卓歇图》四、《勘箭图》二、《搜山图》四、《夜猎图》一、《雪猎图》一、《飞骑图》二、《较射图》二、《射雕图》一、《射雉图》一、《调马图》二、《习马图》二、《卓泉图》一。①这些绘画作品主要以辽朝四时捺钵游猎生活为主题，是现实生活的写照。

上文谈到，番族画风的创作群体并不局限于契丹本土，许多中原画家纷纷涉足于此。例如，颍川堰城陈用智（一名陈用志）于天圣年间担任宋朝图画院祗候，“亦善画蕃马，学胡瓌，略得其奥，而多出己意，自至奇怪，识分数，晓向背，甚有所得”②。曾画《蕃马》传世。③豳国人张翼（一名钤），“工画蕃马，师赵光辅，得其笔法，但状彼胡人，不能酷似耳”④。除此之外，通过画谱文献可考者：南唐画院学生赵幹绢画《番骑打围图》⑤；宋朝御府藏吴元瑜《番族图》二⑥；李公麟作有《昭君出塞图》《写东丹王马图》《番骑图》及《摹北虏赞华蕃骑图》各一⑦；张戡的外甥

① 王毓贤：《绘事备考》卷7《辽朝》，康熙三十年刻本，叶1a—3b。

② 刘道醇：《圣朝名画评》卷2《畜兽门第三》，明刻《王氏画苑》本，叶27b。

③ 郭若虚著，黄苗子点校：《图画见闻志》卷3《纪艺中》，人民美术出版社1963年版，第77页。

④ 郭若虚著，黄苗子点校：《图画见闻志》卷4《杂画门》，人民美术出版社1963年版，第104页。

⑤ 吴其贞撰，邵彦校点：《书画记》卷6，辽宁教育出版社2000年版，第288页。

⑥ 《宣和画谱》卷19《花鸟五》，《津逮秘书》本，第551页。

⑦ 《宣和画谱》卷7《人物三》，《津逮秘书》本，第206、207、209页。

陈皋，“长于番马，颇尽胡态”①；王木，“画蕃马”②，“尤长于蕃骑，权奇蹀躞，咸出毫端”，画有《蕃马图》十二幅及《猎骑图》一幅③；嘉泰年画院待诏陈居中，“专工人物、蕃马，布景着色可亚黄宗道”④；武克温、陆琮皆以画蕃马见长⑤；金朝虞仲文，“善画人马”⑥，画《拔营图》《卓帐图》⑦；黄谒，“精蕃骑”，作品有《雪猎图》⑧；李早《蕃马图》《金人射鹿》⑨。以上十余位画家都涉猎番族画作，标志宋辽金时期番族画风之兴盛。

再看元朝时期，番族画风依旧非常流行，传世画作中最有影响者要数刘贯道《元世祖出猎图》（台北“故宫博物院”藏，尺寸182.9×104.1厘米），这是一幅以元世祖忽必烈秋猕活动为主题的蒙元宫廷画，画中涉及多种游猎元素，各类番骑呈现的动作形象，或张弓射雁，或手架猎鹰，或绳携猎豹，扈从皇帝打猎。⑩这也是元朝游猎制度的写实。

据此可以总结番族画风的主要特征：一是游猎社会生活与中原绘画艺术的有机结合，具有较强的社会写实性；二是形成一个画家群体，不同地域、不同时期的画家都在参与创作，且为数众多；三是艺术创作有特定的构思模式与写作对象。《宣和画谱》将

---

① 邓椿：《画继》卷7《畜兽虫鱼》，人民美术出版社1964年版，第93页。

② 夏文彦：《图绘宝鉴》卷4《宋南渡后》，至正二十六年刻本，叶21a。

③ 王毓贤：《绘事备考》卷6《宋朝》，康熙三十年刻本，叶56a—b。

④ 夏文彦：《图绘宝鉴》卷4《宋南渡后》，至正二十六年刻本，叶14a。

⑤ 夏文彦：《图绘宝鉴》卷4《宋南渡后》，至正二十六年刻本，叶23b。

⑥ 夏文彦：《图绘宝鉴》卷4《金朝》，至正二十六年刻本，叶27b。

⑦ 王毓贤：《绘事备考》卷7《金朝》，康熙三十年刻本，叶6a—b。

⑧ 夏文彦：《图绘宝鉴》卷4《金朝》，至正二十六年刻本，叶28b。

⑨ 王恽：《秋涧先生大全文集》卷30，《四部丛刊》本，叶12a。王沂：《伊滨集》卷11，台湾商务印书馆影印文渊阁《四库全书》，第1208册，第478页下栏。

⑩ 简松村：《弓劲马强，大漠较猎——元世祖出猎图》，《故宫文物月刊》（台北）第7卷第10期，1990年1月。

“番族门”的这种绘画风格独立出来，显然是对宋辽金元时期中国画史新风的密切关注，也是画史理论体系中的新变。

第三节 北番画作的图像特征及其历史叙事功用

历数番族画风影响下创作而成的北番画作，各类作品都与辽金元时期草原游猎生活息息相关，是政治社会生活的写生。像辽圣宗庆陵中室的壁画“四季山水图”，以及胡瓌等人所画数种《卓歇图》，就是描摹契丹皇帝的四时捺钵生活。① 契丹画家萧瀜的《混同江钩鱼曲宴图》及《秋原讲武图》，分别为国家政治生活春水、秋山两个系列中的图像作品，《雪碛晾鹰图》《海东青图》《臂鹰图》的创作背景则与辽朝皇帝春猎时海东青捕天鹅活动有关。②《元世祖出猎图》更是如此，明显是对当时元朝宫廷政治生活的真实写照。③ 辽金元社会游猎生活以图像形式呈现出很多重要的历史景观，从而可以采用图像文献手段解释“行国政治”的历史意涵，④ 进一步探究番族画风的政治文化特征及其历史叙事功用。

① 参见张鹏《辽代庆东陵壁画研究》，《故宫博物院院刊》2005 年第 3 期。

② 参见陈晓伟《海青擒天鹅：北族行国政治的图像学研究》，《美术研究》2015 年第 3 期。

③ 参见余辉《元代宫廷绘画史及佳作考辨》，《故宫博物院院刊》1998 年第 3 期。

④ 关于“行国政治”的含义，按《汉书·匈奴传》，匈奴谋臣中行说概括曰：“畜食草饮水，随时转移。……约束径，易行。君臣简，可久。一国之政犹一体也。”通常直观地表现为，草原游牧者逐水草而居，终年往返于四季或两季营地之间。游牧民族根据季节早晚和牧场好坏经常而有规律地移动，最高统治者游牧到哪里，整个国家的政治、经济乃至文化中心也随之集中在哪里。参见贾敬颜《释“行国”——游牧国家的一些特征》，《历史教学》1980 年第 1 期。

上文以《宣和画谱》为线索论证番族画风之成立，下文拟将图像与文献互证，分析这种绘画风格的特征及创作模式。元朝曲调中有一支柳营曲写道：

> 白海青、皂笼鹰，鸦鹘兔鹘相间行。细犬金铃、白马红缨，前后御林兵。喊嘶嘶飞战马蹄轻，雄纠纠御驾亲征。厮琅琅环辔响，吉丁铛镫敲鸣，呀剌剌齐和凯歌行。
>
> 红锦衣、皂雕旗、银盘也似脸儿打着练搥。鹰犬相随、鞍马如飞、排列的雁行齐。围子首凤翅金盔。御林军箭插金钑。剔溜秃鲁说体例、亦溜兀剌笑微微、呀剌剌齐和凯歌回。

这首元曲是根据《金章宗出猎图》写成的，在表达形式上，将图像转化为文字描述。[①] 其所叙海东青、各种鹰鹘类、细犬与“鹰犬相随”的组合及扈从队伍诸种游猎元素，构成北番画作的基本框架。至元十八、十九年间，南宋遗臣汪元量朝谒元世祖，在皇帝斡耳朵亲历狩猎场景：“黑风满天红日出，千里万里栖寒烟。快鹰已落蓟水畔，猎马更在燕山前。白旄黄钺左右绕，毡房殿帐东西旋。海青眇然从此去，天鹅正坠阴厓巅。”[②] 此首诗文所叙当为皇帝秋狝之情景，可与《元世祖出猎图》（图 1-1）以及与其画风和内容几乎相近的元代《射雁图》（绢本设色，尺寸 131.8×

---

① 佚名编，隋树森点校：《梨园按试乐府新声》卷下《寨儿令》，中华书局 1958 年版，第 97 页。

② 汪元量著，孔凡礼辑校：《增订湖山类稿》卷 3《斡鲁垛观猎》，中华书局 1984 年版，第 73—74 页。

93.9 厘米，台北“故宫博物院”藏）相参照（图 1-2）。①

图 1-1　刘贯道《元世祖出猎图》

① 石守谦主编：《大汗的世纪：蒙元时代的多元文化与艺术》，台北“故宫博物院”2001 年版，第 26、37 页。

图 1-2　佚名《射雁图》

检讨能够与图像互相印证的历史文献，元朝张弘范《出猎》对狩猎景象有一番生动描述："臂鹰携犬袴腰弓，四野长围马疾风。恨煞棘林狐兔走，肯教容易出围中。"① 研究表明，以上三种臂鹰、携犬、袴腰弓已然成为辽金元时期番族画风作品"出猎图"共同的图像特征。兹举例说明分析：

第一组为今存世的传胡瓌所作《出猎图》册（图 1-3，绢本设色，尺寸 32.9×44.3 厘米）及《回猎图》册（图 1-4，绢本设色，

① 张弘范：《淮阳集》（不分卷），台湾商务印书馆影印文渊阁《四库全书》，第 1191 册，第 712 页上栏。

图 1-3　旧传胡瓌《出猎图》

图 1-4　旧传胡瓌《回猎图》

尺寸 34.2×46.9 厘米）。[①] 据清中叶胡敬《西清札记》著录说："胡瓌《出猎图》，绢本设色，画猎骑三，[②] 各于马上臂鹰；胡瓌《回猎图》，绢本设色，画猎骑三，一前驱，二联辔，各携田犬。"[③] 这两幅今藏台北"故宫博物院"。有学者指出，仔细辨识《出猎图》《回猎图》的笔墨风格、绢质规格及画面布景诸要素，指出两者原始装裱形式可能并非册页，而是来自同一手卷，有可能源出胡瓌名作《阴山七骑图》（卷）。[④] 照这么说，这两幅图中的"七猎骑"实际组成一个装备齐全的狩猎队伍，由此充分陈述北番图像作品的具体表现形式，上述两图一并把无垠的大漠、矫健的猎骑、欢腾的鹰犬融织到一起，从而扼要表达游猎活动的旨意。

第二组为宋金时期的绘画作品，乃系宫素然创作的历史人物画《明妃出塞图》卷（图 1-5，纸本水墨，尺寸 30.2×160.2 厘米，日本大阪市立美术馆藏），以及张瑀《文姬归汉图》卷（图 1-6，绢本设色，尺寸 29×129 厘米，吉林省博物馆藏）。[⑤] 这两幅"出塞图"均以相关历史故事为题材，但整个图景实际取自两位作者身处的 10—13 世纪北方草原游牧生活，并且两者的构图形式与人物造型颇为相似，有着渊源关系。我们注意到，两画中都有一侍从乘坐猎骑，携带着专为狩猎而训练出来的细犬，腰间挎弓矢，箭囊绘有追逐秋鹿的图案。这些装束显然与狩猎活动有关。

---

① 台北"故宫博物院"编：《画马名品特展图录》，台北"故宫博物院"1990 年版，第 11 页。

② 据本文所引《出猎图》，画中的猎骑数目实为"四"。

③ 胡敬：《西清札记》卷 1"嘉庆乙亥四月二十九日甲申"条，《续修四库全书》，第 1082 册，第 76 页下栏。

④ 参见彭慧萍《台北故宫藏〈出猎图〉〈回猎图〉之成画年代暨意涵析探》，台湾师范大学 2001 年硕士学位论文，第 1—2 页。

⑤ 傅熹年编：《中国美术全集·绘画编》（两宋卷上），中国建筑工业出版社 1988 年版，第 159—161 页。

图 1-5　宫素然《明妃出塞图》局部

图 1-6　张瑀《文姬归汉图》局部

第三组为画谱文献中著录的元朝赵仲穆《羽猎图》卷。此画今天或已亡佚。晚近画家邵松年根据瓶麓斋旧藏著录此画说：“绢本设色，工笔，高九寸、长四尺六寸三分”，“山坡平旷，林木萧骚，数壮者乘骑出猎，一人搴旗先行，一骑背剑随后，一人挟猎犬，一人臂鹰，一人带弓矢应辔而行，后一骑策马追蹑”。[①] 此文描述“猎骑”“猎犬”“臂鹰”及“弓矢”四种重要的游猎形象，与上面列举的四种传世画作及《元世祖出猎图》有着相同点。

综上分析，“臂鹰携犬袴腰弓”算是出猎图的创作格套，也是最具典型特色的游猎图案，这种艺术原型显然源自现实中的游牧狩猎生活。众所周知，辽朝墓葬壁画具有很强的写实性，大多展现墓主生前经历的或彼时社会的真实生活，20 世纪 80 年代发掘的库伦 6 号辽墓中，墓道北壁有一幅《出行图》，画面共有五人，第二人右臂架着一只猎鹰，有一只猎犬相随，颈套项圈，长腿细腰，尾巴上翘。[②] 在内蒙古敖汉旗喇嘛沟辽墓中，墓道西壁描绘有《备猎图》，图中有五名契丹侍仆，其中有一人手擎海东青，一人手执弓箭，另一人右侧挂一扁鼓，这想必是春季出猎前的场景。[③] 不过，在契丹墓葬壁画中目前尚未发现猎骑形象。1965 年，内蒙古赤峰市三眼井元代 2 号墓壁画《出猎归来图》中的各种游猎元素齐备，该画绘于墓室东壁，尺寸为 65×90 厘米。画中三人三骑，表现出猎归来的场面，前面两人头戴蒙古特色服饰钹笠冠，着右衽长袍，并驾齐驱，右边者右手扬鞭，携带一猎犬，左边者佩挂弓箭；最后面一人，头戴后檐帽，身穿圆领袍，右手擎鹰，

---

① 邵松年：《澄兰室古缘萃录》卷 2《赵仲穆羽猎图》，《续修四库全书》第 1088 册，第 37 页下栏。

② 孙建华编：《内蒙古辽代壁画》，文物出版社 2009 年版，第 258 页。

③ 孙建华编：《内蒙古辽代壁画》，文物出版社 2009 年版，第 188 页。

紧随其后，马上栓带着猎获物。[1] 由此看出，北番画作的绘画风格一贯如此，其艺术特征、内容主题及写实传统蕴含着浓郁的大漠风情，尤其与游猎生活密切相关。

我们检讨明朝文献中有关北番出猎图的各种题诗，如胡俨《颜辉沙漠出猎图》[2]、谢肇淛《胡人出猎图》[3]、何乔新《金人出猎图》[4]、程敏政《戎王出猎图》[5]，以上诗文均根据作者所见图像作诗。原图画一概将秋季沙漠作为构图背景，同时会出现猎骑、细犬、猎鹰这些十分重要的游猎元素。应该说，出猎图是一个整体构图，多种画面及游猎题材都有所表现，其中“鹰犬相随”最具趣味，值得进一步分析说明。

首先，关于鹰隼狩猎，据《开元天宝遗事》云：“申王有高丽赤鹰，岐王有北山黄鹘，上甚爱之，但弋猎，必置之于驾前。”[6] 申王、岐王指唐玄宗兄弟李㧑和李范，二人所钟情的鹰猎活动，有大量唐代宗室墓葬出土的陶俑造型为证。[7] 辽金元三朝盛行鹰猎活动，社会中驯养及使用鹰隼的现象十分普遍。大蒙古国时期，西方传教士鲁不鲁乞游历漠北，叙述本人见闻说：“他们有大量的鹰、白隼和隼，他们把这些鸟放在右手上。他们经常在鹰的颈子

① 徐光冀主编：《中国出土壁画全集（内蒙古卷）》，科学出版社 2012 年版，第 231 页。

② 胡俨：《颐庵文选》卷下《题颜辉沙漠出猎图》，台湾商务印书馆影印文渊阁《四库全书》，第 1237 册，第 653 页上栏。

③ 谢肇淛：《小草斋集》卷 11《题胡人出猎图》，万历刻本，叶 20b—21a。

④ 何乔新：《椒邱文集》卷 23《题金人出猎图》，嘉靖元年刻本，叶 11a。

⑤ 程敏政：《篁墩程先生文集》卷 91《题戎王出猎图》，正德二年刻本，叶 8a—b。

⑥ 王仁裕撰，曾贻芬点校：《开元天宝遗事》卷下“决云儿”条，中华书局 2006 年版，第 52 页。

⑦ 参见王丽《唐代狩猎图案及狩猎俑的初步研究》，西北大学 2012 年硕士学位论文，第 23—28 页。

周围系一根小皮带，这根小皮带挂到鹰的胸前；当他们把鹰掷向它捕捉的动物时，就用左手拉皮带，把鹰的头和胸向下拉，这样它就不会被风吹回来或者向上飏去。他们通过打猎获得他们食物的一大部分。”① 其次，《回猎图》中画有三只猎犬，其他图像及文献也提到此狩猎物，北族社会通常称其为“细犬”，② 上述柳营曲《金章宗出猎图》曰“细犬金铃”，胡俨《题颜辉沙漠出猎图》云“猘子交驰疾若风”，③ 该图中的“猘子”即狩猎使用的狂犬，即指“细犬”。上述各类图像刻画的猎手携带“飞鹰走犬”，其实在狩猎过程中具有重要用途。据《南村辍耕录》叙述说：“田猎之际，雕则戾天，狗则走陆，所逐同至。”④ 陈宜甫《悲猎兔》有云：“捷疾飞鹰攫，踉蹡走犬争。”⑤ 美国蒙古学家 Thomas T. Allsen 教授指出，这种鹰犬合作的捕猎方式颇为有效，即两者在狩猎活动中相互配合，先由猎鹰攻击猎物三四次，然后再由紧随其后追赶上来的细犬捕获他们。⑥ 元代散曲家杨朝英（号澹斋）作曲《叹世》故云“昨日苍鹰黄犬齐飞放”⑦，大概描述的就是此

---

① 《鲁不鲁乞东游记》，道森编，吕浦、周良霄译注：《出使蒙古记》，中国社会科学出版社 1983 年版，第 118 页。

② 参见何启龙《从突厥 baraq 猎犬传说到元代的鹰背狗传说》，《“元代漠南城市与经济社会”学术研讨会论文集》，2012 年 7 月；钟焓《雕窠生犬考》，《民族史研究》第 8 辑，中央民族大学出版社 2008 年版，第 132—152 页。

③ 胡俨：《颐庵文选》卷下《题颜辉沙漠出猎图》，台湾商务印书馆影印文渊阁《四库全书》，第 1237 册，第 653 页上栏。

④ 陶宗仪：《南村辍耕录》卷 7“鹰背狗”条，中华书局 1959 年版，第 92 页。

⑤ 陈宜甫：《秋岩诗集》卷下《悲猎兔》，台湾商务印书馆影印文渊阁《四库全书》，第 1202 册，第 686 页上栏。

⑥ Thomas T. Allsen：*The Royal Hunt in Eurasian History*，Philadelphia：University of Pennsylvania Press，2006，p67.

⑦ 杨朝英选编，隋树森点校：《朝野新声太平乐府》1《叨叨令》，中华书局 1958 年版，第 13 页。

番狩猎景象。

以上通过分析北番画作中的狩猎活动及相关要素的书写模式，揭示出一种“臂鹰携犬袴腰弓”的创作格套，由此证明番族画风具有浓郁的草原游牧生活气息，特别是其历史叙事功用。从美术史理论和方法论层面说，“图像证史”概念正好适用本文所讨论的内容，即将图画与历史问题相互结合起来研究，发掘蕴藏其中的历史意义。[①] 也就是说，番族画风之盛行根深于社会政治文化的特定背景。众所周知，游牧社会的生活传统是，“朔漠以畜牧射猎为业，犹汉人之劭农，生生之资于是乎出”[②]。辽朝将这种游牧习俗发展成为国家政治制度，亦即“秋冬违寒，春夏避暑，随水草就畋渔，岁以为常。四时各有行在之所，谓之‘捺钵’”。《辽史·营卫志》叙述四时捺钵，分别为春捺钵鸭子河泺、夏捺钵吐儿山、秋捺钵伏虎林及冬捺钵广平淀，[③] 元初王恽总结所谓国朝大事：“曰征伐，曰搜狩，曰宴飨，三者而已。”[④] 同时还说“春搜秋狝是寻常”[⑤]。据此，辽金元时期的游猎制度大略可分为春水、秋山两个单元，[⑥] 北番画作即围绕上述两个主题进行创作。

第一，春水即指春猎活动，最具典型特色的游猎项目当数海东青擒天鹅。王毓贤《绘事备考》收录萧瀜的传世画作，就有

① 参见 Peter Burke, *Eyewitnessing: The Uses of Images as Historical Evidence*, London: Reaktion Books, 2001, p14；《图像证史》，杨豫译，北京大学出版社 2008 年版，第 9 页。

② 《辽史》卷 68《游幸表》，中华书局 2016 年修订本，第 1147 页。

③ 《辽史》卷 32《营卫志中》，中华书局 2016 年修订本，第 423—425 页。

④ 王恽：《秋涧先生大全文集》卷 57《大元故关西军储大使吕公神道碑铭》，《四部丛刊》本，叶 8b。

⑤ 王恽：《秋涧先生大全文集》卷 6《飞豹行》，《四部丛刊》本，叶 2a。

⑥ 参见刘浦江《春水秋山——金代捺钵研究》，《文史》第 49、50 辑；后收入氏著《松漠之间——辽金契丹女真史研究》，中华书局 2008 年版，第 289—328 页。

《海东青图》二幅。[①] 刘敏中作诗《题白海青图》，描述所见画中之白海青，云："雪羽朱韝下紫垣，洒然英气在腾骞；空中凡鸟寻常有，搏击终期报主恩。"[②] 其实，海东青捕天鹅是辽朝皇帝每年例行的游猎活动，《辽史·营卫志》"春捺钵"条详细记述如下：

> 有鹅之处举旗，探骑驰报，远泊鸣鼓。鹅惊腾起，左右围骑皆举帜麾之。五坊擎进海东青鹘，拜授皇帝放之。鹘擒鹅坠，势力不加，排立近者，举锥刺鹅，取脑以饲鹘。救鹘人例赏银绢。皇帝得头鹅，荐庙，群臣各献酒果，举乐。更相酬酢，致贺语，皆插鹅毛于首以为乐。赐从人酒，遍散其毛。[③]

《辽史·乐志》所述内容稍略："春飞放杏埚，皇帝射获头鹅，荐庙燕饮。"[④] 春水活动一般选在两个地方举行，或是东北长春州鸭子河，或是南京漷阴镇延芳淀。[⑤] 元朝踵辽故俗，"延芳春水"成为世祖以后诸帝每年都举办的游猎活动。

第二，秋山围猎活动。辽朝秋捺钵就是契丹皇帝在庆州附近诸山打猎及讲武活动，大蒙古国时期诸汗就很重视打围，耶律楚材于太宗五年（1233）扈从窝阔台汗围猎，场面十分盛大：

> 天皇冬狩如行兵，白旄一麾长围成。长围不知几千里，

---

① 王毓贤：《绘事备考》卷7《辽朝》，康熙三十年刻本，叶3a。

② 刘敏中：《中庵先生刘文简公文集》卷19《题白海青图》，《北京图书馆古籍珍本丛刊》影印清抄本，书目文献出版社1991年版，集部第92册，第444页上栏。

③ 《辽史》卷32《营卫志中》，中华书局2016年修订本，第424页。

④ 《辽史》卷54《乐志》"国乐"条，中华书局2016年修订本，第960页。

⑤ 《辽史》卷40《地理志四》，中华书局2016年修订本，第564页。

蛰龙震慄山神惊。长围布置如圆阵，万里云屯贯鱼进。千群野马杂山羊，赤熊白鹿奔青獐。壮士弯弓殒奇兽，更驱虎豹逐贪狼。①

元世祖开创两都巡幸制度，七八月间从上都返回大都，途经东凉亭、西凉亭时都要举行狩猎，《元世祖出猎图》作画背景即为两都巡行途中每年例行的秋狝活动。

综上所述，北番画作是政治社会生活的写生，具有历史叙事功能。谢赫和张彦远都从画论角度阐释书画作品的训鉴作用，郭若虚也指出："夫如是，岂非文未尽经纬，而书不能形容，然后继之于画也，所谓与六籍同功，四时并运，亦宜哉。"② 总而言之，胡瓌《卓歇图》《出猎图》《回猎图》，刘贯道《元世祖出猎图》及辽金元时期各类出猎图并不是为了单纯描述狩猎场景，而是有着现实生活基础，蕴含着深厚的游牧政治文化。

---

① 耶律楚材著，谢方点校：《湛然居士文集》卷10《扈从冬狩》，中华书局1986年版，第214页。

② 郭若虚著，黄苗子点校：《图画见闻志》卷1《叙自古规鉴》，人民美术出版社1963年版，第7页。

第二章　史料文献与图像互证
——以《元世祖出猎图》和北番画家赵嵓为例

本章作为基础研究，是以图像文本内容为考察对象，通过多种传世文献梳理艺术图像的递传源流，并且关注到北番书画创作者的人物事迹及美术作品，考镜源流。基于上述考虑，本文将《元世祖出猎图》和后梁时期善画北番景物的画家赵嵓作为分析案例，做到史料文献与传世图像互证，证明这种研究方法具有重要意义，理当充分重视，这正好契合图像文献研究之旨趣。

第一节　《元世祖出猎图》流传考略

众所周知，《元世祖出猎图》是一幅以元世祖忽必烈游猎活动为表现主题的元朝宫廷画，一直以来备受蒙元史及美术史学者关注。这幅画现藏于台北“故宫博物院”，轴，绢本设色，纵 182.9 厘米，横 104.1 厘米。其中左下角有题款云“至元十七年二月御衣局使臣刘贯道恭画"[①]，即知创作时间及作者。至正二十五年（1365）夏文彦编著的《图绘宝鉴》记述刘贯道之履历："刘贯道字仲贤，中山人，工画道释、人物、鸟兽、花竹，一一师古，集诸家之长，故尤高出时辈。亦善山水，宗郭熙，佳处逼真。至元十六年写裕宗御容，称旨，补御衣局使。"[②] 由此可见，刘贯道涉猎多种绘画题材（参见本节附录《刘贯道书画作品一览表》），还兼有宫廷画家的特殊身份，上述《元世祖出猎图》无疑是他最具影响力的书画作品。

不过目前学者大多从艺术鉴赏、视觉构图、服饰文化及元朝游猎制度等方面进行研究，[③] 而关于这幅出猎图的文本流传情况几乎无人考究。默一先生指出，此图在清代大型书画目录《石渠宝笈》中未有著录，今载《故宫书画录》卷五。[④] 洪再新先生等人对这一说法做了详细解释，认为《元世祖出猎图》从未受到应有的注意，不仅未见诸历史文献著录，而且连热衷于为其内府藏画题诗的乾隆皇帝以及他手下的石渠官员们，对它也是只字不提。

---

① 傅熹年主编：《中国美术全集·绘画编》第5卷《元代绘画》，文物出版社1989年版，第48页。台北"故宫博物院"编：《故宫书画图录（四）》，台北"故宫博物院"1990年版，第23页。

② 夏文彦：《图绘宝鉴》卷5《元朝》，至正二十六年刻本，叶4a—b。

③ 参见 Cahill James, *An index of early Chinese Painters and Paintings: T'ang, Sung, and Yuan*, Floating World Editions, 1980, p303；余辉《元代宫廷绘画史及佳作考辨》，《故宫博物院院刊》1998年第3期；刘芳如《元刘贯道画元世祖出猎图》，石守谦主编《大汗的世纪：蒙元时代的多元文化与艺术》，台北"故宫博物院"2001年版，第288—289页；陈高华、史卫民《中国风俗通史（元代卷）》，上海文艺出版社2001年版，第321—330页；党宝海《蒙古帝国的猎豹与豹猎》，《民族研究》2004年第4期；Thomas T. Allsen: *The Royal Hunt in Eurasian History*, Philadelphia: University of Pennsylvania Press. 2006, p. 244—247.

④ 默一：《〈元世祖出猎图〉介绍》，《新美术》1983年第4期。

直到20世纪50年代，这幅作品才首次见录于《故宫书画录》。[①]然而上述观点很值得商榷，故本文拟从书画流传史的角度对《元世祖出猎图》做一番考证。

梳理《元世祖出猎图》之文本递传最棘手的一个问题，就是它竟无一枚书画收藏钤印，即这幅画作本身提供的收藏信息非常有限，我们只能从元明清历史文献中挖掘其“历史踪迹”了。

据这幅画末附题记可知，它创作完成于至元十七年（1280）二月，即元世祖在位之时。元朝文献中有一条特别值得注意的线索。按，陈孚《明安驿道中》云：“貂鼠红袍金盘陀，仰天一箭双天鹅；雕弓放下笑归去，急鼓数声鸣骆驼。”[②] 这四句诗所展现的图景显然与射猎活动有关，有一人身着貂鼠红袍装，其坐骑配黄金马鞍，有一人正朝空中的天鹅张弓拉射，远处还有一行骆驼队走过，此番情景与《元世祖出猎图》中呈现的某些画面细节若合符契。[③] 据该诗题，知陈氏描述的是在明安驿发生的狩猎活动，而明安驿乃是两都巡幸途中的必经辇道，也正是皇家秋猎之所察罕脑儿行宫所在位置，元世祖每年都会游猎于此地。[④] 再看一下这首诗作者陈孚的仕宦履历，据《元史·陈孚传》记载：“陈孚，字刚中，台州临海人。……（至元）二十九年，世祖命梁曾以吏部尚书再使安南，选南士为介，朝臣荐孚博学有气节，调翰林国史院编修官，摄礼部郎中，为曾副。……使还，除翰林待制，兼

---

① 洪再新、曹意强：《图像再现与蒙古旧制的认证——元人〈元世祖出猎图〉研究》，《新美术》1997年第2期。

② 陈孚：《陈刚中诗集》卷3《明安驿道中》，北京大学图书馆藏明抄本。

③ 参见李治安《元朝诸帝春秋游猎与昔宝赤、贵赤执役新探》，《纪念成吉思汗诞辰850周年学术研讨会论文集》，内蒙古呼伦贝尔市，2012年9月。

④ 参见党宝海《察罕脑儿行宫与蒙古皇室的鹰猎》，《西北民族大学学报》2010年第6期。

国史院编修官。"[①] 我们都知道，元朝皇帝每年定期巡幸上都，翰林官员亦在扈从之列，[②] 身为翰林待制的陈孚自然有机会亲历元世祖射猎的场面，或者他在翰林国史院期间曾接触过《元世祖出猎图》，遂据此作诗题咏。[③]

我们将《明安驿道中》诗文大意及作者陈孚履历与《元世祖出猎图》相对比，发现两者具有密切关系。进一步检索文献中有关蒙元时期"出猎图"的题记和诗文题咏，其中有一首《题藩王出猎图》云：

燕山八月秋草黄，秋高马肥弓力强；藩王朝辞诈马宴，羽猎不敢齐长杨。西风猎猎边城戍，小队旌旗打围去；英姿飒爽思奋扬，面如玉盘身倚树。金羁朱缨玉腕骝，紫貂兜鍪银鼠裘；燕姬如花向前骑，从官绮列春云浮。猛士先驱仗金钺，胡笳一声鼓齐咽；骢驹并载双歇骄，海青翻臂思超越。黄须健儿勇且骁，虎纹交韔悬在腰；翻身控弦响若掣，一箭射落双飞雕。马上双雕驰献捷，凯歌向王王击节；金杯进酒饭黄羊，马湩淋漓手新挨。穹庐张天落日黄，醉拥婵娟马前歌；百年富贵空画图，桑田茫茫海水枯。画中豪杰八尺躯，昔何勇锐今何愚；悲风萧萧渺绝漠，漠南千里王庭无。[④]

这首七言诗出自元末明初钱宰《临安诗集》。那么，这首诗中

---

① 《元史》卷190《陈孚传》，中华书局1976年版，第4339页。

② 参见陈高华、史卫民《元代大都上都研究》，中国人民大学出版社2010年版，第178—180页。

③ 参见李治安《元朝诸帝春秋游猎与昔宝赤、贵赤执役新探》，《纪念成吉思汗诞辰850周年学术研讨会论文集》，内蒙古呼伦贝尔市，2012年9月。

④ 钱宰：《临安诗集》卷3《题藩王出猎图》，中国国家图书馆藏明抄本。

所谓《藩王出猎图》究竟是指哪一幅有关游猎题材的书画作品呢？

揆诸诗文内容，诈马宴及饮马湩显然与元朝时期在上都举行的宴飨活动有关，其所称“藩王”无疑指蒙古皇帝。诗文亦云：“画中豪杰八尺躯，昔何勇锐今何愚；悲风萧萧渺绝漠，漠南千里王庭无。”赏画者指摘的对象分明也是元朝统治者，感慨忽必烈时代国势强盛、武功卓群，百余年后，到顺帝时期则江河日下，最终退守大漠。画中主人公的形象为“面如玉盘身倚树”，意大利旅行家马可波罗根据亲身经历描述忽必烈的体貌风仪说：“不长不短，中等身材，筋肉四肢配置适宜，面上朱白分明，眼黑，鼻正。”① 两者所述忽必烈的外貌大致相同，亦皆与《元世祖出猎图》所画此人的体貌特征相符。再从人物着装方面观察，《题藩王出猎图》称男性身穿“紫貂兜鍪银鼠裘”，与之随行者“燕姬如花向前骑”，这与《元世祖出猎图》忽必烈及其皇后的形象、服饰亦正相合（图 2-1）。此外，台北“故宫博物院”藏有“元世祖像”（图 2-2，册，绢本设色，尺寸为 59.4×47 厘米）及“元世祖后像”（图 2-3，册，绢本设色，尺寸为 61.5×48 厘米），两件肖像画亦可与上述诗文及图像相参证。②

上述《题藩王出猎图》有云“燕山八月秋草黄”，知创作这幅书画其场景所选择的时间及地点为秋八月的燕山地区，而此时正值元朝皇帝从上都返回大都，途中必然要开展狩猎活动。今据钱氏诗文，兹将其所见《藩王出猎图》与《元世祖出猎图》之其他各项小幅扈从人物射猎图像做一对比：

---

① ［法］沙海昂注，冯承钧译：《马可波罗行纪》第 2 卷第 81 章“大汗之体貌风仪”，商务印书馆 2012 年版，第 178 页。

② 石守谦主编：《大汗的世纪：蒙元时代的多元文化与艺术》，台北“故宫博物院”2001 年版，第 23、24 页。

图 2-1　《元世祖出猎图》局部

图 2-2　元世祖像

图 2-3　元世祖后像

第一，“小队旌旗打围去”，我们看到《元世祖出猎图》扈从者共有八人，为数确实很少，组成一支小型围猎队伍。图 2-4 之 1 画有一骑士高举类似旌旗的神纛，作为整个围猎队伍的前进向导。

第二，“猛士先驱仗金钺”，图 2-4 之 2 有一名黑肤色的中亚骑士所持仪杖实为骨朵，但从画面看酷似权杖金钺。

第三，“骢驹并载双猲骄”，猲骄即猎犬，其中有一只细犬跟从游猎队伍，图 2-4 之 3 骑士马背上负载一只狩猎助手，也被作者钱宰当作猎犬。

第四，“海青翻臂思超越”及“马上双雕驰献捷”，这句诗表示一个组合画面，海青翻臂当指臂鹰，图 2-4 之 4 有一骑士手擎白色海东青；与其相从行者也手持猎鹰，其马背后可能是已经收获的猎物。

第五，“黄须健儿勇且骁”及“虎纹交韔悬在腰”与图 2-4 之 5 人物形象完全吻合，画中的这位蒙古骑士黄色胡须，身材魁梧，看似英勇矫健，在腰右侧斜挎弯弓，配饰有虎纹弓衣。

图 2-4　《元世祖出猎图》局部分析

第六，“翻身控弦响若掣”及“一箭射落双飞雕”，这两句话把画中的人物描述得栩栩如生，展现骑士翻身射箭的动作，蓄势待发的箭矢指向天空大雁，此文正对应图 2-4 之 6。

通过分析比较，上述诗文与图像可以进一步互证，那么这幅《藩王出猎图》的性质及时代由此释疑。

据万历《会稽县志》记载说，“钱宰，字子予，又字伯均。幼颖悟，于经史百家无所不窥。元至正间以进士归隐。……我太祖高皇帝首以明经征，令撰功臣诰命，兼进祀历代帝王乐章，授国子监助教，转博士，仍校书翰林”①。据此可知，钱宰的身份乃是元季进士，后来侍从明朝，官至国子监博士，他所披露的《藩王出猎图》实际就是《元世祖出猎图》，其中相关细节全面而具体，这无疑是考察《元世祖出猎图》流传过程中的一个重要环节。

然而令人遗憾的是，自钱宰之后的百余年似乎鲜有人谈及《元世祖出猎图》，直到明末清初才再次为人所关注。按，顾复著有一部画谱《平生壮观》，该书辑揽元初画家刘贯道之事迹云：

> 刘贯道，字仲贤，中山人。元裕宗御容，阔绢幅。帝披银鼠裘，满身黑鼠尾，跨骏马，观射雁。人物不盈尺，神气勃勃。傍骑一胡女相从，艳而古。有款。②

顾氏所述刘贯道之履历乃抄自夏文彦《图绘宝鉴》，然与《图绘宝鉴》有所不同的是，他新著录了刘贯道一件极为重要的人物写真作品，定名为《元裕宗御容》。顾氏之所以这样命名，显然是因为刘贯道于“至元十六年写裕宗御容，称旨，补御衣局使”的缘故，③ 但这幅人物画中主角的身份并非元裕宗（真金太子），而是元世祖忽必烈。

首先，一般宋元画绢大约宽 50 厘米，这一长度以下被称作“狭绢”，古代画匠由于作画所涉大型场景的需要常常把两张或三张画绢拼接起来，即“阔绢”，顾氏所见这幅“御容”为后一种

---

① 万历《会稽县志》卷 11《人物传》，叶 13b。

② 顾复著，林虞生点校：《平生壮观》卷 9《元朝·刘贯道》，上海古籍出版社 2011 年版，第 322 页。

③ 夏文彦：《图绘宝鉴》卷 5《元朝·刘贯道》，至正二十六年刻本，叶 4b。

“阔绢幅”类型。那么，其宽度应在100厘米以上，今《元世祖出猎图》之尺寸横104.1厘米，绢本设色，恰是属于“阔绢”类型。

其次，顾氏看到画中的元帝身披银鼠裘，镶挂黑鼠尾，骑着一匹骏马正在观看射雁，另有一个古色艳装的“胡女”相从行，亦如《题藩王出猎图》所云“紫貂兜鍪银鼠裘，燕姬如花向前骑”，这些细节描述正好符合《元世祖出猎图》中忽必烈及其皇后的肖像。

第三，顾氏明确指出该幅人物画“有款”，想必是指《元世祖出猎图》左下角题写的“至元十七年二月御衣局使臣刘贯道恭画”十七字。

综合上述三点分析，知顾复《平生壮观》将刘贯道的这件画作断定为《元裕宗御容》显然有误，实应为《元世祖出猎图》。

关于顾复及其鉴藏情况，《平生壮观》卷首有藏书家徐乾学写于康熙三十一年（1692）的序文，其中云“吴中赏鉴家夙推武陵顾氏来侯”①。又《平生壮观引》记述顾复家族发展史及成书经过说：

> 五世祖资尹公，世居常熟之任阳，博学尚古，目击法书名绘，必录其款识、诗跋以存之。积既久，辑成编，名之为《笔记》。……先君（隐亮）世叨鉴赏之名，交游四方大人先生，遂得观其秘藏。又不惜余赀以购名物，求董文敏复书“憩闲堂”额，以志不忘祖德。……予更延揽东南之收藏好事家，渐窥宏大，见则随笔记之，迩来三十五年矣。②

① 顾复：《平生壮观》卷首“崑山徐乾学序”，上海古籍出版社2011年版，第1页。
② 顾复：《平生壮观》卷首《平生壮观引》，上海古籍出版社2011年版，第2页。

据此可知，顾复为江南吴中人，《平生壮观》一书中所著录的书画作品大多是家族憩闲堂累世藏弆之物，或者是顾氏父祖弟兄辈所经眼者，这幅《元世祖出猎图》亦应如此。据叶廷琯《鸥陂渔话》记载说，“康熙间，吴中顾来侯复纂《书画壮观录》”，当指《平生壮观》，只可惜“此书无刻本，曾向其族裔元钺借观”。[①]由于《平生壮观》仅有家抄本流传，且清代文献鲜有著录及引述此书，所以该书所披露的有关《元世祖出猎图》这么有价值的文本信息很少有学者能够注意到。

综上所述，明清时期，刘贯道《元世祖出猎图》被称为《藩王出猎图》，后来则误作《元裕宗御容》，据末尾刘贯道题记即可定名的画作却一度遭到遮蔽，所以很难让人发现这幅图的真实性质。有证据表明，这幅画作名实相副地题作《元世祖出猎图》大概始于清康熙年间，纳兰揆叙所撰《题元世祖出猎图》云：

至元天子英武姿，校猎每以秋冬期；我今展图如见之，沙漠惨淡移于斯。星旒蔽野虹作旗，厩马既秣车既脂；至尊前行后阏氏，革帽压顶裘反披。名王部长络绎随，臂弓腰箭千夫驰；北风似弩雪似筛，踆乌匿影祯云痴。鸿鹄纷拏苍隼饥，雉飞入草鹰在枝；银獐缟鹿熊豹麋，狡兔封豕狐与狸。洞胸饮羽血淋漓，焚林捣穴靡孑遗；就中射虎者为谁，引满一发穿其颐。目光磯碑怒未弛，懦怯乍睹犹惊疑；归来穹庐帟幕施，酪浆湩乳倾金卮。燎毛燔肉土锉炊，琵琶发声羌笛吹；酒酣耳热欢融怡，寒气忽转春迟迟。厥初穷兵辟坤维，乘胜直抵西海湄；于阗乞降迨龟兹，角端示警殊不知。从畋

① 叶廷琯：《鸥陂渔话》卷 1《黄子久别名》，《续修四库全书》第 1163 册，第 102 页下栏。

已寓阵法奇，止齐步伐皆得宜；月来日往绵岁时，此画完整无缺亏。偶然浏览浑忘疲，便觉满室生凉飔；壮观咫尺慰所思，何待振策游边陲。①

毋庸置疑，这首诗中的“至元天子”当指元世祖忽必烈，“阏氏”则指称忽必烈的皇后，“名王部长”就是说众多扈从者中有昆仑奴和色目人，以上诸项描述内容皆符合本文所讨论的《元世祖出猎图》之狩猎情景。这首《题元世祖出猎图》列于纳兰揆叙《益戒堂诗后集》卷八之内，另见该卷目下有小注云：“起甲午正月，尽乙未二月。”② 此为本卷诗文的创作时间，知揆叙于康熙五十三年至五十四年期间见到过这幅《元世祖出猎图》。众所周知，揆叙身为清朝贵胄不仅以文学见长，而且还是一位精善鉴别的收藏大家，③ 也许正是这个原因，他才首次将《元世祖出猎图》准确命名并加以初步识读。

最为可惜的一点是，纳兰揆叙所鉴赏的《元世祖出猎图》当时收藏及后来流传情况无从考究，但这幅图最终由顾复生活的江南地区流向清廷内府自当没有疑问，那最后怎么流落到今台北“故宫博物院”的呢？其中之原委，首先还得从民国初年北平故宫博物院成立与周转迁徙说起。

我们知道，1924年，冯玉祥发动北京政变，不久便将清废帝溥仪逐出紫禁城，随即成立“清室善后委员会”，用来清点接收清

① 纳兰揆叙：《益戒堂诗后集》卷8《题元世祖出猎图》，《四库未收书辑刊》第8辑第20册，第698页上、下栏。

② 纳兰揆叙：《益戒堂诗后集》卷8，《四库未收书辑刊》第8辑第20册，第697页下栏。

③ 徐珂编：《清稗类钞》第9册《鉴赏类》“揆文瑞藏书于谦牧堂”条，中华书局2010年版，第4224页。

廷皇宫内的大量遗存文物，同时面向社会公布《故宫物品点查报告》。① 次年 3 月到 6 月，善后委员会对位于大成左门与凝瑞门之间的钟粹宫展开文物清查工作，幸运地发现了《元世祖出猎图》，当时记录如下："调字一九七，木箱，7 已破刘贯道《元世祖出猎图》一轴。"② 这是《元世祖出猎图》的文物编号信息。按照规定，当时以每一座宫殿为单位，根据千字文顺次编排，"调"字即表示钟粹宫，"一九七"为"总号"，阿拉伯数字 7 则为"分号"。当清室善后委员会解散之后，北平故宫博物院随之成立，这幅著名的元朝宫廷画顺乎情理地归新成立的这个机构保管收藏。

至 20 世纪 30 年代初期，为了向社会民众展示昔日清宫内府的珍宝秘籍，北平故宫博物院以月刊的形式连续编印书画图录《故宫书画集》，陆续公布了一大批珍贵的馆藏历代名家书画，但并没有来得及披露新发现的《元世祖出猎图》。③ 其后由于北平军事形势日益吃紧，故宫博物院理事会决定将故宫部分珍贵文物分批运往上海保存，随即展开第二次文物查验工作。④ 当时准备南迁的书画作品编号为英文字母 D，共计有 70 箱，总数 5627 件。据《北平故宫博物院古物馆南迁物品清册》记载，D10 箱，第 7 件书画就是"已破刘贯道《元世祖出猎图》壹轴"⑤。在此之后，这幅《元世祖出猎图》作为"南迁文物"之一种，二十余年间先后辗转上海、成都、南京数地，最终落户台北。

---

① 参见史立言《清室善后委员会始末》，《紫禁城》2005 年第 5 期。

② 清室善后委员会编：《故宫物品点查报告》第 2 编第 4 册《钟粹宫》，第 48 页。此据线装书局 2004 年重印本，第 3—318 页。

③ 参见北平故宫博物院编《故宫书画集》附"各期目录"，1936 年总第 47 期。

④ 参见杭立武《中华文物播迁记》，台湾商务印书馆 1970 年版，第 50—57 页。

⑤ 北平故宫博物院编：《北平故宫博物院古物馆南迁物品清册》，北平故宫博物院 1933 年版，第 1 册，第 157 页。

据多次参与故宫文物清点及扈从文物南迁的那志良先生记述，这批存台文物中的书画作品于1953年完成查验，台北“故宫博物院”为此编制有详细目录《故宫书画录》。① 该书序文介绍说：“此次著录之书画，全部均经专家审定。故宫运台书画，尽在此矣。实则故宫博物院所接收之故宫书画，其上品几已全部自北平移南京，移存南京之上品，已全部移来台湾。”② 其中该书卷五著录《元世祖出猎图》，其下所附解题说：“元刘贯道画《元世祖出猎图》轴：本幅绢本，纵一八二·九，横一四·一公分，设色画。元世祖御青马，衣白裘，从者男女九人，或弯弓，或架鹰，或纵犬。远处沙丘有驼一列。”款书“至元十七年二月御衣局使臣刘贯道恭画”。③ 至此，《元世祖出猎图》才逐渐被学者及相关艺术史研究者所熟知。

综上所述，《元世祖出猎图》尽管确实不见于清代《石渠宝笈》著录，并且自20世纪50年代《故宫书画录》出版后才变得流行起来，逐渐为学界所熟知，但它绝非像之前研究者所认为的那样“未见诸历史文献著录”，其实它在陈孚《陈刚中诗集》、钱宰《临安诗集》、顾复《平生壮观》及纳兰揆叙《益戒堂诗后集》中均有相关记载。本文就是根据这些线索，将文献资料与图像相结合，由此梳理出《元世祖出猎图》从元朝到近现代以来的流传脉络，算是为今后研究美术史及元朝游猎制度奠定了一块基石。

---

① 那志良：《故宫博物院三十年之经过》，《中华丛书》委员会1957年版，第228—235页。

② 台北“故宫博物院”编：《故宫书画录》卷首“序言”，台北“故宫博物院”1956年版，第2页。

③ 台北“故宫博物院”编：《故宫书画录》卷5《元世祖出猎图》，台北“故宫博物院”1956年版，第161页。

附录：刘贯道书画作品一览表

画名	内容	规制	题款	资料来源
兰亭禊饮图	一朝名士尽簪盍，清流曲曲回觥船。或于溪漘玩芳草，或望树杪悬飞泉。或倚高柯爱蒙密，或喜濯足浮清涟。或行或止意境别，一一萧散人中仙。一人胡床独踞坐，掉头跂脚接罗偏	王昶《题元刘贯道画兰亭图》云："生绡六尺。"	卷尾书：至元六年春，中山刘贯道画	王昶《兰泉先生招集蒲褐山房观刘贯道兰亭禊饮图作歌》，王昶《湖海诗传》卷 34。王昶《春融堂集》卷 16
罗汉图轴	应真二，各倚卷石	素笺本，设色画，纵二尺一寸，横一尺八寸	款：至元十六年，中山刘贯道写	《秘殿珠林续编》卷 3《乾清宫藏》。现藏台北"故宫博物院"，见《故宫书画图录四》第 27 页
元世祖出猎图		轴，绢本设色，尺寸为 182.9×104.1 厘米	款：至元十七年二月，御衣局使臣刘贯道恭画	现藏台北"故宫博物院"
三教图		轴，绢本，高四尺五寸，宽二尺四寸	款：至元十七年三月之朔，御衣局使刘贯道敬绘。"贯道"白文	端方《壬寅销夏录》

续表 1

画名	内容	规制	题款	资料来源
七贤图	画七贤：一执如意，凭几与一人对语，一抚琴，一看画，二对奕，一执如意，凝视。俱敷文篁，展鹿皮，藉地趺坐，脱履于侧。童子五：一手卷，一展卷，一送茗，一握羽扇，一执如意	绢本设色	款：正统二年四月既望，臣刘仲贤谨写。 按：元朝年号无“正统”，或为“元统”之误	《西清札记》卷 2“嘉庆乙亥六月十三日”条
饮中八仙图	笔端无纤尘，若其摹唐室之衣冠，类晋代之风采，靡不人人各肖，不第得眉宇，兼得神情	卷	款：至正二年八月，揭傒斯书。有龚子敬跋	李日华《味水轩日记》卷 8
群仙献寿图	四仙人：一持杖携花篮，一执卷，二捧桃，二童子侍	轴，宋笺本，设色，纵一尺一寸三分，横一尺七寸五分	款：至正八年季秋，中山刘贯道写。钤印一，“贯道”	《秘殿珠林续编》卷 5《乾清宫藏》。现藏台北“故宫博物院”，见《故宫书画图录四》第 25 页
竹林仙子图	修竹清流，中有女仙竚立	轴，绢本设色，纵二尺一寸八分，横九寸八分。（纸本 70×31.4 厘米）	款：中山刘贯道。钤印一，“贯道”	《秘殿珠林续编》卷 5《乾清宫藏》，现藏台北“故宫博物院”，图版见《故宫书画图录四》第 31 页

续表 2

画名	内容	规制	题款	资料来源
积雪图	清高宗有诗云："天公玉戏变山青，有妙精神无遁形。舣舫高人步莎径，卷帷幽士守梅瓶。别于访戴开生面，似以暎孙怜苦暝。作者岂徒夸结构，悟因一贯笔增灵。"	轴，绢本墨笔，纵四尺三寸七分，横二尺三寸八分	无款	文渊阁四库本《御制诗集》卷 76。现藏台北"故宫博物院"，图版见《故宫书画集》1931 年 15 期
消夏图		卷，绢本，水墨，淡设色，纵 29.3，横 71.2 厘米	无款	现藏美国奈尔逊艾特金斯美术馆，见《中国美术全集·绘画编》（元代卷）图 32
花鸟画	首幅：工笔，秀毬两枝，上有黄月季一，本花朵正繁，一蝶飞翔其上，南北两枝各栖画眉一，衔秋虫一，张喙仰视，图写逼真。次幅：蜀葵凤仙，颜色甚姣晚，香玉一枝，出于其上，粉痕洁白，蜂蝶纷纷，闲绕花际，正带露朝阳候也。笔致清润，尤其余事	二小幅，绢本，每幅宋尺高五尺六寸，阔九寸二分	款：臣刘贯道恭画	方濬颐《梦园书画录》卷 5

续表 3

画名	内容	规制	题款	资料来源
写应真像	应真人物变化，态度闲雅，一展玩间，恍然置身入五台国与阿罗汉对语。眉睫鼻孔皆动，真神笔也	卷	钤印“茂苑文嘉”	汪砢玉《珊瑚网名画题跋》卷 32

第二节　后梁画家赵嵒身份辨疑

——兼谈元至治三年天庆寺雅集中的赵鲁瞻

我们都知道，五代画家后梁驸马都尉赵嵒以善画人物和番族景物为特长，绘画技艺格韵精绝，非寻常画工所能比肩，由此而闻名唐宋之际的画坛。北宋官修《宣和画谱》记述当时御府所藏赵氏书画作品，共有六件：《调马图》一、《臂鹰人物图》一、《五陵按鹰图》四。① 郭若虚《图画见闻志》称赵嵒艺术作品，“有《汉书西域传》《骨贵马》《小儿戏舞》《钟馗》《弹棋》《诊脉》等图传于世”②。此外，清初书画鉴藏家吴其贞《书画记》著录有“唐宋元小画图”册子，四本，计一百页，其中有赵嵒《臂鹰图》，“意思逼真”。③ 以上便是赵嵒书画作品及其绘画成就的基本概况，也算是北番画家之一，这些为学界所熟知。

不过，笔者发现关于赵嵒履历介绍中的名讳问题却存在着蹊跷。目前有很多美术史论著凡谈及五代画家赵嵒，都称其本名曰“霖”，字“秋巘”，这种说法十分普遍，已然被大家广泛接受。④ 但进一步仔细考索五代文献所涉赵嵒行迹，按《旧五代史·赵犨

---

① 《宣和画谱》卷 6《人物二》，《津逮秘书》本，第 178 页。

② 郭若虚著，黄苗子点校：《图画见闻志》卷 2《纪艺上》，人民美术出版社 1963 年版，第 36 页。

③ 吴其贞撰，邵彦点校：《书画记》卷 6，辽宁教育出版社 2000 年版，第 272—273 页。

④ 参见余辉编撰《中国美术图典·人马画》，岭南美术出版社 1996 年版，第 62 页；邵洛羊主编《中国美术大辞典》，上海辞书出版社 2002 年版，第 55 页；周积寅、王凤珠编著《中国历代画目大典（战国至宋代卷）》，江苏教育出版社 2002 年版，第 126 页；蒋文光主编《中国历代名画鉴赏》上册，金盾出版社 2004 年版，第 132 页。

传》曰：忠武军节度赵犨，“次子霖，改名岩，尚太祖女长乐公主”①。《新五代史·赵犨传》亦有相同记述。② 长乐公主下嫁赵喦的时间为开平元年（907）五月十一日。③ 上述文献及相关史料提到赵喦名字仅称其本名“霖”，宋元画谱文献《图画见闻志》《宣和画谱》及《图绘宝鉴》所叙赵喦履历亦如此，④ 都没有言及梁驸马赵喦字“秋巘”。这里完全可以肯定的是，赵喦字秋巘之说并无原始史料根据。这种观点到底是怎么产生的呢？

其中有一条关键线索，值得我们注意。康熙时期，卞永誉编著《式古堂书画汇考》，将历代书画名品中的诗文题跋逐一摘录汇编，其中著录五代画家赵喦的一件作品，谓“赵鲁瞻《神骏图》卷，一名《调马图》”。该画附跋文数种，其中有谓：

> 赵岩所画此图，深得曹韩笔法。余亦好画，何能及也。故以杜子美诗书之。大德五年菊节，子昂。
>
> 右《调马图》，乃后梁驸马都尉赵岩笔也。……时万历丁丑三月廿日，茂苑文嘉。⑤

这幅画今藏上海博物馆，绢本设色，纵 29.5 厘米，横 49.4 厘米。⑥ 卞永誉将《神骏图》（亦名《调马图》）作者赵喦别称作

---

① 《旧五代史》卷 14《梁书十四·赵犨传》，中华书局 1976 年版，第 195 页。

② 《新五代史》卷 42《赵犨传》，中华书局 1974 年版，第 462—464 页。

③ 《五代会要》卷 2《公主》，上海古籍出版社 1978 年版，第 22 页。

④ 郭若虚著，黄苗子点校：《图画见闻志》卷 2《纪艺上》，人民美术出版社 1963 年版，第 36 页。《宣和画谱》卷 6《人物二》，《津逮秘书》本，第 178 页。夏文彦：《图绘宝鉴》卷 2《五代》，至正二十六年刻本，叶 20a。

⑤ 卞永誉：《式古堂书画汇考·画》卷 10，康熙二十一年刻本，叶 1a—2a。

⑥ 参见赵为《后梁赵岩调马图卷》，上海博物馆集刊编辑委员会编《上海博物馆集刊——建馆三十周年特辑》，上海古籍出版社 1983 年版，第 239—243 页。

“赵鲁瞻”。晚清庞元济《虚斋名画录》也著录五代赵驸马的《神骏图》，除旧有题跋外，画中新增费屺怀跋文。费跋根据卞氏《式古堂书画汇考》题写作者简历云：

> 赵岩，初名霖，字鲁瞻。尚后梁太祖女长乐公主，官驸马都尉。父，节度使犨，青州人。①

费屺怀另外一首题跋云：

> 后梁真迹仅见此卷，距今且千年，绢色虽黯敝而神彩奕奕，纵骏骨，亦当以千金市之。鲁瞻马正可配李赞华鹿，不知天壤间尚有东丹王画本否？题此俟之。己丑二月再记，屺怀。②

上述两种题跋，从中均称《神骏图》作者赵岩为鲁瞻。陆心源辑录所谓画家赵嵓的诗作，列有一首《题柳公权书度人经卷》曰：“右军曾写换鹅经，珠黍仙书骨气清；看到柳公心正处，千年笔谏尚驰名。”陆氏称该诗作者赵岩，“字鲁瞻。五代时驸马都尉”③。以上卞永誉、费屺怀及陆心源叙述赵嵓为后梁驸马都尉及其父名“犨”，确有多种五代文献为据，但却又徒增赵嵓字鲁瞻一说。

---

① 庞元济：《虚斋名画录》卷 1《卷子类・五代赵驸马》，宣统乌程庞氏上海刻本，叶 1a—b。

② 庞元济：《虚斋名画录》卷 1《卷子类・五代赵驸马》，宣统乌程庞氏上海刻本，叶 5a。

③ 陆心源编，徐旭、李建国点校：《宋诗纪事补遗》卷 2《赵岩》，山西古籍出版社 1997 年版，第 9—10 页。

其实，“赵崈字鲁瞻”与“赵崈字秋巘”两说同出一源，鲁瞻即秋巘，同为一人。陆氏所称《柳公权书度人经》卷，明清以来有多种画谱文献著录，其引据卞氏《式古堂书画汇考》。[①] 按，《式古堂书画汇考》法书部分著录柳公权（字诚悬）《柳诚悬书度人经》卷，行款版式、鉴藏及题跋如下：

> 小楷书，硬黄笺。高不及八寸，长九尺四寸，凡六接，乌丝阑连鱼书，共计二百余行。前有宣和、政和，后有大观、宣和诸小玺，真德秀印记二，檇李园印、少溪主人、桃花村裹人家、兰石主人等印。卷中“麗”字，其上从二“丙”；“渊”字、“世民”字皆讳笔。项司马少卿以授仲子希宪，内有希宪子长钤印。
>
> 右军曾写换鹅经，珠黍仙书骨气清；看到柳公心正处，千年笔谏尚驰名。赵岩（“鲁瞻”）。[②]

据此可知，赵岩跋《柳诚悬书度人经》诗文，其下押盖“鲁瞻”印。更早的明代汪砢玉《汪氏珊瑚网法书题跋》及郁逢庆《书画题跋记》亦著录这件柳氏法帖，亦谓“右军曾写换鹅经”诗文末署作者的名字赵岩，并且钤有“鲁詹圆印”。[③] 由此不难判断，赵岩即鲁瞻（詹），知鲁瞻或为其字，或为其号。

笔者还进一步发现，《曹知白补图》卷（绢本，高一尺三寸五分，长二尺八寸，水墨）附有冯子振等十八人赋诗，其中有“赵

---

① 陆心源编，徐旭、李建国点校：《宋诗纪事补遗》卷2《赵岩》，山西古籍出版社1997年版，第10页。

② 卞永誉：《式古堂书画汇考·书》卷8，康熙二十一年刻本，叶1a—b。

③ 汪砢玉：《汪氏珊瑚网法书题跋》卷2《法书题跋》，《适园丛书》本，叶26a。郁逢庆：《书画题跋记》卷3，《风雨楼丛书》本，叶10b。

秋巘七律一首，款‘赵岩’，下押‘鲁瞻’朱文大圆印”[①]。亦知赵秋巘与鲁瞻、岩均为一人。

以上大概便是目前美术史学界普遍认可的赵嵒字秋巘说法之文献源头，其实根源于卞氏《式古堂书画汇考》收录相关书画题跋以及据此所题写的后梁驸马都尉赵嵒的那份履历。然而，《柳诚悬书度人经》跋文作者赵岩（鲁瞻）及《曹知白补图》七律诗作者赵秋巘，此赵岩与五代画家后梁驸马赵嵒无涉，实则为二人。且看下文一番分析。

值得注意的是，上述《柳诚悬书度人经》除赵岩（鲁瞻）题写诗文外，还有一首诗署作：“前集贤待制冯子振奉皇姊大长公主命题。”[②] 以及《曹知白补图》曰：“卷首押皇姊图书朱文印，真澹朱文印，朱文都省书画之印。后冯海粟为赋，首书十八公赋并序；次行书前集贤待制、承事郎冯子振撰。……款集贤直学士邓文原。”[③] 像这样名画题跋中一并提到赵岩（鲁瞻）与冯子振及其他元朝中期翰林词臣的实例非常多，兹举例如下：

第一，宋末元初画家钱舜举《刺贪图》（亦名《硕鼠图》）。据《味水轩日记》记载说，万历四十三年（1615）十一月十六日，“沈伯远携观钱舜举《刺贪图》。……霅溪翁钱选舜举”；题诗者数人：中书礼部员外郎元永贞，前集贤待制冯子振奉皇姊大长公主命题，翰林直学士袁桷，及儒学提举陈庭实、赵岩（字鲁瞻）、蔡文渊、集贤直学士邓文原、集贤学士王约、国子博士柳贯、集贤大学士陈灏、监修国史长史李泂、翰林国史院编修官杜禧、集贤

---

① 安岐：《墨缘汇观录》卷 3《名画上》，《粤雅堂丛书》本，叶 39a—b。

② 汪砢玉：《汪氏珊瑚网法书题跋》卷 2《法书题跋》，《适园丛书》本，叶 26a。

③ 安岐：《墨缘汇观录》卷 3《名画上》，《粤雅堂丛书》本，叶 39a—b。

侍讲学士魏必复。① 《汪氏珊瑚网名画题跋》著录钱舜举《硕鼠图》及题跋者与《味水轩日记》上文相同。②

第二，宋人周曾《秋塘图》卷。这幅画钤盖“北燕张氏家藏图书”“瑶晖堂印”。题写诗文者署作“集贤大学士赵世延敬题”；“前集贤待制冯子振奉皇姊大长公主命题”（“海粟”）；“至治三年季春廿有三日，监修国史长史李泂奉皇姊大长公主教拜手稽首敬书”；“集贤直学士邓文原敬题”；“集贤大学士王约敬题”；“集贤学士、中奉大夫致仕魏必复题”；“中书平章政事致仕张珪敬题”；“翰林直学士袁桷敬题”；“翰林侍读学士李源道敬题”；“御史中丞王毅敬题”；“翰林直学士曹元用敬题”；“翰林国史院编修官杜禧敬题”。其中有一首诗曰：“兴入林塘翠未收，锦鸳雪雁自沈浮；欹芦折苇荷香灭，写作西湖暮雨秋。”末署“赵岩敬题”。③ 元末明初杨基《题宋周曾秋塘图》谓：“前元皇姊大长公主所藏也。前有皇姊图书印记，后有集贤、翰林诸词臣奉皇姊教旨所题。自大学士赵世延、王约而下凡十六人。”④ 此与上述内容相合。

第三，北宋黄庭坚《松风阁诗》卷（图 2-5）。该法帖：“首书‘松风阁’三字，其诗已载集中，卷前上押‘皇姊图书’朱文大印。”⑤ 题跋者先后顺序如次：集贤侍讲学士、中奉大夫致仕魏必复敬题；至治三年季夏廿有三日，监修国史长史李泂，奉皇姊大长

① 李日华著，屠友祥校注：《味水轩日记》卷 7，上海远东出版社 1996 年版，第 497—498 页。

② 汪砢玉：《汪氏珊瑚网名画题跋》卷 7《名画题跋七》，《适园丛书》本，叶 16a—17b。

③ 汪砢玉：《汪氏珊瑚网名画题跋》卷 3《名画题跋三》，《适园丛书》本，叶 8b—10b。

④ 杨基：《眉庵集》卷 2《题宋周曾秋塘图》，《四部丛刊三编》本，叶 12b—13a。

⑤ 安岐：《墨缘汇观录》卷 1《法书上》，《粤雅堂丛书》本，叶 41a—b。

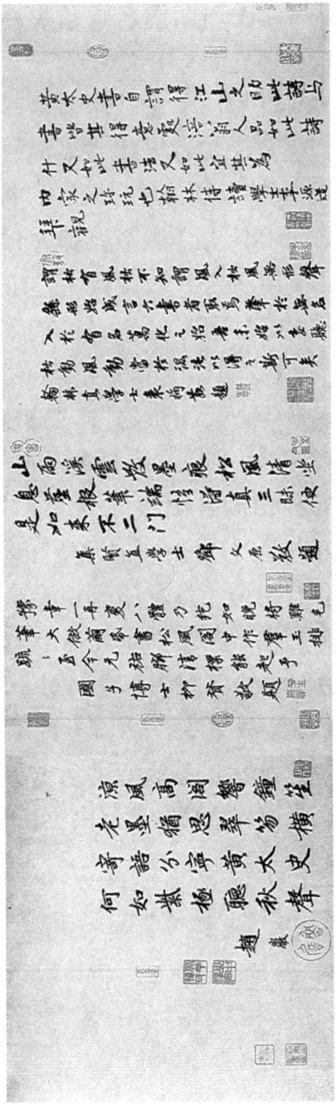

图 2-5　黄庭坚《松风阁诗》局部

公主教拜手稽首敬书；中书平章政事张珪敬题；集贤大学士王约谨题；集贤待制冯子振奉皇姊大长公主命题；前集贤大学士陈颢敬题；儒学提举陈庭实载拜书；中司左司员外郎孛术鲁翀赋盥手书；翰林侍读学士李道源拜观；翰林直学士袁桷敬题；集贤直学士邓文原敬题；国子博士柳贯敬题；赵岩；翰林国史院编修官杜禧敬题（“君辅”）。① 黄庭坚《松风阁诗》今藏台北“故宫博物院”（尺寸为 32.8×219.2 厘米），此画跋尾有首诗文写道：“凉风高阁响钟笙，老墨犹思翠笏横；寄语分宁黄太史，何如紫极听秋声。”题诗者“赵岩”，其下押钤“鲁詹”朱文圆印（图 2-6）。②

图 2-6　赵岩钤印

① 吴升：《大观录》卷 6《宋名贤法书》，民国九年武进李氏圣译廔本，叶 8b—9a。

② 石守谦主编：《大汗的世纪：蒙元时代的多元文化与艺术》，台北“故宫博物院”2001 年版，第 33 页。

此外，宋初画家郭忠恕《郭恕先升龙图》题跋作者列有“冯子振奉皇姊大长公主命题”“邓文原”“赵岩（鲁瞻）”等；[①] 清朝内府收藏元人法书一册，素笺本，凡十一幅：第四幅，行书题画，七言绝句凡二则，前则款云：“前集贤待制冯子振奉皇姊大长公主命题。”下有“海粟”一印。后则款署：“赵岩”，其下亦有“鲁瞻”一印。[②]

综上所述，钱舜举《刺贪图》、周曾《秋塘图》、黄庭坚《松风阁诗》及郭忠恕《郭恕先升龙图》均为宋元时期书画作品。照此看来，题跋者赵岩（鲁瞻）绝非是五代画家赵嵒。在多种书画题跋中，赵岩（鲁瞻）之名屡见不鲜，既然此人不是画家赵嵒，那么，他究竟是什么人呢？

我们考察其身份，最为关键且显而易见的证据，是赵岩（鲁瞻）与元朝翰林、集贤名臣冯子振（字海粟）、邓文原、赵世延、袁桷、李泂、孛术鲁翀、柳贯等十余人同时跋文题名。此外，上引周曾《秋塘图》和黄庭坚《松风阁诗》皆曰“至治三年季春廿有三日，监修国史长史李泂，奉皇姊大长公主教拜手稽首敬书”，可知数种题跋书写时间是至治三年（1323），主持者为皇姊大长公主。这样，问题便迎刃而解了。

袁桷《清容居士集·题跋》专门记述作者参与创作的书画跋文，且谓“皇姑鲁国大长公主图画奉教题”，其中就有钱舜举《禾鼠》（即《刺贪图》《硕鼠图》）、周曾《水塘秋禽图》及黄太史《松风阁诗》，这与上述书画作品中袁桷的题诗完全相同。[③] 据该

---

① 汪砢玉：《汪氏珊瑚网名画题跋》卷1《名画题跋一》，《适园丛书》本，叶26a—b。

② 乾隆官修《石渠宝笈》卷21《贮·重华宫二》，台湾商务印书馆影印文渊阁《四库全书》，第825册，第8页下栏。

③ 袁桷：《清容居士集》卷45《题跋》，《四部丛刊》本，叶1a—6b。

书同卷《鲁国大长公主图画记》记述说：

> 至治三年三月甲寅，鲁国大长公主集中书、议事、执政官、翰林、集贤成均之在位者，悉会于南城之天庆寺，命秘书监丞李某为之主，其王府之寮寀悉以佐执事。笾豆静嘉，尊斝絜清，酒不强饮，簪佩杂错，水陆毕凑，各执礼尽欢，以承饫赐，而莫敢自恣。酒阑，出图画若干卷，命随其所能，俾识于后。礼成，复命能文词者，叙其岁月，以昭示来世。……泰定元年正月，具官袁桷记。[①]

袁氏所记当系元朝颇为著名的文人交游盛事——至治三年“天庆寺雅集”，召集者为鲁国大长公主祥哥剌吉。[②] 上文《鲁国大长公主图画记》有“出图画若干卷，命随其所能，俾识于后”云云，即指参与雅集者要为鲁国大长公主所藏书画题跋诗文，其中自然包括上文所列举的《柳诚悬书度人经》《曹知白补图》《刺贪图》《秋塘图》《松风阁诗》及《郭恕先升龙图》。由此得知，题跋者赵岩（鲁瞻）也是天庆寺雅集中的一员。

参加此次天庆寺雅集者大多都署其职事官衔，唯有赵岩（鲁瞻）只具名却不署官职，因此，从中很难辨别出其身份及来历。所幸《静斋至正直记·赵岩乐府》有关于赵岩（鲁瞻）其人其事的重要记载：

---

① 袁桷：《清容居士集》卷 45《鲁国大长公主图画记》，《四部丛刊》本，叶 10b—12b。

② 参见傅申《元代皇室书画收藏史略》，台北“故宫博物院”1982 年版，第 11—33 页；云峰《论元代鲁国大长公主祥哥剌吉及其与汉文化之关系》，《中央民族大学学报》2006 年第 1 期；查洪德《元代诗坛的雅集之风》，《安徽师范大学学报》2013 年第 6 期。

长沙赵岩，字鲁瞻。居溧阳，冀公南仲丞相之裔也。遭遇鲁王，尝在大长公主宫中应旨，立赋八首、七言律诗、宫词，公主赏赐甚盛。出门，凡金银器皿，皆碎，而分惠宫中从者及寒士。后遭谤，遂退居江南。①

据此可见，赵岩字鲁瞻，由于逢遇鲁王而成为大长公主府邸中的宾客幕僚。按，《元史·武宗纪》记载说，大德十一年（1307）六月壬子，“封皇妹祥哥剌吉为鲁国大长公主，驸马琱阿不剌为鲁王”②。《元史·琱阿不剌传》亦曰：“大德十一年三月，按答儿秃长子琱阿不剌袭万户，尚祥哥剌吉公主，六月，封大长公主，赐琱阿不剌金印，加封鲁王。……皇庆间，加封皇姊大长公主。”③由此判断，《静斋至正直记》上文中的“鲁王”及“大长公主”是指琱阿不剌、祥哥剌吉夫妇，据此进一步确定，赵岩（鲁瞻）乃以府邸僚佐身份参加至治三年的天庆寺雅集。

检讨元朝文献，“赵鲁瞻”之名凡两见：其一，宋褧作诗题作《和赵鲁瞻海岸冬日晚归》：

白塔高标射紫霞，乌栖宫树客投家；烧香人拜弯弓月，穿市儿携剪彩花。苜蓿地眠朝退马，蒲桃园隔宴回车；人生要纵长安眼，何事能容便面遮。④

---

① 孔齐：《静斋至正直记》卷1《赵岩乐府》，北京大学图书馆藏清钞本。

② 《元史》卷22《武宗纪一》，中华书局1976年版，第481页。

③ 《元史》卷118《琱阿不剌附传》，中华书局1976年版，第2917页。

④ 宋褧：《燕石集》卷6《和赵鲁瞻海岸冬日晚归》，《北京图书馆古籍珍本丛刊》影印清钞本，书目文献出版社1991年版，集部第92册，第158页下栏。

其二，朱思本作有《次韵答赵同知鲁詹》二首：

相逢玉树照人明，几见金盆落月倾；冀北春天长作客，湘西夜雨若为情。风云变化真余事，湖海栖迟寄此生；诗酒可能逍遣得，又随车马出都城。

万里思家共月明，知君心逐水东倾；云边候雁惊春事，马上朝鸡感宦情。莫作脂韦终玩世，宁从曲蘖自全生；何时摆落功名念，归钓湘江绿绕城。①

上述《和赵鲁瞻海岸冬日晚归》和《次韵答赵同知鲁詹》事主盖指赵岩。上引《静斋至正直记》明确说赵岩（鲁瞻）乃是“冀公南仲丞相之裔也”，此人即南宋儒将冀国公赵葵（字南仲）。②

通过以上分析，证明赵岩（鲁瞻）原来是元朝时期的一个文士，冀国公赵葵之后裔。循此线索，我们注意到，虞集撰《赵文惠公神道碑》（即《赵淇神道碑》）记述赵淇本人及家族子嗣情况：

故中奉大夫、湖南道宣慰使赵公，既赠通奉大夫、湖广等处行中书省、参知政事、护军，追封天水郡公，谥文惠。其子弥宽，诣太史请述神道碑铭。按，赵氏世为临淄人，唐末，抚州刺史霍避地衡州，至宋，族益盛。奉议郎士庠，始居衡山之祟岳乡，奉议生楚国公世绩，楚公生鲁国公棠，鲁

① 朱思本：《贞一斋诗文稿》卷下《次韵答赵同知鲁詹》，《宛委别藏》本，叶26b—27a。

② 《宋史》卷417《赵葵传》，中华书局1977年版，第12498—12504页。

国弟常生端明殿大学士、太师、卫国忠肃公方，为鲁公后。忠肃生武安军节度使、太师、冀国忠靖公葵。公讳淇，字元德，忠靖公次子也。

……子四人：弥宁，弥寀，弥审，皆前卒；弥宽，用公荫，今为奉训大夫、韶州路曲江县尹。女二。孙男六人：岩，嵩，岦，嶨，峕，耑。①

从上文可以看出，湖南道宣慰使赵淇为赵葵次子，而赵淇有孙子六人，长孙即赵岩。卢挚《湖南宣慰使赵公墓志铭》（即《赵淇墓志铭》）叙述赵淇有孙男六人，亦谓“岩，以祖荫当补官”②。上述赵淇神道碑及墓志铭所叙赵岩的出身及其家族乃与《静斋至正直记》记述若合符契。

上文根据《曹知白补图》赵氏题跋及钤印，指出赵秋巘即赵岩（鲁瞻）。在此不妨做进一步论述。按，陈泰《所安遗集》中有四首诗非常值得关注：

第一首曰：“九日，碧溪太守秋巘别驾约会定林寺游玩，座间因和碧溪之韵。”

如渑之酒琼为觞，山公携客酣高阳；清谈最喜得支遁，法雨昼下天华香。当时泪涕神州冷，枉煞参军醉中影；至今江左旧英雄，犹向新亭看风景。夕英可餐不可肥，苦吟莫作虫声微；城头日照毕逋尾，五马兴逐晴云飞。百年心目易为

① 虞集：《道园学古录》卷13《赵文惠公神道碑》，《四部丛刊》本，叶7a—b、10a。

② 苏天爵编：《国朝文类》卷51《湖南宣慰使赵公墓志铭》，《四部丛刊》本，叶18b。

眩，社燕相逢又秋雁；后来二客记风流，只有青山临断岸。

第二首曰："奉和赵秋巘闰七夕乐章。"

翠凤毵毵刷新羽，一霎香车洗尘宇；秋瓜老尽画屏空，小扇无人拜星渚。武丁去作宫门仙，昨暮重开青琐烟；长河十日一到海，三迭回波金碧鲜。刚风汹涌太古裂，天上至尊宁晏眠；六龙西行鼓声急，芙蓉卷露旌旗湿。今年乌鹊最辛勤，秃尾爬沙向龙泣；只忧帝怒星为石，八极长悬曙光赤。鹊飞入海海未回，化石相望见何日。

第三首曰："谢秋巘杭笔之惠。"

清晨学作小楷书，忽有两生来坐隅；怀中出赠使君句，岳麓秀气连西湖。西湖制笔天下无，我欲往致道路迂；使君蓄缩庙堂手，吏退聊以诗为娱。临池念我笔久秃，传教遣与朝夕俱；陈玄藁面略不省，偶见拂拭还惊吁。松云漠漠弄幽态，妙处欲写旋已逋；遥知湖面好秋色，绿水一带明菰蒲。安得从公幅巾去，小艇荡月轻如凫；吴儿短歌我长啸，看君数笔杭州图。

第四首曰："次赵秋巘韵。"

鳌鱼虽快意，鹤发上□□；桂树招人隐，梅花让客清。先秋分袂月，□□□□□；□□淹留久，夔蛟只自怜。①

① 陈泰：《所安遗集》（不分卷），《涵芬楼秘笈》本，叶 14a—b、叶 23a。

上述四种诗文均系陈泰与赵秋巘的唱和之作。并且，陈泰在《谢秋巘杭笔之惠》诗文下注释说：“公乃赵故忠靖公之孙，时为茶陵别驾。”赵秋巘身份由此明确。据《宋史·赵葵传》记载说，咸淳二年（1266），赵葵薨，谥忠靖。① 赵淇《赵文惠公神道碑》及《湖南宣慰使赵公墓志铭》称葵为忠靖公，知赵秋巘当是赵葵曾孙。

综上所述，至治三年，参与天庆寺雅集活动的赵岩，此人字鲁瞻，号秋巘，其祖父赵淇，曾祖赵葵。在鲁国大长公主祥哥剌吉主持举办的文人交游活动中，赵岩以府邸宾客的角色参与数种名画题跋的创作，但因其题名及跋诗未署任何官职，所以无法知晓其真正身份，卞永誉、费屺怀及陆心源等人注意到这些题跋，却不加以辨析，遂将元朝时期的赵岩当作后梁画家赵嵓，进而把两人事迹混为一谈，结果称画家赵嵓初名霖，字鲁瞻或字秋巘。本文所揭示的真相则是，后梁画家驸马都尉赵嵓与元朝时期赵岩原本风马牛不相及！

① 《宋史》卷417《赵葵传》，中华书局1977年版，第12504页。

第三章　海青擒天鹅：辽金元春猎制度与北族行国政治

关于“行国政治”之历史内涵，匈奴谋臣中行说概括说：“畜食草饮水，随时转移。……约束径，易行。君臣简，可久。一国之政犹一体也。”① 通常直观地表现为，草原游牧者逐水草而居，终年往返于四季或两季营地之间。这套在北方游牧族群中间历久相承的治国法则向来引人关注，它所呈现的多重面相值得我们认真研究，② 其中驻牧春季营地（即春水飞放）时通常要举行“海青擒天鹅”活动，这是北族王朝国家政治生活中的重要景观，故

---

① 《汉书》卷94上《匈奴传上》，中华书局1962年版，第3760页。

② 参见 Fu Lo-huan:“*Nat Pat*”and“*Ordos*”(*Camps and Tents*),*A Study of the Way of Life and Military Organization of the Khitan Emperors and their People*,London:School of Or. and Afr. Studies,1950;D. S. Rice:“The Seasons and the Labors of the Months in Islamic”,*Ars Orientalis*,1954 Vol. 1；贾敬颜《释“行国”——游牧国家的一些特征》，《历史教学》1980年第1期；韩茂莉《历史时期草原民族游牧方式初探》，《中国经济史研究》2003年第4期；Thomas T. Allsen:*The Royal Hunt in Eurasian History*,Philadelphia:University of Pennsylvania Press. 2006.

而关注这一问题的学者不在少数。① 与以往学者单纯凭借历史文献或图像资料二者之一种的研究路径有所区别，本文拟将《元世祖出猎图》及相关图像作为分析文本，采取“图像证史”的研究方法，即如英国文化史学者彼得·伯克（Peter Burke）所倡导的那样，“图像如同文本和口述证词一样，也是历史证据的一种重要形式，因为它们记载了目击者所看到的行动”②。也就是，从历史文物图像中挖掘以辽金元社会为典型案例的北族游猎活动，进而阐释行国政治的另一种历史意涵。

第一节　《元世祖出猎图》及相关图像所见海东青形象

本文重点关注的著名宫廷画《元世祖出猎图》，至元十七年（1280）二月御衣局使臣刘贯道画，轴，绢本设色，尺寸为 182.9×104.1 厘米，现藏于台北“故宫博物院”。③ 该作品集中展现元世祖忽必烈携皇后及其侍从狩猎的场景，画面整体布局、绘画艺术

① 参见王颋《辽、金、元猎鹰“海东青”考》，《文史》2001 年第 1 辑；彭善国《辽金元时期的海东青及鹰猎》，《北方文物》2002 年第 4 期；彭善国《辽墓鹰猎题材壁画及相关文物初识》，《边疆考古研究》第 3 辑，科学出版社 2005 年版，第 229—236 页。

② Peter Burke: *Eyewitnessing: The Uses of Images as Historical Evidence*, London: Reaktion Books, 2001, p. 14；《图像证史》，杨豫译，北京大学出版社 2008 年版，第 9 页。

③ 傅熹年主编：《中国美术全集·绘画编》第 5 卷《元代绘画》，文物出版社 1989 年版，第 48 页；台北“故宫博物院”编：《故宫书画图录（四）》，台北“故宫博物院”1990 年版，第 23 页。

风格、文化特征均承袭自北番画作惯有的创作模式，[①] 画中涉及多种游猎文化元素，如臂鹰、猎犬、文豹、神纛及骨朵等，在元朝社会中皆富有特殊的政治象征和隐喻，其中特别突出的白色鹰隼（此种隼类名为“海东青”，说详下文）显然与辽金元捺钵制度下颇为盛行的猎捕天鹅活动密不可分。

与此相关并且同属于一个游猎主题的典型图像是，1992 年在内蒙古巴林右旗庆州白塔塔刹内发现的《骑士擎鹰图》（图 3-1）。这幅图绣刺在丝织品“红罗地联珠人物”夹层经袱之上，长 27.5 厘米，宽 28 厘米，上面画一猎手骑着披甲战马，目视正前方，戴胄，身配铠甲袍，着棕色皮靴，面形方正，体魄壮实，黄胡须陡然翘起，两手高擎猎鹰。根据《建塔碑铭》辽兴宗“重熙十八年”（1049）纪年字样及相关文物断代，知这幅图像亦为同一时期文物。[②]

---

① 参见 Maxwell K. Hearn: *Reunification and Revival*, *Possessing the Past: Treasures from the National Palace Museum*, *Taipei*, Distributed by Harry N. Abrams, Inc. New York: 1996, pp. 269—272；洪再新、曹意强《图像再现与蒙古旧制的认证——元人〈元世祖出猎图〉研究》，《新美术》1997 年第 2 期；余辉《元代宫廷绘画史及佳作考辨》，《故宫博物院院刊》1998 年第 3 期；刘芳如《元刘贯道画元世祖出猎图》，见石守谦主编《大汗的世纪：蒙元时代的多元文化与艺术》，台北“故宫博物院”2001 年版，第 288—289 页。

② 德新、张汉君、韩仁信：《内蒙古巴林右旗庆州白塔发现辽代佛教文物》，《文物》1994 年第 12 期。

图 3-1 庆州白塔《骑士擎鹰图》

上述《元世祖出猎图》与庆州白塔丝织物中皆见狩猎骑士手中擎一猎鹰，美国蒙古学家 Thomas T. Allsen 曾指出，《元世祖出猎图》之猎禽即为最受蒙古人嗜爱的猎鹰——白色矛隼。① 这只矛隼通体雪白，黑喙丹顶（图 3-2）。按辑本《析津志》描述状貌与其极为相似的一种猎鹰："其首笼帽，多奇巧金绣，以小红缨、马尾为束紧之制。"这指的就是海东青。② 通过图像资料与历史文献相对比，可知《元世祖出猎图》中的白隼无疑就是辽金元时期备受人们珍视的贵种猎鹰——海东青，其顶部饰以小红缨之类，大概是为了显示名贵或备受矜宠。那么，庆州白塔夹层经袱

① Thomas T. Allsen: *The Royal Hunt in Eurasian History*, Philadelphia: University of Pennsylvania Press. 2006, pp. 244—247.

② 熊梦祥著，北京图书馆善本组辑：《析津志辑佚》之《物产门》，北京古籍出版社 1983 年版，第 234 页。

所绘之猎鹰显然也是海东青。① 除此之外，清初王毓贤《绘事备考》一书稽考历代画家事迹及其书画作品，其中称契丹贵族萧瀜，“尤善丹青，慕唐裴宽、边鸾之迹”，画之传世者有《海东青图》二幅。② 元代文学家刘敏中《题白海青图》描述画卷中之白海青，云：“雪羽朱韝下紫垣，洒然英气在腾骞；空中凡鸟寻常有，搏击终期报主恩。”③ 由此可见，这些图像都把海东青作为画卷主角加以细致刻画，这是一个饶有趣味的文化现象。

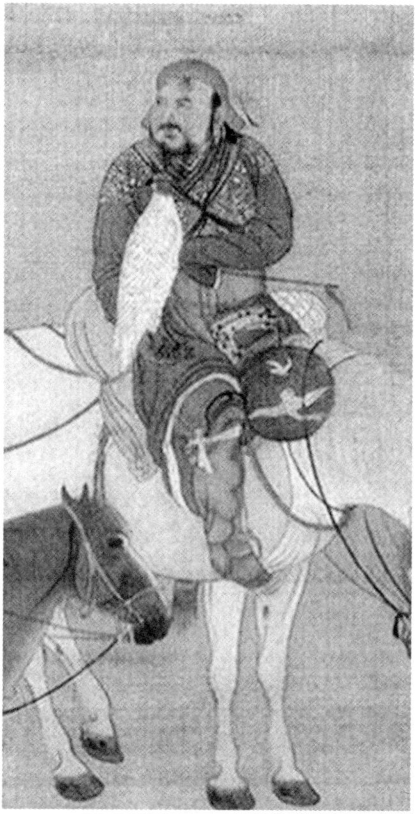

图 3-2 《元世祖出猎图》之骑士臂鹰

实际上，海东青绝少单独出现在某件绘画作品当中，很多时候即如上述两幅图像所见伫立于骑士手臂之上，古代文献通常称之为“臂鹰”，或曰“韝鹰”“架鹰”。众所周知，

① 参见德新、张汉君、韩仁信《内蒙古巴林右旗庆州白塔发现辽代佛教文物》，《文物》1994 年第 12 期。

② 王毓贤：《绘事备考》卷 7《辽朝·萧瀜》，康熙三十年刻本，叶 2a—3a。

③ 刘敏中：《中庵先生刘文简公文集》卷 19《题白海青图》，《北京图书馆古籍珍本丛刊》，书目文献出版社 1991 年版，集部第 92 册，第 444 页上栏。

这种艺术造型在辽时期游牧题材图像中屡见不鲜，① 上引王毓贤《绘事备考》称萧瀜另画有《臂鹰图》和《鞲鹰图》各两件。② 此类图像多有见于辽代墓葬壁画者：内蒙古通辽市库伦 6 号辽墓北壁《出行图》画有五侍从，第二人右臂架着一只猎鹰（图 3-3）；③ 内蒙古敖汉旗喇嘛沟辽墓之西壁绘有一幅《春季备猎图》，画面中五名契丹侍仆，其中一人右手擎海东青（图 3-4）。④ 在内蒙古巴林左旗白音罕山韩匡嗣家族 2 号墓壁画《擎鹰图》中，有两名契丹侍从右臂各架着一只海东青（图 3-5）。⑤

图 3-3　库伦 6 号辽墓壁画《出行图》局部摹本

① 参见彭善国《辽墓鹰猎题材壁画及相关文物初识》，《边疆考古研究》第 3 辑，第 229—236 页。

② 王毓贤：《绘事备考》卷 7《辽朝·萧瀜》，康熙三十年刻本，叶 3a。

③ 孙建华编：《内蒙古辽代壁画》，文物出版社 2009 年版，第 259 页。

④ 孙建华编：《内蒙古辽代壁画》，文物出版社 2009 年版，第 189 页。

⑤ 孙建华编：《内蒙古辽代壁画》，文物出版社 2009 年版，第 98 页。

图 3-4　喇嘛沟辽壁画墓《春季备猎图》局部摹本

图 3-5　白音罕山韩匡嗣家族 2 号墓《擎鹰图》局部摹本

将上述图像展现的“右手臂鹰”这种狩猎习俗进一步追溯，早在李唐时期皇室中间就很流行。据《开元天宝遗事》记载说，“申王有高丽赤鹰，岐王有北山黄鹘，上甚爱之，但弋猎，必置之于驾前”①。申王、岐王分指唐玄宗的两个兄弟李㧑和李范，他们蓄养的“赤鹰”“黄鹘”与海东青属同一物种，狩猎时用来捕获禽鸟，二人所钟情的架鹰及鹰猎活动，目前有三件唐代宗室墓葬出土的陶俑为证。②

其一，1971 年，陕西省乾县懿德太子墓出土一座“骑马架鹞狩猎俑”，骑士头戴黑色幞巾，右手架着一只鹞（图 3-6）。③

图 3-6　懿德太子墓骑马架鹞狩猎俑

① 王仁裕撰，曾贻芬点校：《开元天宝遗事》卷下“决云儿”条，中华书局 2005 年版，第 52 页。

② 葛承雍：《唐代狩猎俑中的胡人猎师形象研究》，《故宫博物馆院刊》2010 年第 6 期。

③ 冀东山编：《神韵与辉煌——陕西历史博物馆国宝鉴赏（陶俑卷）》，三秦出版社 2006 年版，第 129 页。

其二，1991年，陕西西安市灞桥区的唐金乡县主墓中发现两件“架鹰狩猎俑”，造型同样为骑士右臂擎鹰（图3-7）。①

图3-7 金乡县主骑马架鹰狩猎俑

值得注意的是，除中国境内出土的文物及图像资料外，域外图像资料也提供了更为直观的臂鹰形象，Thomas T. Allsen教授研究整个欧亚大陆皇室狩猎问题时，引述美国洛杉矶县立艺术博物馆所藏一幅水彩画（图3-8）②，年代大约为1600—1605年，尺寸为14.29×8.57厘米，为莫卧儿国王（Raja Medini Pal，在位时间1722—1736年）驯鹰的场面。

① 西安市文物保护考古所编：《唐金乡县主墓》，文物出版社2002年版，图版76、78。

② 美国洛杉矶县立艺术博物馆藏《莫卧儿国王架鹰图》，索引编号M. 83. 1. 4。http://collections. lacma. org/node/247380，2014年11月23日。相关研究参见Thomas T. Allsen：*The Royal Hunt in Eurasian History*，Philadelphia：University of Pennsylvania Press. 2006，p. 64.

图 3-8 《莫卧儿国王架鹰图》

循着这条线索，笔者进一步发现，洛杉矶县立艺术博物馆还收藏着四件同类题材的“右手臂鹰”图像：第一幅为16世纪晚期土耳其手抄稿附录肖像画（图 3-9），尺寸为24.77×18.42厘米，年轻女性狩猎者带着韝臂进行驯鹰。第二幅水彩画《朝贡名鹰图》（图 3-10），尺寸为35.56×48.26厘米，画中主角为莫卧儿王朝国王拉贾·玛蒂纳·帕尔，他正在接受臣属朝贡贵种猎鹰。第三幅为水彩画《贵妇牵马架鹰图》（图 3-11），尺寸为20.96×29.21厘米，该画是18世纪初期作品，来自今印度拉贾斯坦邦的阿杰梅尔。第四幅是约18世纪末期印度喜马偕尔邦努尔布尔的油墨水彩画（图 3-12），尺寸为22.54×27.31厘米，这幅画描绘一妇人手架猎鹰，五名侍女相从行狩猎的场面。①

① 美国洛杉矶县立艺术博物馆藏土耳其肖像画《贵妇韝鹰图》，索引编号 M. 85. 237. 31；莫卧儿王朝《朝贡名鹰图》，索引编号 M. 83. 105. 8；《贵妇牵马架鹰图》，索引编号 M. 83. 105. 36；《侍女扈从出猎图》，索引编号 M. 79. 191. 25。http://collections. lacma. org/search/site/Falcon，2014 年 11 月 23 日。

图 3-9　《贵妇韝鹰图》

图 3-10　《朝贡名鹰图》

图 3-11 《贵妇牵马架鹰图》

图 3-12 《侍女扈从出猎图》

除上述五幅臂鹰图外，“右手臂鹰”图像亦见于中世纪欧洲法兰西文化艺术品之中，美国大都会艺术馆藏有一面象牙材质的镜子（时间约 1330—1360 年），镜面直径 9.5 厘米，厚度 1 厘米。镜子背面的雕刻为三位骑士相行狩猎，其中两人手擎猎鹰（图 3-13）。①

图 3-13　镜阴《骑士擎鹰图》

以上各类图像资料都表明一个事实，“臂鹰”及鹰猎的狩猎习俗在世界范围普遍存在，具有广泛影响，以致伊斯兰工艺品上面镌刻的图像也有所写照。这其中，有三幅典型图案值得关注：

一件是约 13 世纪初伊斯兰白釉烫金碗（图 3-14），碗底直径 8.9 厘米，绘饰一女性狩猎者臂鹰，骑马追逐野兔的场面。② 一件

① 美国大都会艺术馆藏象牙镜背《骑士擎鹰图》，索引编号 17.190.248。http://www.metmuseum.org/collection/the-collection-online/search/464248，2014 年 11 月 23 日。

② 美国大都会艺术馆藏白釉烫金碗《骑士架鹰图》，索引编号 12.206.1。http://www.metmuseum.org/collection/the-collection-online/search/446261，2014 年 11 月 23 日。

图 3-14　烫金碗底《骑士架鹰图》

是约 13 世纪伊斯兰工艺风格的镶银青铜烛台，上面镶刻《出猎图》（图 3-15），骑士所乘马匹背上负载一文豹，与《元世祖出猎图》“马负文豹”两相参照，并且右手架鹰。第三件是法国卢浮宫藏烛台镌画《出征图》，一人牵着文豹，一人手擎猎鹰，准备出发狩猎（图 3-16）。[①] 很明显，他们都是伊斯兰艺术黄金时代的作品，创作根源皆有可能发端于阿拔斯王室的游猎生活。

综上所述，我们可将狩猎臂鹰分为三种类型：第一种，辽朝墓葬壁画中的图 3-3、图 3-4、图 3-5，印度莫卧儿王朝水彩画图 3-8、图 3-10，奥斯曼土耳其图 3-9、阿拔斯王朝图 3-16 当归列为同一组，臂鹰的狩猎者无坐骑，或正在驯鹰，或进贡呈献，或准备出征围猎。第二种，印度莫卧儿王朝图 3-11，画中臂鹰者牵着马匹

① 图 3-15、图 3-16 引自 D. S. Rice, *The Seasons and the Labors of the Months in Islamic*, Ars Orientalis, 1954 Vol. 1, p. 27/30.

图 3-15　青铜烛台镶《出猎图》

图 3-16　镶刻《擎鹰图》

徒步行进。最值得关注的是第三种图像类型：唐朝宗室墓葬陶俑图 3-6、图 3-7，印度莫卧儿王朝图 3-12，中世纪欧洲图 3-13，阿拔斯王朝图 3-14、图 3-15，以上皆见狩猎者骑马架鹰，与上文《元世祖出猎图》及庆州白塔“骑士擎鹰图”（图 3-2、图 3-1）的造型完全吻合。由不同文明背景产生创作的游猎图像可见，右手臂鹰之习俗及鹰猎活动风靡于整个欧亚大陆，其本源应为游牧射猎生活，由此为我们研究《元世祖出猎图》及元朝游猎制度提供了很好的参照，也可以从更为宏观的内亚视角审视上述问题。

第二节　海东青的狩猎习性及其驯养

如上文所论，刘贯道特意将海东青画于《元世祖出猎图》之中，以及内亚草原游牧文化艺术造型中屡见臂鹰者，据笔者反复观察，狩猎者所擎猎鹰大多为海东青，究竟有何寓意呢？我们都知道，草原艺术作品大抵来源于现实生活，那么，元朝皇室狩猎过程中的“海青击天鹅”春猎活动显然是创作之根源。不过为了更为全面地讨论这个话题，之前我们需要进一步了解海东青的种属及其狩猎习性。

关于海东青动物分科属类问题，王颋和彭善国教授都有着详细论述①，笔者谨将图像资料与历史文献相结合稍加申说。《三朝北盟会编》对海东青的记载尤为详细：

① 王颋：《辽、金、元猎鹰“海东青”考》，《文史》2001 年第 1 辑。彭善国：《辽金元时期的海东青及鹰猎》，《北方文物》2002 年第 4 期。

又有俊鹘号海东青者，能击天鹅，人既以俊鹘而得天鹅，则于其嗉得珠焉。海东青者，出五国，五国之东，接大海，自海东而来者，谓之海东青。小而俊健，爪白者尤以为异，必求之女真。①

《东都事略》亦云："女真有俊禽曰海东青，次曰玉爪骏，俊异绝伦，一飞千里，非鹰鹯雕鹗之比。"② 以上两种宋代文献皆称海东青为俊鹘，意即鹘类最优异者，主要产于生女真之地，其身小而轻健，爪白者最为珍贵，《元世祖出猎图》中所画的白色俊鹘就是这种海东青。

其实，唐朝人早就已经关注到海东青，李白《高句骊》有诗云"似鸟海东来"，李氏言"高句骊"，其地域当然涵盖辽金元时期盛产海东青的五国部，明人朱谏注解此诗曰："海东青，鸟名，似鹞，而劲疾无敌，青色，出海东国，故曰海东青。"③ 知它产于契丹之东北境外五国部以东海上，故称"海东青"，别称"海青"，属于鹘类的一种。元末熊太古在其笔记《冀越集记》中将鹘分为五类："海东青名白鹘，一种玉爪，一种黑爪；有鸦鹘，有金眼鸦鹘，有兔鹘。海东青与金眼鸦鹘皆能以小击大，食天鹅、䴔䴖之属。"④《析津志》介绍物产说：羽猎之雄者，凡有"白海青，白上有黑点者""青海青""白黄鹰""黄鹰""皂雕""鸦鹘""赤鹘""兔鹘""角鹰""白鹞""崖鹰""鱼鹰""铁鹞""木骨鹞""崧儿"

① 徐梦莘：《三朝北盟会编》卷3，重和二年正月十日，上海古籍出版社1987年影印许刻本，上册，第20—21页。

② 王称：《东都事略》卷124《契丹附录》，《宋史资料萃编》第1辑，台北：文海出版社1979年版，第1909页。

③ 朱谏注：《李诗选注》卷4《高句骊》，隆庆壬申年刻本，叶16a、b。

④ 熊太古：《冀越集记》卷上《大都养鹰》，乾隆四十七年吴翌凤钞本，叶3b。

“百雄”及“茸垛儿”。[①] 动物学家研究表明，海东青分类可能属于隼科，[②] 可惜今天这一物种或已经彻底消失。幸运的是，明代王圻、王思义编著大型图录文献《三才图会》，该书分条罗列各类名物制度兼绘制图像，专门对隼、鹘及海东青做了细致描摹（图3-17）：[③]

隼　　鹘　　海东青

图 3-17

其中，上述“海东青”图像榜题引《异名记》释名曰：“登州海岸有鸟如鹘，自高丽飞渡海岸，名‘海东青’，击物最健，善擒天鹅，飞时旋风直上云际。”[④] 彭大翼《山堂肆考》也引述了此

---

① 熊梦祥著，北京图书馆善本组辑：《析津志辑佚》之《物产门》，北京古籍出版社1983年版，第235页。

② 参见徐学良、谷风《海东青的分布和产地》，《黑河学刊》1988年第1期；徐学良《海东青考》，《第八届中国动物学会鸟类学分会全国代表大会暨第六届海峡两岸鸟类学研讨会论文集》，2005年11月，第371页。

③ 王圻、王思义编集：《三才图会》之《鸟兽类·鸟类一》，上海古籍出版社1988年版，下册，第2162、2172页；《鸟兽类·鸟类二》，下册，第2200页。

④ 王圻、王思义编集：《三才图会》之《鸟兽类·鸟类二》，上海古籍出版社1988年版，下册，第2200页。

文。[1] 训诂文献《增修埤雅广要》引《谈苑》亦云："登州海岸有鹘自高丽飞渡海岸，号'海东青'。"[2] 在此特别强调的是，海东青善于猎捕天鹅的本领，据《草木子》描述说，"其物善擒天鹅，飞放时，旋风羊角而上，直入云际"[3]。元人王恽讲述的一个故事颇能说明鹘类的狩猎性格：

> 昔有渔于河滨者，见一鹘搏一禽于沙渚间，禽逸，而鹘不起。良久，渔者往视，鹘已死矣。彼念之曰：鹘之鸷，击性也，一举而坐空拳，遂愤而毙，有志士之烈焉。[4]

王恽所叙之故事，或系亲历见闻或采访于民间巷尾，应具有相当高的可信度。海东青也属于鹘类一种，依靠游猎为业的蒙古人对其猎捕性格非常熟稔，铁木真遣阿里海致责于汪罕就比喻说："我征朵鲁班、塔塔儿、哈答斤、散只兀、弘吉剌五部，如海东鸷禽之于鹅雁，见无不获，获则必致于君。"[5] 此言"见无不获"与上文"志士之烈"义通，都说明海东青生性非常凶猛。此外，辑本《析津志》亦云："尝诹昔宝赤云，海青之外一翅，七日或七八日始得至奴儿干，其气力不资或饥而眼乱者多溺死。凡能逮此地者，无不建奋。故其于羽猎之时，独能破驾鹅之长阵，绝雁鹜之

① 彭大翼：《山堂肆考·补遗》卷45《禽》，万历二十三年刻本，叶18a。

② 陆佃原著，牛衷增修：《增修埤雅广要》卷32《什物门·异制类》，万历三十八年孙弘范刻本，叶14b。

③ 叶子奇：《草木子》卷4下《杂俎篇》，中华书局1983年版，第85页。

④ 王恽：《秋涧先生大全文集》卷44《鹘叹》，《四部丛刊》本，叶16a。

⑤ 《元史》卷1《太祖纪》，中华书局1976年版，第10页。

孤骞，奔众马之木鱼，流九霄之毛血。”[①] 昔宝赤（怯薛身份，指元朝时期为蒙古宫廷养鹰之人）明确指出，唯有海东青能够破驾鹅长阵，这自然而然就备受游猎者青睐。

揆诸辽金元文献，捕获天鹅不可或缺的猎鹰海东青主要分布在黑龙江下游、库页岛及贝加尔湖一带，亦即《析津志》所言“奴儿干”更加东北的地域。[②] 如《元一统志》指出，海东青，“出五国城东，小而健，能擒天鹅，白者尤贵”[③]。此“五国城”者，地望大概位于今黑龙江流域。据《元史·地理志》记载，合兰府水达达等路“有俊禽曰海东青，由海外飞来，至奴儿干，土人罗之，以为土贡”[④]。《刑法志》记述大致相同：“诸流远囚徒，惟女直、高丽二族流湖广，余并流奴儿干及取海青之地。”[⑤] 域外文献《马可波罗行纪》所记海东青的产地与元朝汉文文献大致吻合，亦谓：“巴儿虎（Bargou）骑行 40 日，抵于海洋。……此海诸岛亦产海青（Gerfaut）。地在极北之处，中午可见北极之星。海青甚多，君主欲得之者，可以取之不尽。”[⑥] 巴儿虎是指蒙古草原部落巴儿忽惕，栖居于今贝加尔湖地区，此地盛产海东青。

海东青之珍贵，元人郭以道《海东青》谓：“海东俊禽异雕鹗，金晴玉爪非凡材；八月风高度瀚海，剑翮怒斫云阵开；虞人

① 熊梦祥著，北京图书馆善本组辑：《析津志辑佚》之《物产门》，北京古籍出版社 1983 年版，第 234 页。

② 参见徐学良、谷风《海东青的分布和产地》，《黑河学刊》1988 年第 1 期。

③ 田艺蘅著，朱碧莲点校：《留青日札》卷 19“海东青扑天鹅”条引《元一统志》，上海古籍出版社 1992 年版，第 361 页。

④ 《元史》卷 59《地理志二》，中华书局 1976 年版，第 1400 页。

⑤ 《元史》卷 103《刑法志二》，中华书局 1976 年版，第 2634 页。

⑥ 冯承钧译：《马可波罗行纪》第 1 卷第 70 章《哈喇和林平原及鞑靼人之种种风习》，商务印书馆 2012 年版，第 145 页。

设网心独苦，获之不敢触毛羽；为言此禽献天子，年年进入明光里。”① 时人谈及海东青说：“海青者，海东俊鹘也，白者尤贵，有数十金者。”② 元朝政府明令禁止民间买卖这种猎禽，至元五年二月颁降圣旨申令：“打着海青好鹰鹘休教卖了。卖了底人，有罪过者；买底人，有罪过者。”“钦此。如有打到海青好鹰鹘，如法收养，本处官司相验是实，申覆本管官司。呈省施行。”③ 我们都知道，元朝政府专门设立昔宝赤一职来蓄养海东青，所谓“昔宝赤”者，“国言养鹰之蒙古名”④，或谓“鹰房之执役者”⑤。据《经世大典·政典总叙》“鹰房捕猎”条称：“国制自御位及诸王皆有昔宝赤。”⑥ 他们专司捕获及饲养猎鹰之事，并且还掌握一套驯鹰技艺，⑦ 辑本《析津志》记述如次：

> 欲其爪冷，庶几无病，冬月则以金绣拟香墩与之立，夜则少令其睡。其替毛观其粪条，揣其肥瘠，进食而加减之。……于是松云子为之歌曰：饥饱有则，调摄有时，有添心、补心、泻心之法，有布轴、毛轴、药轴之施。飞则击鼓敲鱼以助其力，收其俯摹解渴以慰其饥。一出二出为止，一

① 郭以道：《海东青》，见蒋易编：《皇元风雅》卷 26，元建阳梅溪书院刻本，叶 14a。

② 柯九思：《丹邱生集》卷 3《宫词十五首》，光绪三十四年柯逢时刻本，叶 3a、b。

③ 陈高华等点校：《元典章》卷 38《兵部五·捕猎·休卖海青鹰鹘》，中华书局、天津古籍出版社 2011 年版，第 2 册，第 1315 页。

④ 熊梦祥著，北京图书馆善本组辑：《析津志辑佚》之《物产门》，北京古籍出版社 1983 年版，第 234 页。

⑤ 陶宗仪：《南村辍耕录》卷 1“昔宝赤”条，中华书局 1959 年版，第 19 页。

⑥ 苏天爵编：《国朝文类》卷 41《经世大典总序》，《四部丛刊》本，叶 25a。

⑦ ［日］片山共夫：《论元朝的昔宝赤——以怯薛的二重构造为中心》，见余大钧编译《北方民族史与蒙古史译文集》，云南人民出版社 2003 年版，第 678 页。

替二替三替为奇。……养喂之效，备见于斯，松云是说可采。[①]

北番画作中多见这种驯鹰过程的图像，颇负盛名的有胡瓌画《番部按鹰图》《按鹰图》及胡虔画《番族按鹰图》，可惜这些画作亡佚。[②] 目前考古发掘所见，嘉峪关新城5号魏晋时期壁画墓绘有三幅鹰猎图，其中第二幅画的是：一名猎者右臂架鹰，左手平上举，掌心向上，好像正在训练手上的猎鹰（图3-18）。[③] 唐代懿德太子墓壁画对驯鹰图景也有所呈现，即第二过洞东壁小龛南侧画着两名架鹰男侍，其中一人腰间系一黑荷包，右手架鹰，左手作驯鹰姿态（图3-19、3-20）。[④]

图3-18 《狩猎擎鹰图》

① 熊梦祥著，北京图书馆善本组辑：《析津志辑佚》之《物产门》，北京古籍出版社1983年版，第234页。

② 《宣和画谱》卷8《番族》，《津逮秘书》本，第227、229页。

③ 甘肃省文物队、甘肃省博物馆编：《嘉峪关壁画墓发掘报告》，文物出版社1985年版，第55页。

④ 王仁波：《唐懿德太子墓壁画题材的分析》，《考古》1973年第6期。

图 3-19　懿德太子墓壁画《驯鹰图》

图 3-20　懿德太子墓壁画《驯鹰图》摹本

综上所述，《元世祖出猎图》之海东青产自五国城，因其性格凶猛，元朝政府专设昔宝赤捕获及饲养这种猎鹰，经过驯服之后用来猎捕天鹅，由此形成辽金元时期一道特有的游猎文化景观。且看下文详说。

第三节　“海青击天鹅”与柳林春猎

研究证明，《元世祖出猎图》是以忽必烈皇家游猎生活为故事背景而展开的图像学描述，参以宋人汪元量在元世祖忽必烈斡鲁朵（行宫）观看围猎时作诗云：“海青眇然从此去，天鹅正坠阴崖巅。”[①] 柯九思描绘蒙古宫廷生活的《宫词》谓：“元戎承命猎郊垧，敕赐新罗白海青；得隽归来如奏凯，天鹅驰道入宫庭。”[②] 这两首诗的文字内容与图像相互印证。然而问题在于，《元世祖出猎图》取资秋狝活动，本图作者刘贯道刻意将海东青纳入其中，无非是想表达“海青击天鹅”活动，由此牵涉出元朝时期十分盛行的“柳林春猎”。

所谓“柳林春猎”，是指元朝定都燕京以后，每年二月份，元朝皇帝通常在漷州（今北京通州）柳林进行飞放。[③] 实际上，柳林春猎可以追溯到辽代，据《辽史·地理志》记载说：“辽每季春，弋猎于延芳淀，居民成邑，就城故漷阴镇，后改为县。在京

① 汪元量著，孔凡礼点校：《增订湖山类稿》卷3《斡鲁垛观猎》，中华书局1984年版，第74页。

② 柯九思：《丹邱生集》卷3《宫词十五首》，光绪三十四年柯逢时刻本，叶3a、b。

③ 参见李治安《元朝诸帝春秋游猎与昔宝赤、贵赤执役新探》，《纪念成吉思汗诞辰850周年学术研讨会论文集》，内蒙古呼伦贝尔市，2012年9月。

东南九十里。"[1] 元代漷州即辽漷阴县。元朝踵辽故俗，"延芳春水"成为世祖以后诸帝每年例行的游猎活动。王恽《大都路漷州隆禧观碑铭》详细记述了元朝的游猎活动：

> 漷州，距今新都东南百里而近。本汉泉州地，辽为镇，而亡金县焉。兵后井邑萧索，仅存县治。原隰平衍，浑流芳淀，映带左右。建元以来，春水澄融之际，上每事羽猎，[2] 岁尝驻跸，民庶睹羽旄之光临，乐游豫之有赖，故生聚市哄，旋踵成趣。[3]

与此密切相连，《辽史·地理志》叙述漷阴县延芳淀春猎之盛景：

> 延芳淀方数百里，春时鹅鹜所聚，夏秋多菱芡。国主春猎，卫士皆衣墨绿，各持连锤、鹰食、刺鹅锥，列水次，相去五七步。上风击鼓，惊鹅稍离水面。国主亲放海东青鹘擒之。鹅坠，恐鹘力不胜，在列者以佩锥刺鹅，急取其脑饲鹘。得头鹅者，例赏银绢。[4]

此即契丹皇帝春捺钵时所行海东青猎捕天鹅之礼俗。内蒙古敖汉旗喇嘛沟辽墓壁画《春季备猎图》与此狩猎情景相合，[5] 图 3-4 有一人手擎海东青，另一人右侧挂扁鼓即用于"上风击鼓"，惊扰天

---

① 《辽史》卷 40《地理志四》，中华书局 2016 年修订本，第 564 页。
② 按此句"澄融之际上每事"七字原阙，今据文渊阁《四库全书》本补。
③ 王恽：《秋涧先生大全文集》卷 57《大都路漷州隆禧观碑铭》，《四部丛刊》本，叶 6a、b。
④ 《辽史》卷 40《地理志四》，中华书局 2016 年修订本，第 564 页。
⑤ 孙建华编：《内蒙古辽代壁画》，文物出版社 2009 年版，第 188 页。

鹅离开水面，然后放飞海东青猎捕。

相关研究表明，坐落于今内蒙古巴林右旗的辽圣宗永庆陵中室绘有四幅大型壁画，因其描写四季不同风景被称作《四季山水图》，实际反映的则是契丹皇帝的四时捺钵生活，其中东壁春图单元以沙窝子为构图背景，特别突出一片湖泊，天鹅、鸳鸯、野鸭等水禽游弋其中（图 3-21）。①

图 3-21　辽庆陵壁画《四季山水图・春图》

① ［日］田村实造、小林行雄：《庆陵》，京都大学文学部座右宝刊行会 1953 年版，第 71 页。

由此可知，辽代春猎活动并见于图像和文献资料。我们将蒙古与契丹做一比较，不仅春水卓放地有相同之地点，最重要的是，两者活动内容几近一致。黄文仲《大都赋》便可印证此事，称元大都南有柳林之区：

每岁孟春，亲御六飞，南临漫衍，大猎乎漷水之渚，万骑分驰，霆奋飙发，弦鸣禽落，网动兽蹶。百鸷举，层云裂，群獒奔，葳草绝。飞者委毛，走者僵血。虞衡奏功，天子乃悦。匪耽意于游畋，将讲武以搜阅，毕献禽而行赏，回翠华而北辙。①

文中“虞衡”应指鹰房昔宝赤，专门负责放飞海青捕猎天鹅。欧阳玄《渔家傲南词》亦云：“二月都城春动野，引龙灰向银床画；士女城西争买架，看驰马，官家迎佛官兰若。水暖天鹅纷欲下，鹰房奏猎催车驾；却道海青逢燕怕，才过社，柳林飞放相将罢。”② 上述这番春水猎捕天鹅的盛景亦见于《马可波罗行纪》记载：

阳历三月初即从都城首途南下，至于海洋，其距离有二日程。行时携打捕鹰人万人，海青五百头，鹰鹞及他种飞禽甚众，亦有苍鹰，皆备沿诸河流行猎之用。然君等切勿以为所携禽鸟皆聚一处，可以随意分配各所。每所分配禽鸟一二百，或二百以上，为数不等，此种打捕鹰人即以行猎所获多

① 周南瑞编：《天下同文集》卷16《大都赋》，台湾商务印书馆影印文渊阁《四库全书》，第1366册，第638页下栏。

② 欧阳玄：《圭斋文集》卷4《渔家傲南词》，《四部丛刊》本，叶9a。

献大汗。

各人有一小笛及头巾，以备唤鸟持鸟之用，俾君主放鸟之时，放鸟人勿须随之。盖前此所言散布各处之人，守卫周密，鸟飞之处不用追随，鸟须救助时，此辈能赴之也。①

以上多种文献所记对象皆为元朝皇帝的春水捕猎活动。事实上，这项游猎活动早在大蒙古国时期即已展开，公元1223年，成吉思汗征服巴格兰，其子察合台和窝阔台旋即奔赴哈剌库耳（Qara-Köl，义为“黑色的湖”）猎取天鹅为乐，然后动用五十头骆驼把天鹅送给成吉思汗作为礼品。② 窝阔台合罕即位以后，降旨“让伊斯兰教工匠在距离哈剌和林一天行程处，古代阿甫剌昔牙卜的鹰夫所在地，名为迦坚茶寒之地，建造一座宫殿。春天，他在那里放鹰”③。“迦坚茶寒”一词，元朝文献有时译作“揭揭察哈”④，位于哈剌和林北七十余里，并建筑一座扫邻城。⑤ 太宗九年（1237）春、十年夏、十一年春及十三年春二月，窝阔台皆猎于“揭揭察哈之泽”⑥。据史家志费尼描述说，春猎期间，窝阔台在扫邻城（迦坚茶寒）宴乐四十余天，城池前面有水泊，蒙古

---

① 分见《马可波罗行纪》第1卷第91章《管理猎犬之两弟兄》，商务印书馆2012年版，第209页；第92章《大汗之行猎》，第210页。

② ［伊朗］志费尼著，何高济译：《世界征服者史》，商务印书馆2010年版，上册，第154页。

③ ［波斯］拉施特主编，余大钧、周建奇译：《史集》第2卷《窝阔台合罕纪》，商务印书馆2014年版，第69—70页。

④ 参见钱大昕《十驾斋养新录》卷9“迦坚茶寒”条，陈文和主编《钱大昕全集》，江苏古籍出版社1997年版，第7册，244—245页。

⑤ 《元史》卷2《太宗纪》，中华书局1976年版，第35页；卷58《地理志》，第1382页。

⑥ 《元史》卷2《太宗纪》，中华书局1976年版，第35—37页。

人称之为“库耳”（Köl），即“湖水”之义，里面经常聚有很多水禽。他要观看猎取这些水禽，然后纵情于饮酒之乐，打开永不收起的恩施地毯。①

显而易见，元朝时期的柳林春猎乃承袭北族游猎文化传统，并且与契丹春季捺钵内容一样，狩猎活动中海东青猎捕的对象就是天鹅。据动物学家长期观察，天鹅属于大型水禽，季节性迁徙，活动路线为冬南夏北，一般在春节阳历3月下旬惊蛰后开始北迁，途经华北地区北京和北戴河一带栖息。② 据《析津志》物产门记述：

> 天鹅，又名驾鹅，大者三五十斤，小者廿余斤，俗称金冠玉体乾皂靴，是也。每岁，大兴县官南柳中飞放之所。彼中县官每岁差役乡民，广与湖中多种茨菰，以诱之来游食。其湖面甚宽，所种延蔓，天鹅来千万为群。③

大兴县地处“燕都之南”，属于大都城郊范围。④ 元代全国地理总志《大元混一方舆胜览》记述大兴县境内有三个飞放泊，分别为北城店飞放泊、黄堠店飞放泊“广大三十顷”，下马飞放泊“广大四十顷”。⑤ 另外，城南二十里有处“南海子”：“方一百六十里，

① ［伊朗］志费尼：《世界征服者史》，商务印书馆2010年版，上册，第261页。

② 郑作新等编著：《中国动物志·鸟纲》第2卷《雁形目》，科学出版社1979年版，第44—49页。

③ 熊梦祥著，北京图书馆善本组辑：《析津志辑佚》之《物产门》，北京古籍出版社1983年版，第236页。

④ 赵孟頫：《松雪斋文集》卷8《杜氏新茔之碑》，《四部丛刊》本，叶3a。《元史》卷58《地理志一》，中华书局1976年版，第1348页。

⑤ 郭声波点校：《大元混一方舆胜览》卷上《腹里·大都路》，四川大学出版社2003年版，第25页。

海中殿，瓦为之，曰幄殿者，猎而幄焉，尔不可以数至而宿处也。殿傍晾鹰台，鹰扑逐以汗，而劳之，犯霜雨露以濡，而煦之也。台临三海子，水泱泱，雨而潦，则旁四淫，筑七十二桥以渡，元旧也。”[①]《明一统志》亦指出，南海子，“旧为下马飞放泊，内有按鹰台”[②]。从地理位置和建筑设施来看，南海子地属大兴县，当为元朝时期重要的春猎场所。

再者，检《元史·世祖纪》忽必烈之游猎行迹：“至元十八年正月丁未，畋于近郊，丙辰，车驾幸漷州，二月辛未，车驾幸柳林；十九年正月丙子，车驾畋于近郊，二月辛卯朔，车驾幸柳林；二十二年正月丙申，帝畋于近郊，二月乙巳，驻跸柳林。”[③] 上文将“近郊”“漷州柳林”分列为两个不同的春猎地，据此推测，《元史》“畋于近郊”目的地并非稍远的柳林，而是指上述大兴县境内的飞放泊。

总体来说，大兴县和漷州的地理方位虽然稍有参差，但两者春水活动内容并无二致。上文《析津志》记述大兴县湖泊里面长期栖息天鹅种群，袁桷描述其生活习性：“天鹅颈瘦身重肥，夜宿官荡群成围；芦根啑啑水蒲滑，翅足蹩曳难轻飞。”[④] 天鹅体肥味美，据说蒙古皇帝嗜爱的“行帐八珍”中，“天鹅炙”即列为其中之一种。[⑤] 元朝营养学名著《饮膳正要》专门绘画天鹅形态（图3-22），并注释说：“天鹅，味甘，性热，无毒，主补中益气。鹅

① 刘侗、于奕正：《帝京景物略》卷3《城南内外·南海子》，北京古籍出版社1982年版，第134页。

② 李贤：《明一统志》卷1《京师》，嘉靖己未归仁斋重刊本，叶2a。

③ 《元史》卷11《世祖纪八》，中华书局1976年版，第229、230页；卷12《世祖纪九》，第239页；卷13《世祖纪十》，第272、273页。

④ 袁桷：《清容居士集》卷16《天鹅曲》，《四部丛刊》本，叶5a、b。

⑤ 耶律铸：《双溪醉隐集》卷6《行帐八珍诗并序》，台湾商务印书馆影印文渊阁《四库全书》，第1199册，第468页下栏。

有三四等：金头鹅为上，小金头鹅为次，有花鹅者，有一等鹅不能鸣者，飞则翎响，其肉微腥，皆不及金头鹅。”[①] 正因为如此，蒙古皇室宗庙祭祀贡献“牲齐庶品”，每岁仲春即有天鹅作为牺牲。[②]

图 3-22　《饮膳正要》天鹅图

备受蒙古皇室青睐的天鹅之来源渠道，多种文献皆称得依靠海青来捕获。上文指出，天鹅乃系群聚性水禽，鹅群为首者曰“头鹅”。《三才图会》叙述狩猎过程说：“天鹅，即头鹅，初至有一巨者为之首，重二三十斤，捕得此鹅，其余则盘旋一处不能去，

① 忽思慧著，尚衍斌等校注：《饮膳正要注释》卷 3《禽品》，中央民族大学出版社 2009 年版，第 229—230 页。

② 《元史》卷 74《祭祀志三》，中华书局 1976 年版，第 1845 页。

海东青擒而尽获之。”① 关于“头鹅”之定义，《南村辍耕录》“昔宝赤”条则做出不同的解释说：“每岁以所养海青获头鹅者，赏黄金壹锭。头鹅，天鹅也，以首得之，又重过三十余斤，且以进御膳，故曰‘头’。”②《山居新语》亦云：“每岁以初按海青，获头鹅者，即天鹅也，赏黄金一定。”③《草木子》因袭此说，称“能得头鹅者，元朝官里赏钞五十锭”④。例如，至元十一年，失剌拔都儿从征有功，“帝尝命放海青，曰：能获新者赏之”⑤。据此可见，元朝皇帝十分看重头鹅，凡通过飞放海青获得头鹅者就能得到丰厚的赏赐。

而这种以海东青捕头鹅的游猎习俗在契丹时期就已经非常盛行，《辽史·营卫志》详细记述如下：

> 有鹅之处举旗，探骑驰报，远泊鸣鼓。鹅惊腾起，左右围骑皆举帜麾之。五坊擎进海东青鹘，拜授皇帝放之。鹘擒鹅坠，势力不加，排立近者，举锥刺鹅，取脑以饲鹘。救鹘人例赏银绢。皇帝得头鹅，荐庙，群臣各献酒果，举乐。更相酬酢，致贺语，皆插鹅毛于首以为乐。赐从人酒，遍散其毛。⑥

《辽史·乐志》所述内容稍略，谓“春飞放杏埚，皇帝射获头鹅，

① 王圻、王思义编集：《三才图会》之《鸟兽类·鸟类二》，上海古籍出版社1988年版，下册，第2182页。

② 陶宗仪：《南村辍耕录》卷1“昔宝赤”条，中华书局1959年版，第19页。

③ 杨瑀著，余大钧点校：《山居新语》卷2，中华书局2006年版，第216页。

④ 叶子奇：《草木子》卷4下《杂俎篇》，中华书局1983年版，第85页。

⑤ 《元史》卷135《失剌拔都儿传》，中华书局1976年版，第3284页。

⑥ 《辽史》卷32《营卫志中》“春捺钵”条，中华书局2016年修订本，第424页。

荐庙燕饮”[1]。此即著名的“头鹅宴”。据该书《国语解》释“头鱼宴”之义说：“上岁时钩鱼，得头鱼，辄置酒张宴，与头鹅宴同。”[2] 亦知头鹅宴是指游幸春水时契丹皇帝所举行的盛大宴飨。元朝将这项活动完全继承了下来，“俟大驾飞放海青，鸦鹘，所获甚厚，乃大张筵会以为庆也，必数宿而返”[3]。按“数宿”一语，大概为十余天行期，盖指柳林春猎，此言“大张筵会”与《南村辍耕录》“且以进御膳”两事相合，显然就是举办“头鹅宴”。

不过，柳林春猎过程中最精彩的环节要数“海青击天鹅”，目前有多件辽金元时期玉器生动地再现了这幕扣人心弦的捕猎场面。最为典型的作品有以下三件：

1960 年，元代钱裕墓出土一件四层镂雕玉带钩（图 3-23），纹饰主题为海东青俯冲而下，准备猎捕潜藏于水池荷叶下的天鹅；[4] 中国国家博物馆现藏一件元代绦带饰品（图 3-24），在椭圆形环托上镂雕鹘攫天鹅的春水图案，其间杂生水草、芦苇、荷叶等，海东青飞翔于荷叶上方，正在伺机捕捉天鹅，天鹅惊恐地穿梭于芦苇丛中躲藏；中国国家博物馆另藏有一件元代玉鹘啄鹅带环（图 3-25），该造型中海东青已经捕获到天鹅，似乎正在啄取鹅脑。[5]

---

① 《辽史》卷 54《乐志》“国乐”条，中华书局 2016 年修订本，第 980 页。

② 《辽史》卷 116《国语解》，中华书局 2016 年修订本，第 1697 页。

③ 熊梦祥著，北京图书馆善本组辑：《析津志辑佚》之《物产门》，北京古籍出版社 1983 年版，第 236 页。

④ 无锡市博物馆：《江苏无锡市元墓中出土一批文物》，《文物》1964 年第 12 期。

⑤ 张润平：《中国国家博物馆藏辽金元春水、秋山玉器初探》，《中国国家博物馆馆刊》2012 年第 10 期。

图 3-23　鹘啄天鹅玉带钩

图 3-24　白玉鹘啄鹅绦环

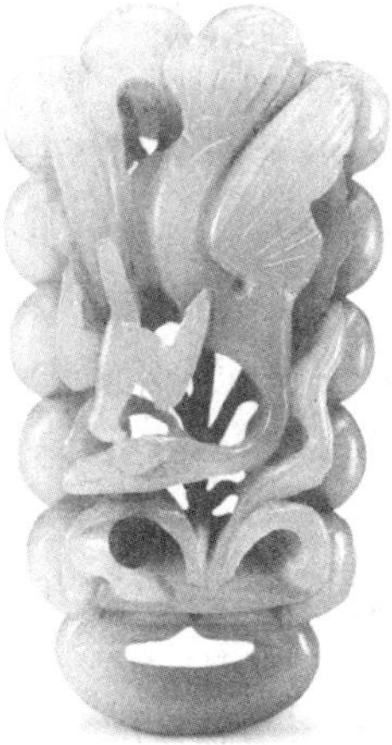

图 3-25　白玉鹘啄鹅带环

图 3-26　《鹰击天鹅图》

据《金史·舆服志》记载，金朝官员常服的配饰“吐鹘”，“其刻琢多如春水秋山之饰”，其中“春水之服则多鹘捕鹅，杂花卉之饰”。[①] 杨伯达先生结合金朝文献将这类表现“鹘擒鹅坠”春季狩猎主题的玉器定名为“春水玉”，即《金史》所谓“吐鹘”，其创作本源当为辽金元时期皇帝春水生活中的海青捕天鹅活动。[②] 受此春猎风俗影响，明代画家殷偕创作一幅《鹰击天鹅图》轴（绢本设色，纵 158 厘米，横 89.6 厘米，南京博物院藏，图 3-26），图中海东青正攫天鹅头，被俘获的天鹅倒栽而坠，双掌翘天，此与上述三件玉器的春水图案异曲同工。[③] 除此之外，明中期文学家边贡曾赏析过一幅《天鹅海青图》，遂题诗云：“云暗霜天雪满衣，驾鹅声乱海青飞；李陵台下燕山北，正是单于夜打围。”[④] 李陵台是元朝两都巡幸途中的重要纳钵，此处“单于”乃指称蒙古皇帝，很明显，这幅图描述的是元朝皇帝春猎生活中的海青捕天鹅活动。

上述图像资料直观地展现了“海青击天鹅”这一春猎活动主题，为了与这些图像相互印证，这里需进一步列举元人诗作对该图景的描述，有诗云“老拳独击顽鹅脑”[⑤]，“锦韝一纵头鹅下”[⑥]，“海东青上天无穹，天鹅脑碎飘虚空”[⑦]，等等。仔细玩味以上诗

① 《金史》卷 43《舆服志》，中华书局 1975 年版，第 984 页。

② 杨伯达：《女真族“春水”“秋山”玉考》，《故宫博物院院刊》1983 年第 2 期。

③ 杨涵主编：《中国美术全集·绘画编》第 6 册《明代绘画上》，上海人民美术出版社 1988 年版，第 108 页。

④ 边贡：《华泉集》卷 7《题天鹅海青图》，嘉靖十七年苏祐刻本，叶 28b。

⑤ 傅习编：《元风雅前集》卷 8《白海青》，台湾商务印书馆影印文渊阁《四库全书》，第 1368 册，第 58 页上栏。

⑥ 侯克中：《艮斋诗集》卷 7《和张梦符侍郎海青韵》，台湾商务印书馆影印文渊阁《四库全书》，第 1205 册，第 480 页下栏。

⑦ 方回：《桐江续集》卷 28《送岳德裕如大都》，台湾商务印书馆影印文渊阁《四库全书》，第 1193 册，第 593 页下栏。

词文章，在半空中，海东青击破天鹅脑壳，猛烈地捉食脑浆，激烈场景跃然纸上。综上而言，春水猎天鹅活动对元朝社会文化的影响显而易见，不仅有图像、文学作品为证，乐曲篇章中亦能发现其踪迹。据明代《留青日札》记述说："今鼓吹中锁刺曲有名《海东青扑天鹅》，音极嘹亮，盖象其声也，此北鄙杀伐之声，乃元曲也。"[①] 杨允孚《滦京杂咏》"新腔翻得凉州曲，弹出《天鹅避海青》"句下有小注云："《海青拏天鹅》，新声也。"[②] 这类元曲在明朝依然盛行，时人朱谏明确称："今乐工家亦有《海东青打天鹅》之曲，一人弹筝，一人舞，音调奋迅而激烈。"[③] 那么，诗文、乐曲与上述图像"海青击天鹅"相得益彰，从多种角度诠释柳林春猎之丰富内涵。

通过上文足可见，"海青擒天鹅"的狩猎场面甚为精彩，故元人称颂豪鹰俊鹘"千呼不肯下"。[④] 此谓"呼"，意指呼鹰的状态，是在猎毕后呼唤回海东青。可惜的是，目前在辽金元时期各类图像资料中笔者尚未发现有呼鹰者形象，所幸的是隋唐时期彩绘陶俑存在这种艺术造型，图 3-27 为隋代黄釉唤鹰俑，1975 年西安市长安区贾里村出土；[⑤] 图 3-28 为唐代彩釉陶吹哨俑，陕西省礼泉县郑仁泰墓出土。[⑥]

---

① 田艺蘅著，朱碧莲点校：《留青日札》卷 19《海东青扑天鹅》，上海古籍出版社 1992 年版，第 361 页。

② 杨允孚：《滦京杂咏》卷下，《知不足斋丛书》本，叶 3b。

③ 朱谏注：《李诗选注》卷 4《高句骊》，隆庆壬申年刻本，叶 16b。

④ 黄溍：《金华黄先生文集》卷 29《弘文裕德崇仁真人薛公碑》，《四部丛刊》本，叶 9b。

⑤ 西安市文物保护考古所编：《西安文物精华（三彩）》，世界图书出版公司 2011 年版，第 42 页。

⑥ 乾陵博物馆编：《丝路胡人外来风——唐代胡俑展》，文物出版社 2008 年版，第 52 页。

图 3-27　黄釉骑马唤鹰俑

图 3-28　彩釉陶骑士吹哨呼鹰俑

以上两件陶俑中的骑士，一手放在嘴上吹着口哨，另一手指向天空，正在呼唤空中搏击完天鹅的猎鹰。漷州柳林作为蒙古皇帝春水行宫，文宗分别于至顺元年（1330）及三年七月调遣卫卒修筑柳林海子堤堰及桥道。① 尤为重要的举措是春猎设施之修建。至大元年（1308）七月壬戌，“筑呼鹰台于漷州泽中，发军千五百人助其役”②。按漷州所建“呼鹰台”亦称“晾鹰台”，据称，“在漷县西南二十五里，高十数丈，周回一顷，上有石碑，相传元主尝驻跸于此”③。嘉靖《通州志略》也记述漷州古迹遗址：“晾鹰台，在县西南二十五里，前代游猎驻跸行殿，遗址尚存。”④ 据《北京市通县地名志》所提供的信息，通州镇德仁务村今仍见晾鹰台遗址，整体为一大土丘形状，高 25.6 米。⑤ 呼鹰台是元代春猎的重要场所，陈宜甫《呼鹰台》云：“当日呼鹰意气雄，高台挥羽立秋风；自从一饱飞扬去，空有鸦啼夕照红。”⑥ 可以想见，柳林春水飞放，当捕获天鹅之后，昔宝赤站立于呼鹰台上呼唤海东青归来的栩栩神态。

综上所述，《元世祖出猎图》是元朝社会政治生活的写照。这里之所以出现“海东青”，是因为柳林春猎在元朝皇帝宫廷生活中扮演着重要角色，“海青击天鹅”恰恰又是关节所在，与此密切相

① 《元史》卷 33《文宗纪二》，中华书局 1976 年版，第 760 页；卷 36《文宗纪五》，第 805 页。

② 《元史》卷 22《武宗纪一》，中华书局 1976 年版，第 500 页。

③ 李贤：《明一统志》卷 1《京师》，嘉靖己未归仁斋重刊本，叶 12b。

④ 刘宗永点校：嘉靖《通州志略》卷 1《舆地·古迹》，中国书店 2007 年版，叶 18a。

⑤ 杨凤祥主编：《北京市通县地名志》，北京出版社 1992 年版，第 319 页。

⑥ 陈宜甫：《秋岩诗集》卷下《呼鹰台》，台湾商务印书馆影印文渊阁《四库全书》，第 1202 册，第 690 页下栏。

关的“臂鹰”“头鹅宴”“呼鹰”等活动，均传承北族游猎故俗，由此构成一连串非常典型的狩猎文化符号。在元朝文献中，我们经常看到皇帝将海东青作为珍惜物品赏赐给权势显赫的重臣及立下大功的官员，[①] 大德三年（1299），答失蛮兼翰林院学士承旨，“最其赐赉，珠衣宝带，海东青鹘、白鹰及豹”[②]；天历年间，文宗赐白鹘、文豹给有翊戴之功的伯颜和燕帖木儿。[③] 即通过这种手段维系和昭示草原君臣之间的特殊关系。当然，北族统治者所热衷的“海青击天鹅”，绝非是一种单纯的娱乐游艺活动，更有深刻的政治寓意。按，姚燧撰《平章政事忙兀公神道碑》记述：博罗欢因功获赐白色海东青，成宗圣语晓曰：“是禽惟朕及鹰师所鞲，以卿世臣诸孙，宣力之多，日桑榆矣，无以娱心。河南治地，平衍而远，且多陂泽，鹅鹳所集，时出纵之，使民得见昭代春秋搜田之盛，不敢萌启邪心。”[④] 亦知举行柳林春猎蕴含元朝统治者讲武之深意，从而维护蒙古旧俗，标示一个草原游牧民族的善武特征和民族文化传统。

---

① 参见贾敬颜《文豹白鹘之贡赐》，见氏著《民族历史文化萃要》，吉林教育出版社1990年版，第179—181页。

② 姚燧著，查洪德编校：《姚燧集》卷13《皇元高昌忠惠王神道碑》，人民文学出版社2011年版，第185页。

③ 马祖常：《石田先生文集》卷14《敕赐太师秦王佐命元勋之碑》，《北京图书馆古籍珍本丛刊》，集部第94册，第296页下栏；卷14《太师太平王定策元勋之碑》，第300页上栏。

④ 姚燧著，查洪德编校：《姚燧集》卷14《平章政事忙兀公神道碑》，人民文学出版社2011年版，第202页。

第四章　马负文豹：元朝豹猎与秋狝制度

研究表明，豹猎（Cheetah hunting）是一项风靡欧亚大陆的皇家狩猎活动，具有十分丰富的游牧政治文化内涵，故历来深受学者关注。[①] 本文所涉议题则缘起于《元世祖出猎图》中的“马负文豹”形象。从图中我们可以看到，在底端中部有一位来自中亚或西亚的胡族骑士，乘坐的猎骑马鞍后铺有鞯垫，上面蹲踞着一头文豹，豹口用皮索套住，那根拴豹的绳索牢牢地握在这位骑士手中。[②] 该图像与元朝时期颇为盛行的豹猎活动密切相关，再结合其他狩猎图像资料以及与此相关的历史文献，此图所反映出的游猎政治文化特征值得我们高度重视。

---

① 参见 Thomas T. Allsen: *The Royal Hunt in Eurasian History*, Philadelphia: University of Pennsylvania Press. 2006, pp. 73—82; Philip K. Hitt, *History of The Arabs*, New York: The Macmillan Company, 1951, p. 228；张广达《唐代的豹猎——文化传播的一个实例》，原刊《唐研究》第 7 卷（2001 年），收入氏著《文本、图像与文化流传》，广西师范大学出版社 2008 年版，第 23—38 页；葛承雍《唐代狩猎俑中的胡人猎师形象研究》，《故宫博物馆院刊》2010 年第 6 期；马顺平《豹与明代宫廷》，《历史研究》2014 年第 3 期。

② 参见孙机《猎豹》，《收藏家》1998 年第 1 期；党宝海《蒙古帝国的猎豹与豹猎》，《民族研究》2004 年第 4 期。

第一节　《元世祖出猎图》及其游猎文化特征

我们都知道，《元世祖出猎图》是一幅著名的元朝宫廷画，至元十七年（1280）刘贯道绘制，绢本设色，轴，尺寸为 182.9×104.1 厘米，现藏台北“故宫博物院”。[①] 这幅作品集中笔墨展现元世祖忽必烈偕察必皇后及其侍从举行狩猎的场景。陈孚（字刚中）《明安驿道中》有谓：“貂鼠红袍金盘陀，仰天一箭双天鹅；雕弓放下笑归去，急鼓数声鸣骆驼。”[②] 将两者比较后不难发现，该诗作内容与《元世祖出猎图》所描述的图景若合符契。[③] 画中涉及多种狩猎元素，其中包括骑士臂鹰、携带猎犬、马驮文豹及猎手射雁等，无一不蕴含着历久相承的游猎政治文化。

检讨多种文献，知明初钱宰《题藩王出猎图》云“燕山八月秋草黄”，及清初纳兰揆叙《题元世祖出猎图》云“至元天子英武姿，校猎每以秋冬期”，皆指《元世祖出猎图》，作画背景为两都巡行途中每年例行的秋狝活动。这是因为，在曾经居守草原的蒙古统治者心目中，所谓“国朝大事”：“曰征伐，曰搜狩，曰宴飨，三者而已。”[④] 其实，早在大蒙古国时期诸汗就很重视搜狩打围，

---

① 傅熹年主编：《中国美术全集·绘画编》第 5 卷《元代绘画》，文物出版社 1989 年版，第 48 页。台北“故宫博物院”编：《故宫书画图录（四）》，台北“故宫博物院”1990 年版，第 23 页。

② 陈孚：《陈刚中诗集》卷 3《明安驿道中》，北京大学图书馆藏明抄本。

③ 参见李治安《元朝诸帝春秋游猎与昔宝赤、贵赤执役新探》，《纪念成吉思汗诞辰 850 周年学术研讨会论文集》，内蒙古呼伦贝尔市，2012 年 9 月。

④ 王恽：《秋涧先生大全文集》卷 57《大元故关西军储大使吕公神道碑铭》，《四部丛刊》本，叶 8b。

耶律楚材“癸巳扈从冬狩”，随之记述当时太宗五年（1233）窝阔台大汗围猎之盛大场面：

> 天皇冬狩如行兵，白旄一麾长围成。长围不知几千里，蛰龙震慄山神惊。长围布置如圆阵，万里云屯贯鱼进。千群野马杂山羊，赤熊白鹿奔青獐。壮士弯弓殒奇兽，更驱虎豹逐贪狼。

上文“更驱虎豹逐贪狼”句下有一小注云：“御闲有驯豹，纵之以搏野兽。”[①] 又中统二年（1261）十一月，大驾北狩鱼儿泊（今内蒙古克什克腾旗达里湖），王恽扈从元世祖大围猎，也是称“以豹取兽何其雄”[②]。蒙元地方志文献《析津志》记述猎豹的基本情况说：“金钱毛色，甚雄伟，踯躅无停住，通有六七，随牵至鞑靼山田则谄之，遇兽无有不获。”[③] 皆表明元朝宫廷狩猎过程中经常会使用驯豹猎取各种野兽。

党宝海教授针对上述现象指出，与其他朝代相比，元朝尤为盛行豹猎活动，这种专门用来追捕猎物的驯豹是随着 13、14 世纪东西交通的彻底贯通而从西亚、南亚及非洲地区传入蒙古宫廷的。典型事例有：1254 年，赴漠北哈剌和林朝谒蒙哥汗的欧洲方济各会教士鲁布鲁乞亲眼见到，印度算端（国王）遣使向蒙古大汗贡

---

① 耶律楚材著，谢方点校：《湛然居士文集》卷 10《扈从冬狩》，中华书局 1986 年版，第 214 页。

② 王恽：《秋涧先生大全文集》卷 6《飞豹行》，叶 2a—b。

③ 熊梦祥著，北京图书馆善本组辑：《析津志辑佚》之《物产门 · 兽之品》，北京古籍出版社 1983 年版，第 232 页。

献猎豹，“他们带来了八只豹”①。除了异域进贡豹子外，产豹地区蒙古诸王的进献也是元朝宫廷猎豹的重要来源。② 论及古代中国驯豹及豹猎的传统渊源，孙机先生认为最早可能起源于西汉时期，但是汉朝以后，有很长一段时间史料中罕见其踪影，直至唐代，才再次出现了有关猎豹的文物和文献记载。③《辽史》也记载说，重熙二十一年（1052）十一月甲子，“回鹘阿萨兰遣使贡名马、文豹”④。上述史料及研究成果表明，中国古代狩猎历来就有使用猎豹辅助捕兽的习俗，中西文化交互影响，这其中最值得关注的主角自然是“文豹”，该豹种实际为奇塔豹，《元世祖出猎图》所见猎豹即属此品种。由此看来，该图之所以出现“马驮文豹”，显然与当时元朝宫廷中颇为流行的豹猎活动密切相关。

第二节　马驮驯兽类型之分析

美国蒙古学家 Thomas T. Allsen 纵览欧亚草原皇室狩猎现象，指出驯兽在其中扮演着十分关键的角色，可谓是必不可少的狩猎助手，猎鹰、猎犬、大象及猎豹当数最重要的四种。⑤《元世

---

① 《鲁不鲁乞东游记》，［英］道森编，吕浦、周良霄译注：《出使蒙古记》，中国社会科学出版社 1983 年版，第 221 页。

② 党宝海：《蒙古帝国的猎豹与豹猎》，《民族研究》2004 年第 4 期。

③ 孙机：《猎豹》，《收藏家》1998 年第 1 期。

④ 《辽史》卷 20《兴宗纪三》，中华书局 2016 年修订本，第 279 页；卷 70《属国表》，第 1280—1281 页。

⑤ Thomas T. Allsen: *The Royal Hunt in Eurasian History*, Philadelphia: University of Pennsylvania Press. 2006, pp. 52—82.

祖出猎图》着墨描述两位蒙古骑士右手臂鹰、胡族骑士马驮文豹、一只猎犬相从的狩猎队伍（图 4-1）。与上述图景相类似者，这里有一幅属于伊斯兰文化的 18 世纪晚期《莫卧儿国王出猎图》（图 4-2），据称这幅图出自某部手稿插图，画面尺寸为 36.4×25.6 厘米，现藏美国大都会艺术博物馆，画中充当主角的国王右手擎猎鹰，数名扈从人员中有的持弓箭，有的手执捕猎工具，并有两只猎犬跟从队伍行进，在队伍最前面，两只山羊驾着小车，车上蹲踞一只文豹，旁边坐着一名驯豹师，由此组成了一支装备齐整的皇

图 4-1　《元世祖出猎图》及马负文豹

图 4-2 《莫卧儿国王出猎图》

家狩猎队伍。①

这里有一点需要稍加解释，豹猎活动及驯豹在整个蒙古帝国都非常盛行，伊利汗国宫廷对此事就特别重视，合赞汗曾颁旨命

① 美国大都会艺术博物馆藏《莫卧儿国王出猎图》，索引编号 2007. 34。http://www.metmuseum.org/art/collection/search/455546，2014 年 12 月 21 日。

令捕猎员到各州征收豹子，数量竟然达三百头。① 而莫卧儿帝国乃是蒙古诸王察合台汗系巴布尔建立的政权，社会文化习俗多少受到蒙古传统因素影响，该时期多种狩猎题材画作与《元世祖出猎图》显然具有共同的游猎文化元素，可以相互参证。

进一步追索有关北族社会游猎生活中的图像文献，其所描述的图景亦有与上述两幅狩猎图正相合者。例如，元人根据《金章宗出猎图》题作一首“柳营曲”云：

> 白海青、皂笼鹰，鸦鹘兔鹘相间行。细犬金铃、白马红缨，前后御林兵。喊嘶嘶飞战马蹄轻，雄纠纠御驾亲征。厮琅琅环辔响，吉丁铛镫敲鸣，呀剌剌齐和凯歌行。
>
> 红锦衣、皂雕旗、银盘也似脸儿打着练搥。鹰犬相随、鞍马如飞、排列的雁行齐。围子首凤翅金盔。御林军箭镞金鈚。剔溜秃鲁说体例、亦溜兀剌笑微微、呀剌剌齐和凯歌回。②

此文言及“白海青”“皂笼鹰”“鸦鹘”及“兔鹘”，皆为猎鹰之属，③“细犬”是指专门用于捕兽的猎犬。元初张弘范《出猎》诗

---

① ［波斯］拉施特主编，余大钧、周建奇译：《史集》第3卷《合赞汗传》，商务印书馆2014年版，第536—541页。相关研究参见陈新元《八儿赤与元代豹猎》，《西域研究》2016年第2期。

② 佚名编，隋树森点校：《梨园按试乐府新声》卷下《寨儿令·题章宗出猎》，中华书局1958年版，第97页。

③ 关于猎鹰品种分类情况，详见熊太古《冀越集记》卷上《大都养鹰》，乾隆四十七年吴翌凤钞本，叶3b。熊梦祥著，北京图书馆善本组辑：《析津志辑佚》之《物产·翎之品》，北京古籍出版社1983年版，第234—235页。

亦云："臂鹰携犬袴腰弓，四野长围马疾风。"①元朝后期赵仲穆画有《羽猎图》卷，绢本设色，"山坡平旷，林木萧骚，数壮者乘骑出猎，一人搴旗先行，一骑背剑随后，一人挟猎犬，一人臂鹰，一人带弓矢应辔而行，后一骑策马追蹑"②。在现实狩猎生活中，这样做的主要目的是：当人们进行围猎时，先把猎鹰释放出去，随即让猎犬追击，彼此配合以便成功完成狩猎任务。③元代散曲家作《叹世》即云"昨日苍鹰黄犬齐飞放"④，其所描述的正是此番狩猎景象。因此，要想更为出色圆满地完成围猎，尽可能多地捕得猎物，就需要各类驯兽与狩猎者偕从，通常采用马背驮行，这些自然而然成为草原社会最富有特色的狩猎文化符号。狩猎类型大致可以分为以下三种：

（一）马驮猎犬

宋末元初画家颜辉作有一幅《沙漠出猎图》，明代胡俨题诗描述云"猘子交驰疾若风"⑤，所谓"猘子"乃指猛犬，盖即《元世祖出猎图》所见之"细犬"。上引《鲁不鲁乞东游记》还提到，印度算端（国王）进献有十条猎狗，经过训练后，他们可以稳当地坐在马背上。⑥在此需强调一点，上述文献的说法确有考古文物

① 张弘范：《淮阳集》之《出猎》（不分卷），台湾商务印书馆影印文渊阁《四库全书》，第1191册，第712页上栏，

② 邵松年：《澄兰室古缘萃录》卷2《赵仲穆羽猎图卷》，《续修四库全书》，第1088册，第37页上、下栏。

③ 参见 Thomas T. Allsen, *The Royal Hunt in Eurasian History*, Philadelphia: University of Pennsylvania Press. 2006, pp. 66—67.

④ 杨朝英编，隋树森点校：《朝野新声太平乐府》卷1《叨叨令·叹世》，中华书局1958年版，第14页。

⑤ 胡俨：《颐庵文选》卷下《题颜辉沙漠出猎图》，台湾商务印书馆影印文渊阁《四库全书》，第1237册，第653页。

⑥ 《鲁不鲁乞东游记》，[英]道森编，吕浦、周良霄译注：《出使蒙古记》，中国社会科学出版社1983年版，第221页。

及图像资料作为证明。

唐代宗室墓葬多见各种造型的狩猎陶俑，[①] 其中就有马驮猎犬类型。1960 年，陕西乾县永泰公主墓出土一件彩绘胡人骑马带犬狩猎俑（图 4-3），高 31 厘米、长 33 厘米，骑手头戴幞头，络腮胡，身穿翻领袍服，外罩坎肩，身体侧向左方，左手半握作持缰绳状，马鞍后蹲着一只猎犬，胡人右臂高高举起，似乎正在挥拳驱叱猎犬行猎。[②]

图 4-3　彩绘胡骑带犬狩猎俑

① 参见葛承雍《唐代狩猎俑中的胡人猎师形象研究》，《故宫博物馆院刊》2010 年第 6 期。

② 乾陵博物馆编：《丝路胡人外来风——唐代胡俑展》，文物出版社 2008 年版，第 189 页。

此类狩猎造型亦见于契丹游猎画名作胡瓌《回猎图》册（图4-4）。该幅画，“绢本设色，画猎骑三，一前驱，二联辔，各携田犬”①。画中骑马者装束皆为契丹人特有的髡发，其中前驱的那位契丹骑士的马鞍上蹲伏着细犬，它机警地洞视着四周，似乎正在观察猎物。②

图4-4 《回猎图》骑士驮犬

以上两件狩猎艺术作品中的猎犬都伏踞在马鞍之后，这与《元世祖出猎图》“马负文豹”蹲坐类型相同。值得注意的是，很

① 胡敬：《西清札记》卷1“嘉庆乙亥四月二十九日甲申”条，《续修四库全书》，第1082册，第76页下栏。

② 台北“故宫博物院”编：《画马名品特展图录》，台北“故宫博物院”1990年版，第11页。

多图像资料中还能见到另一类抱犬狩猎者。例如，西安市灞桥区唐代金乡县主墓中曾发现两件抱犬狩猎胡俑，一件是胡人左拳紧握，裸露的左臂肌肉隆起，粗壮有力，怀抱着白色猎犬，猎犬紧贴主人的胸腹，竖耳抬头，敏锐地注视着前方（图 4-5）；另一件胡人左手紧握，举于肩上，似在勒缰，右臂捋袖，怀里抱有一只白色猎犬，猎犬前腿置于胡人左腿上，双耳竖起，正在仰视主人（图 4-6）。[①] 毫无疑问，上引《回猎图》理应是契丹民族草原游猎生活的写真，该幅画中有两名骑士怀中各抱着猎犬（图 4-7），与唐代两件抱犬狩猎胡俑类型完全相同。

图 4 5　骑马狩猎带犬胡俑

① 西安市文物保护考古所编：《唐金乡县主墓》，文物出版社 2002 年版，图版 72、74。

图 4-6　胡骑驮犬狩猎俑

图 4-7　《回猎图》骑士抱犬

综上所述，以上四件狩猎艺术造型，骑手或者将猎犬置于鞍鞯后，或怀抱着白色猎犬置于马鞍前，两类均可归属马驮猎犬类型。

（二）马驮猞猁

意大利旅行家马可波罗游历中国，详细记述了元世祖忽必烈时期蒙古宫廷蓄养的各种捕猎猛兽，谓“尚应知者，大汗豢有豹子，以供行猎捕取野兽之用。又有山猫甚夥，颇善猎捕”[①]。根据动物学家长期实验观察，上文马可波罗所称“山猫”者，学名叫作“猞猁”，元朝文献称作“土豹”，别名“林曳”“猞猁狲”，物种分类属于哺乳纲猫科动物，今在中国黑龙江、吉林、辽宁、内蒙古、山西、陕西、甘肃、青海、新疆、四川、西藏及云南等多地均有广泛分布。猞猁的外貌特征如下：两耳直立，四肢粗长，尾甚短，不及后足长，尾端黑色，外形酷似家猫，但个体明显较大。并且，它是肉食性兽类，最善于捕食各种小体动物，甚至还能袭击狍、麝、鹿等大型有蹄类动物（图 4-8）。[②]

1975 年，内蒙古敖汉旗李家营子发现一批金银器，当中一件鎏金银盘（图 4-9），现藏内蒙古博物馆，尺寸口径 18 厘米，高 4 厘米，有圈足，盘心捶雕一猞猁状兽纹，推断其年代为辽朝初期。[③] 这说明，那时人们已经关注到这种动物，其中之原因显然与猞猁的狩猎用途有关。

---

① 冯承钧译：《马可波罗行纪》第 2 卷第 90 章《豢养以备捕猎之狮豹山猫》，商务印书馆 2012 年版，第 207 页。

② 侯建华等：《塞罕坝动物志（脊椎动物卷）》，科学出版社 2011 年版，第 570—572 页。

③ 敖汉旗文化馆：《敖汉旗李家营子出土的金银器》，《考古》1978 年第 2 期。

图 4-8　猞猁（河北省承德塞罕坝）

图 4-9　鎏金银盘猞猁纹

当人们举行狩猎时，猞猁也是可以负载于马背之上的，不过这类造型目前仅见于唐代陶俑及墓葬壁画。其一，唐代章怀太子墓出土的胡人骑马猞猁俑（图 4-10），高 39 厘米，宽 12 厘米，长 32 厘米；[①] 其二，唐代金乡县主墓的带猞猁狩猎俑（图 4-11），高 35.4 厘米，长 33.2 厘米。[②] 有趣的是，两者主角皆为女性骑手，马背鞍鞯上皆驮着猞猁。

图 4-10　胡骑猞猁女俑

① 乾陵博物馆编：《丝路胡人外来风——唐代胡俑展》，文物出版社 2008 年版，第 178 页。

② 西安市文物保护考古所编：《唐金乡县主墓》，文物出版社 2002 年版，图版 81。

图 4-11　猞猁狩猎女俑

除以上两件狩猎陶俑外，唐章怀太子壁画墓墓道东侧壁绘有一幅《狩猎出行图》（图 4-12），右边一位骑士坐骑后蹲踞着一只猞猁；左边一位骑士马背上也驮着一动物，可能也是猞猁。[①] 张广达先生指出，上述狩猎女俑与壁画图像所指对象相吻合，从而

① 陕西省历史博物馆编：《章怀太子墓壁画》，文物出版社 2002 年版，第 25 页。

说明猞猁曾充当猎师的有力助手，在捕猎过程中发挥着重要作用。①

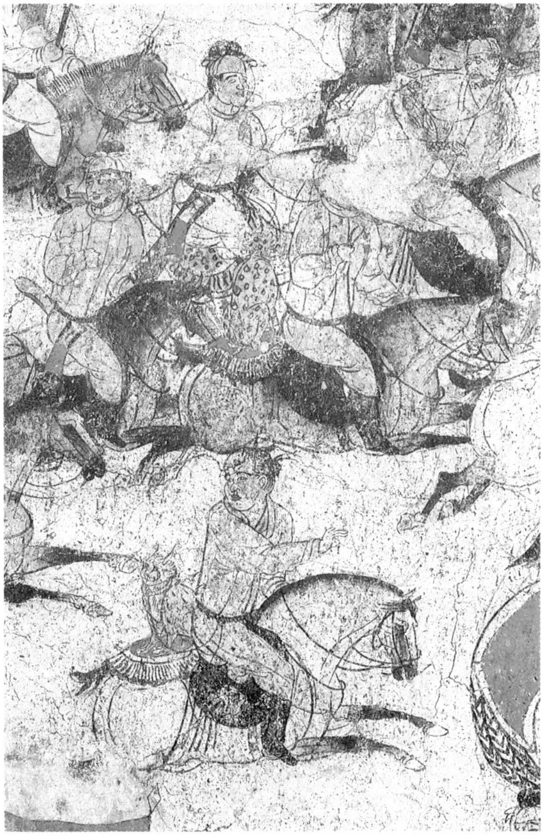

图 4-12　章怀太子壁画《猞猁狩猎图》

① 张广达：《唐代的豹猎——文化传播的一个实例》，氏著《文本、图像与文化流传》，广西师范大学出版社 2008 年版，第 37 页。

在分析马驮猞猁狩猎类型的基础上，笔者需要解释一条与此密切相关的史料。按，辑本《析津志》物产门“兽之品”条胪列一种捕猎猛兽曰“彪”，谓：“羁于马后背，田则纵之，毛色光耀，日照之，则有五色花纹，捕兽则蹲伏草莽中，卒然禽之，是其态也。”元朝时期，此种驯兽“彪”与狮、豹、虎同为相当重要的狩猎助手。[①] 元人胡助《皇朝元会板位图赞》所见典礼仪式亦将“虎、豹、狮、彪列置其外”[②]。关于“彪”这种动物多见于古代汉文文献，上述两条史料也恰好说明它是单独的一个动物品种，但其动物学分类及基本属性目前似乎尚不清楚。《本草纲目》为此释名曰：“似虎而非真曰‘彪’”[③]，可惜作者并未做相关解释说明。我们若将《析津志》所述“彪”与山猫（猞猁）相比较，则发现两者皆与虎种类大致相近，极有可能同为哺乳纲猫科动物，它们外貌同样“毛色光耀”，都以狩猎最为擅长。据此判断，古代文献中屡见的“彪”盖即猞猁。若真是如此，《析津志》上文谓彪“羁于马后背”便与唐墓陶俑及壁画“马驮猞猁”造型若合符契。

（三）马负文豹

上文详细分析了“马驮猎犬”“马驮猞猁”两种狩猎图像模式，而从游猎角度及艺术创作格套进行分析，实际与《元世祖出猎图》之“马负文豹”同属一种类型。

我们都知道，豹猎作为狩猎活动的一项重要内容曾风靡整个内亚草原，所以富有多元文化背景的图像资料都能见到相关狩猎题材，其中要数“马负文豹”最具典型意义。孙机和张广达两位

---

① 熊梦祥著，北京图书馆善本组辑：《析津志辑佚》之《物产·兽之品》，北京古籍出版社 1983 年版，第 232 页。原文标点有误，今有所改动。

② 胡助：《纯白斋类稿》卷 19《皇朝元会板位图赞》，《金华丛书》本，叶 1a。

③ 李时珍：《本草纲目》卷 51《兽之二·虎》，人民卫生出版社 1982 年版，第 4 册，第 2816 页。

先生均曾引述陕西乾陵永泰公主墓出土的“胡人骑马斗豹俑”（图4-13）和金乡县主墓发现的“骑马带豹狩猎胡俑”（图4-14），认为两尊陶俑造型与唐朝盛行豹猎活动有着密切联系。[①] 这与元朝时期举行狩猎活动因猎捕大型野兽需要“马负文豹”（图4-15）的情况倒是极为相似。

图4-13　胡人骑马斗豹俑

① 张广达：《唐代的豹猎——文化传播的一个实例》，氏著《文本、图像与文化流传》，广西师范大学出版社2008年版，第24—25页。孙机：《猎豹》，《收藏家》1998年第1期。本文所引两幅图版：图4-13见冀东山编《神韵与辉煌——陕西历史博物馆国宝鉴赏（陶俑卷）》，三秦出版社2006年版，第131页；图4-14见西安市文物保护考古所编《唐金乡县主墓》，文物出版社2002年版，图版80。

图 4-14　骑马带豹狩猎俑

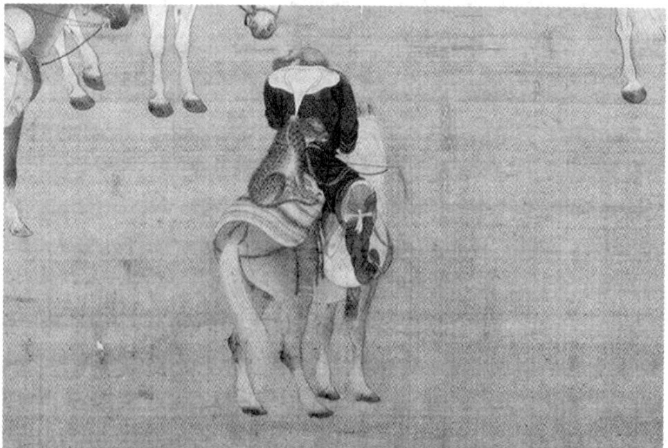

图 4-15　《元世祖出猎图》马负文豹

元朝时期“马驮文豹”见诸《元世祖出猎图》，这是对蒙古宫廷豹猎活动图像形式的真实描述，与此相关的同时期文献主要有以下三例：

第一，1254 年，西方传教士鲁布鲁乞赴哈剌和林朝见蒙哥汗，亲历印度国王遣使向蒙古大汗进献文豹，称“他们带来了八只豹和十条猎狗，这些猎狗受过训练，可以坐在马背上，象豹那样”①。意谓驯豹可以蹲坐于马背上。第二，马可波罗游历大都城，叙述元世祖忽必烈驯养捕猎动物：“每周亲往视笼中之禽，有时骑一马，置一豹于鞍后。若见欲捕之兽，则遣豹往取，取得之后，以供笼中禽鸟之食，汗盖以此为乐也。”② 第三，杨允孚所作上京纪行诗《滦京杂咏》也提到：“两行排列金钱豹，钦察将军上马驼。”③ 上述三种历史文献互为印证，皆称可以将文豹负载在马背之上，便于打猎时放纵其追捕猎物。由此与《元世祖出猎图》图像内容相互印证。

以上通过对视觉图像资料所见“马驮猎犬”及“马驮猞猁”展开分析，目的是为解释“马负文豹”及与其相关的问题，意在说明游猎文化艺术产生这种造型的必然结果，这正是与草原游猎者热衷于豹猎活动有着因果关系。

---

① 《鲁不鲁乞东游记》，［英］道森编，吕浦、周良霄译注：《出使蒙古记》，中国社会科学出版社 1983 年版，第 221 页。

② 冯承钧译：《马可波罗行纪》第 1 卷第 74 章《上都城》，商务印书馆 2012 年版，第 157—158 页。

③ 杨允孚：《滦京杂咏》卷上，《知不足斋丛书》本，叶 4b。

第三节 “马负文豹”文化史溯源

上文提到，借助文豹狩猎在内亚大陆广泛存在，元朝时期即为其中之典型，因此我们很有必要走进内亚视域谈谈相关问题，从中进行文化史探源，由此既可以解释此类形象广为流行的历史背景及狩猎文化意义，也能进一步发掘“马负文豹”与草原豹猎活动的内在联系。

事实上，“马负文豹”这种驯兽文化起源甚早，哈蒙（A. M. Harmon）教授研究意大利伊特鲁利亚文化的坎帕尼亚石窟壁画时就曾注意到，赫淮斯托斯神话图案中见有马背托豹的艺术形象（图 4-16），并推断作画时间不会晚于公元前 6 世纪。① 跨越时空的界限，到了 12 世纪，伊斯兰文化传统中也有同样风格的狩猎题材艺术品，美国大都会艺术博物馆收藏一件突厥后裔塞尔柱王朝时期的绿松石釉品，尺寸为 27.6×7.6×21 厘米，其雕塑造型为骑士携猎豹出猎场景（图 4-17）。②

① A. M. Harmon: *The Paintings of the Grotta Campana*, American Journal of Archaeology, 1912. Vol. 16, No. 1, pp. 1—3.

② 美国大都会艺术博物馆藏绿松石陶釉骑士携猎豹出猎俑，索引编号 66. 23。http://www.metmuseum.org/collection/the-collection-online/search/451850? rp. =30&pg=1&ft=Cheetah&pos=2，2014 年 12 月 21 日。

图 4-16　意大利坎帕尼亚石窟方形墓穴壁画

图 4-17　骑士携猎豹出猎俑

至于古代中国书画作品中所涉“马负文豹”形象，或许始见于北朝时期。展子虔画有一幅有关帝王游猎生活的《齐后主幸晋阳宫图》，元朝郝经据此题诗云：

盲人歌杀斛律光，无愁天子幸晋阳；步摇高翘翥鸾皇，锦韀玉勒罗妃嫱。马后猎豹金琅珰，最前海青侧翅望；龙旗参差不成行，旄头大纛悬天狼。胡夷杂服异前王，况乃更比文宣狂；眼中不觉邺城荒，行乐未足游幸忙。①

作者展子虔是北朝时期著名画家，这幅《齐后主幸晋阳宫图》即为其代表作品。② 元朝画家汤垕甚至将这幅画奉为美术作品的圭臬，称赞说：“人物面部，神采如生，意度具足，可为唐画之祖。”③ 我们根据郝氏关于该画的题跋，得知其描述的是北齐幼主高恒游猎太原晋阳宫场景。④ 所谓“马后猎豹”，或将猎豹放置在马鞍之上⑤，极有可能就类似于坎帕尼亚石窟墓穴壁画中出现的马驮文豹相携而行。

契丹时期，豹猎活动蔚然成风，辽朝皇帝打猎时所使用的驯

---

① 郝经：《郝文忠公陵川文集》卷9《跋展子虔画齐后主幸晋阳宫图》，正德二年李瀚刻本，叶3b—4a。

② 张彦远：《历代名画记》卷8《展子虔》，上海人民美术出版社1963年版，第98页。

③ 汤垕：《画鉴》（不分卷），上海人民美术出版社1982年版，第406页。

④ 参见金申《从杨子华的绘画题材看北齐皇室的日常活动》，见氏著《佛教美术丛考续编》，华龄出版社2010年版，第172—174页。

⑤ 详见荣新江《中古贵族墓室壁画上的胡风——猎豹、杂服及其他》，氏著《中古中国与粟特文明》，生活·读书·新知三联书店2014年版，第405—408页。

豹大多来自西域贡献，如重熙年间，回鹘阿萨兰遣使贡文豹。[①]辽朝驯服猎豹的过程曾为宋朝使者所亲历，《续资治通鉴长编》卷九七引《契丹风俗》云：

> 国主帐在毡屋西北，望之不见。尝出三豹，甚驯，马上附人而坐，猎则以捕兽。[②]

这是天禧四年（1020）宋绶出使辽朝时在契丹皇帝捺钵暨驻牧营地的见闻记录，即将猎豹置于马背鞍鞯上面。这种驯兽方法显然与《元世祖出猎图》做法相一致。

不过，欲使文豹稳稳当当地坐在马背上，在出猎时卓有成效地捕获猎物，如上述图像资料所呈现“马驮”的样子，必须得经驯豹师一番精心调教。张广达先生根据阿拉伯文献《论狩猎：本世界大人物们之与旷漠野兽的交往》分析这种驯兽途径：豹师牵来一匹特别老实驯顺的马，马臀部装上鞍鞯。他骑在马上，用右手攥着牵豹索，把盛满食物的盆子放在背后的后垫上，一面摇盆作响，使豹子感到铁环声，一面不停地抖动牵豹索，直到它窜上后垫。最后一个步骤，豹师把豹子放在离马一百步的地方，然后呼叫豹子，使豹子跑来窜上后座。[③] 幸运的是，此种驯兽方法及驯豹过程有中外图像资料为证。

---

① 《辽史》卷20《兴宗纪三》，中华书局2016年修订本，第279页；卷70《属国表》，第1280—1281页。

② 李焘：《续资治通鉴长编》卷97，天禧五年九月甲申，中华书局2004年版，第2254页。

③ 张广达：《唐代的豹猎——文化传播的一个实例》，氏著《文本、图像与文化流传》，广西师范大学出版社2008年版，第43—44页。

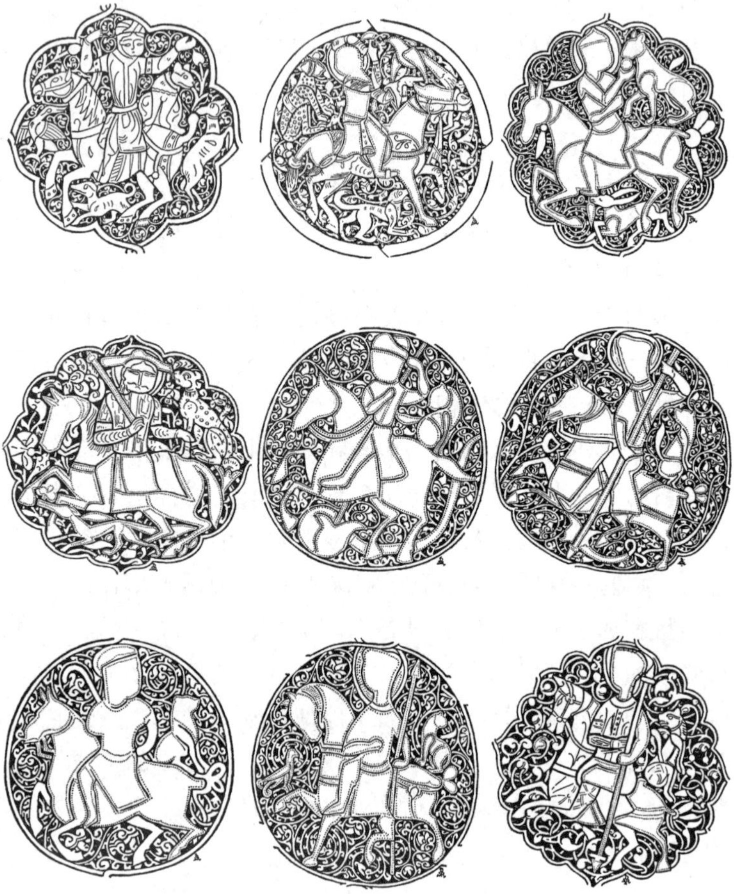

图 4-18　13 世纪伊朗镶银烛台驯豹图案

以上九幅图像是 13 世纪伊斯兰风格银烛台周围所镶嵌的狩猎图案（图 4-18），英国维多利亚和阿尔伯特博物馆藏。这组图对豹师驯养文豹诸多细节多有生动展现。① 与上述域外驯豹互为补充印证的图像还有唐朝懿德太子墓葬出土的驯豹壁画（图 4-19、图 4-20），② 该壁画位于第一过洞东、西壁，乃是当时唐朝皇家宫廷生活的写实，四位男侍手牵豹子作行进状，豹子的颈部套有绳子，即“牵豹索”。这实际是驯豹师正在进行人工驯服豹子。图 4-18 第 4、5、6、8、9 五幅小图及图 4-19 首末端的豹师手执一根棍仗，应是驯豹的辅助工具，最后一关键步骤就是试着让已能从容坐在马鞍垫上的文豹捕杀猎物。我们看到，伊朗镶银烛台驯豹图案和唐懿德太子驯豹壁画中都以鹿作为诱饵，如此反复训练文豹的捕猎本领。

图 4-19　懿德太子墓壁画《驯豹图》

① 参见 D. S. Rice: *The Seasons and the Labors of the Months in Islamic*, Ars Orientalis, 1954 Vol. 1, p. 30.

② 王仁波：《唐懿德太子墓壁画题材的分析》，《考古》1973 年第 6 期。

图 4-20　懿德太子墓壁画《驯豹图》(线图)

经过长期驯练的文豹，确实能在狩猎活动中发挥关键作用，尤其使得猎捕野兽的场面更具有观赏性，王恽由此感叹“以豹取兽何其雄”①，此即元朝时期蒙古宫廷贵族嗜爱豹猎活动之具体缘由。《元世祖出猎图》即以“马驮文豹”作为现实生活的写真，如实描述了元世祖忽必烈秋狝活动的盛景。元人张之翰《题秋山猎豹图》叙述了这番惊心动魄的豹猎场景：

霜风烈烈百草枯，鼓山山头日向晡；石头高低路崎岖，荒林叫狸号妖狐。有物突出惊前驱，大于雄彪小于菟；绣衣将军臂雕弧，霹雳一发金仆姑。金团袍裂一大呼，老涎淋漓血模糊。②

① 王恽：《秋涧先生大全文集》卷 6《飞豹行》，《四部丛刊》本，叶 2a—b。

② 张之翰：《西岩集》卷 4《题秋山猎豹图》，台湾商务印书馆影印文渊阁《四库全书》，第 1204 册，第 386 页下栏。

张氏题咏对象《秋山猎豹图》的作者及具体所指，今虽无考，但据诗题所云“秋山”，知该幅画内容为辽金元时期某位皇帝举行的秋季大围猎。诗文中“大于雄彪小于菟”是指体态介于彪（猞猁）和虎（菟）之间的文豹，它一旦发现目标野物便会迅速出击，顷刻间将其捕获猎杀。且看下面两幅与此相关的图像：

图 4-21　《萨利姆王子狩猎图》

图 4-22 《王子围猎图》

上述两图皆为印度莫卧儿王朝时期创作的水彩画，现藏美国洛杉矶郡立美术馆。图 4-21 的尺寸横 37.47 厘米、纵 26.67 厘米，表现的是萨利姆王子贾汗·吉尔举行狩猎的场景。① 图 4-22 名为《王子围猎图》，约为 18 世纪中期作品，横 36. 2 厘米、纵 55. 24 厘米，描绘某位王储率骑士们正在进行捕猎的场面。② 这两幅图中皆见文豹捕杀野鹿，撕咬其最为致命的颈部，后面则有猎手跟从追击，目的是为了及时获取猎物。

① 美国洛杉矶郡立美术馆藏《萨利姆王子狩猎图》，索引编号 M. 83. 137。http://collections.lacma.org/node/247632，2015 年 3 月 8 日。

② 美国洛杉矶郡立美术馆藏《王子围猎图》，索引编号 M. 90. 141. 4。http://collections.lacma.org/node/224694，2015 年 3 月 8 日。

以上就豹猎活动的几个颇为关键的环节进行讨论，通过结合文献及图像资料，探明“马负文豹”的狩猎文化溯源。综上所述，《元世祖出猎图》是对元朝宫廷狩猎的真实写照，从中所见胡族骑士鞯垫上面蹲踞文豹，与元朝宫廷盛行豹猎活动相关联，以此为线索钩稽欧亚大陆范围内相关主题的草原游猎文化图像，发现这种艺术造型具有非常典型的游猎文化特征。

第五章　扈从仪卫与政治权力：游牧社会中的神纛与旗鼓*

我们注意到，《元世祖出猎图》中的主角忽必烈作为蒙古可汗，为游猎出行设立了具有浓郁草原特色的扈从护卫制度。请看图中详细展示：首先，《元世祖出猎图》中有一位来自中亚的黑肤色的骑士手执长杆器物，钱宰《题藩王出猎图》称其曰"猛士先驱仗金钺"①，从画面表面初看，此物确实像酷似权杖的金钺，但实则为骨朵。据《元史·舆服志》记述骨朵形制曰："朱漆棒首，贯以金涂铜锤。"② 其次，画中最右下角的那位骑士执一黑色大纛（图 5-1）。在游牧社会中，与此密切相关的还有旗鼓，它们都是重要的护卫礼杖。我们不妨先从《元世祖出猎图》所见"神纛"谈起，讨论游牧社会神纛与旗鼓的作用是什么，发掘这些扈从仪仗背后所蕴含的政治象征及权力意识。

---

* 此文发表时原题作《信仰、礼仪、权力、羁縻：契丹社会之纛、旗与鼓研究》（台北《民族学报》第 28 期，2009 年 6 月），本章在此基础上修改完成，有较大幅度改动。

① 钱宰：《临安诗集》卷 3《题藩王出猎图》，中国国家图书馆藏明抄本。

② 《元史》卷 79《舆服志二》"仪仗"条，中华书局 1976 年版，第 1972 页。

图 5-1 《元世祖出猎图》中的骨朵、神纛

第一节 游牧社会中的旗鼓及纛、旗之区别

与神纛密切相关的北族社会旗鼓问题，很早就得到学者的关注。姜艳芳指出，契丹社会的旗鼓，是契丹族社会最高权力者可汗的标志，并且就旗鼓的来源和辽初契丹贵族阶层内部为争夺旗鼓而展开的斗争进行了详细分析。[①] 林沄《辽墓壁画研究两则》一文，在纠正内蒙古库伦 1 号辽代壁画墓考古发掘报告某些纰漏的基础上，利用图像资料和辽朝文献考察了契丹旗鼓及旗鼓拽

① 姜艳芳：《谈契丹之旗鼓》，《北方文物》1998 年第 1 期。

刺。[1] 田广林《契丹舆仗研究》一文把旗鼓归于国仗范围，将其作为契丹礼仪内容加以探讨。[2] 关树东教授则从军事角度讨论旗鼓的意义。[3]

综合上述研究，这里谨结合图像与文献重点讨论两个问题：第一，我们需要仔细分析，与旗密切相关的神纛的形制及其特殊意义；第二，对旗鼓制度的研究，并不局限于契丹一朝，而是置于北方游牧民族发展的历史脉络中加以考察，进而阐释其政治寓意。通过以上论述，我们努力揭示神纛和旗鼓的政治文化内涵。

关于契丹社会旗鼓的记载，《新唐书·契丹传》曰："钦德晚节政不竞，其八部大人法常三岁代，时耶律阿保机建鼓旗为一部，不肯代，自号为王而有国，大贺氏遂亡。"[4] 《资治通鉴》记述此事原委更为详细：

> 初，契丹有八部，部各有大人，相与约，推一人为王，建旗鼓以号令诸部，每三年则以次相代。咸通末，有习尔者为王，土宇始大。其后钦德为王，乘中原多故，时入盗边。及阿保机为王，尤雄勇，五姓奚及七姓室韦、达靼咸役属之。阿保机姓邪律氏，恃其强，不肯受代。久之，阿保机击黄头室韦还，七部劫之于境上，求如约。阿保机不得已，传

---

① 林沄：《辽墓壁画研究两则》，见氏著《林沄学术文集》，中国大百科全书出版社 1998 年版，第 424—427 页。

② 田广林：《契丹舆仗研究》，载内蒙古文物考古所编《内蒙古文物考古文集》第 2 辑，中国大百科全书出版社 1997 年版，第 548—551 页。

③ 关树东：《契丹与旗鼓补论》，载辽上京契丹·辽文化研究学会编《首届辽上京契丹·辽文化学术研讨会论文集》，内蒙古文化出版社 2009 年版，第 236—241 页。

④ 《新唐书》卷 219《契丹传》，中华书局 1975 年版，第 6173 页。

旗鼓。①

从以上两条史料可见，契丹社会是将旗鼓作为游牧可汗权威的标志，谁拥有旗鼓便意味着谁就掌握着最高统治权，并且应该形成固定的旗鼓制度及汗位继承传统。论及契丹政权旗鼓的来源，《新唐书·契丹传》明确指出：贞观三年（629），“摩会复入朝，赐鼓纛，由是有常贡”②。摩会是契丹部落首领，据《旧唐书·契丹传》记载，贞观二年，“其君摩会率其部落来降”③。该书《太宗纪》亦谓：贞观三年正月辛亥，“契丹渠帅来朝”④。上述两书相合，说明契丹旗鼓是首领摩会归降唐朝后获得。《辽史·仪卫志》也称：“辽自大贺氏摩会受唐鼓纛之赐，是为国仗。”⑤ 由此可见，契丹一直将唐朝赏赐的旗鼓视为重器，地位十分特殊。

姜艳芳教授认为，唐朝文献提到的“鼓纛”即契丹之旗鼓。⑥上文所述“鼓纛”与“旗鼓”同义，不过具体分析“纛”“旗”，发现两者有时有严格区别但有时混同，对于纛与旗之间的关系与流变，本文需要稍做解释。

“纛”起源甚早，《史记·项羽本纪》云：“纪信乘黄屋车，傅左纛。”《集解》李斐云：“纛，毛羽幢也。在乘舆车衡左方上注之。”蔡邕曰：“以牦牛尾为之，如斗，或在骓头，或在衡上

① 《资治通鉴》卷266《后梁纪一》，梁太祖开平元年五月丁丑，中华书局1956年版，第8676—8678页。

② 《新唐书》卷219《契丹传》，中华书局1975年版，第6168页。

③ 《旧唐书》卷199下《契丹传》，中华书局1975年版，第5350页。

④ 《旧唐书》卷2《太宗纪上》，中华书局1975年版，第36页。

⑤ 《辽史》58《仪卫志四》，中华书局2016年修订本，第1020页。

⑥ 姜艳芳：《谈契丹之旗鼓》，《北方文物》1998年第1期。

也。”[①] 石勒称“赵王”以后，“始制轩悬之乐，八佾之舞，为金根大辂，黄屋左纛，天子车旗，礼乐备矣”[②]。这里所提到的“黄屋左纛”显然是源自中原的帝王仪制，石勒虽然身为匈奴别部羌渠之胄，亦仿中原传统的政治建制，完备天子礼乐。然而到了隋唐时期，“纛”作为礼仗并非为天子所专有，掌握有兵权的地方节度使也开始建纛。《新唐书·百官志》记述节度使的职权和仪礼："节度使掌总军旅，颛诛杀。初授，具帑抹兵仗诣兵部辞见，观察使亦如之。辞日，赐双旌双节。行则建节、树六纛，中官祖送，次一驿辄上闻。”[③]《文献通考·王礼考》也指出此事说："旌节，唐天宝中置，节度使受命日赐之，得以专制军事，行即建节，府树六纛。”[④] 节度使树置六纛，此种纛可能指的是“皂纛”，“本后魏纛头之制，盖旄头之遗象。制同旗，无文采，去鑣首，六脚”[⑤]。这样看来，“皂纛”与旗形制有些相似。唐章怀太子李贤墓墓道东壁绘制《狩猎出行图》（图 5-2），展示皇家出行仪仗，其中扈从骑士有三位执纛，其形制仿若旌旗。另外，拉施特《史集》阿拉伯语本绘制蒙古骑士围城图（图 5-3），两位骑士各手执纛旗。[⑥] 唐时期，旗和纛不加区别，通常用“鼓纛”称“旗鼓”，或许契丹接受唐朝的“纛”就是这种等同于旗的“皂纛”。

---

① 《史记》卷 7《项羽本纪》，中华书局 1959 年版，第 326 页。

② 《晋书》卷 105《石勒载记下》，中华书局 1974 年版，第 2736 页。

③ 《新唐书》卷 49 下《百官志四下》，中华书局 1975 年版，第 1309 页。

④ 《文献通考》卷 115《王礼考十》，中华书局 1986 年版，第 1039 页下栏。

⑤ 《文献通考》卷 117《王礼考十二》，中华书局 1986 年版，第 1060 页上栏。

⑥ A larger image of Besieged defenders of a town advancing to battle, in Jami'al-Tawarikh by Rashid al-Din, 1305—14, Edinburgh University Library, MS. Or. 20, fol. 125v. http://warfare.uphero.com/Persia/13-14C/Jami_al-Tawarikh-Besieged_defenders_of_a_town_advancing_to_battle-Edinburgh-MsOr20-f125v.htm，2016 年 9 月 16 日访问。

图 5-2　章怀太子墓壁画《狩猎出行图》

图 5-3　《骑士围城图》

唐朝政府赐予北部边疆游牧民族首领“鼓纛”之事，屡见于史书记载，姜艳芳教授已搜罗甚详。[①] 再进一步追索，其实早在两汉时期，西汉政府就以中央王朝的身份向西域某些表示臣服归属的政权赏赐旗鼓，元康元年（前 65 年），龟兹王绛宾来朝贺，“王及夫人皆赐印绶。夫人号称公主，赐以车骑旗鼓，歌吹数十人，绮绣杂缯琦珍凡数千万”[②]。隋朝也有赐旗鼓的先例，“处罗侯竟立，是为叶护可汗。以雍虞闾为叶护。遣使上表言状，上赐之鼓吹幡旗。处罗侯长颐偻背，眉目疏朗，勇而有谋，以隋所赐旗鼓西征阿波”[③]。

上文谈到，贞观三年，赐契丹鼓纛。值得注意的是，契丹社会亦有“神纛”，上引《辽史·仪卫志》云：“辽自大贺氏摩会受唐鼓纛之赐，是为国仗。”其下列有“十二神纛，十二旗，十二鼓，曲柄华盖，直柄华盖”[④]。田广林教授解释说，这里的十二神纛，不应仅为十二旗帜，还应该包括十二鼓在内。[⑤] 其实，契丹受唐朝政府赏赐的“鼓纛”盖即“十二旗，十二鼓”，而列于国仗首位的“十二神纛”则为契丹固有之神物。

此外，还有一条史料需要解释。《辽史·仪卫志》“汉舆”条曰：“玉辂，祀天、祭地、享宗庙、朝贺、纳后用之。青质，玉饰，黄屋，左纛。”[⑥] 据记载，“太平中行汉册礼，乘黄令陈车辂，尚辇奉御陈舆辇。盛唐辇辂，尽在辽廷矣”[⑦]。这说明，辽朝礼仪

① 姜艳芳：《谈契丹之旗鼓》，《北方文物》1998 年第 1 期。

② 《汉书》卷 96 下《西域传下》，中华书局 1962 年版，第 3916 页。

③ 《隋书》卷 84《突厥传》，中华书局 1973 年版，第 1871 页。

④ 《辽史》58《仪卫志四》，中华书局 2016 年修订本，第 1020 页。

⑤ 田广林：《契丹舆仗研究》，载内蒙古文物考古所编《内蒙古文物考古文集》第 2 辑，中国大百科全书出版社 1997 年版，第 550 页。

⑥ 《辽史》卷 55《仪卫志一》，中华书局 2016 年修订本，第 1001 页。

⑦ 《辽史》卷 55《仪卫志一》，中华书局 2016 年修订本，第 1001 页。

兼采中原礼制，上面提到的“纛”即是汉制舆仗之一，与契丹的纛并非同一所指。故《辽史》将“神纛”“左纛”分别系于“国仗”条和“汉舆”条，二者绝非一物，契丹纛与中原纛明显有别。论及二者地位，神纛是契丹族固有的圣物，汉制的纛则不可比拟。下文将详细论述这个问题。

第二节　从藩属到主权：黑纛的政治权力象征与神圣崇拜

隋唐时期，契丹逐渐崛起，势力不断壮大，与奚族一起雄踞北方草原，并称“两藩”，时降时叛，这给李唐政权北境的安全造成很大的压力。因此，唐朝对契丹加以安抚和笼络，赐其旗鼓。至契丹建国以前，旗鼓被视为最高权力的象征。《旧五代史·契丹传》曰：“先是，契丹之先大贺氏有胜兵四万，分为八部，每部皆号大人，内推一人为主，建旗鼓以尊之，每三年第其名以代之。”① 自大贺氏主政契丹部落开始，这一政治传统为历代所沿袭，《新五代史·四夷附录第一》言契丹社会君主继承制度：“部之长号大人，而常推一大人建旗鼓以统八部。至其岁久，或其国有灾疾而畜牧衰，则八部聚议，以旗鼓立其次而代之。被代者以为约本如此，不敢争。”② 但到阿保机接任汗位以后，“恃其强，不肯受代。久之，阿保机击黄头室韦还，七部劫之于境上，求如

① 《旧五代史》卷137《契丹传》，中华书局1976年版，第1827—1828页。
② 《新五代史》卷72《四夷附录第一》，中华书局1974年版，第886页。

约。阿保机不得已，传旗鼓”[1]。所谓“约”即契丹立国以前施行三年一代之法，将“旗鼓”作为汗位传承的标志。上文可见，耶律阿保机专垄汗位，到期却不肯受代，其余七部要求他交出部落联盟的权力，恰是想通过“传旗鼓”的方式实现。到遥辇氏末期，阿保机最终凭借雄厚的政治和军事实力，夺得最高可汗的权力，这也表明契丹传统选汗制度开始动摇，与此同时，旗鼓作为权力标志的象征意义也开始丧失。

不过，《辽史·仪卫志》仍说：“遥辇末主遗制，迎十二神纛、天子旗鼓置太祖帐前。诸弟剌哥等叛，匀德实纵火焚行宫，皇后命曷古鲁救之，止得天子旗鼓。太宗即位，置旗鼓、神纛于殿前。”[2] 此称“天子旗鼓”，同时强调旗鼓的得失，显然根源于契丹一直将唐朝赏赐的旗鼓作为部落联盟统治权的传统观念，直到辽朝初期尚未完全消除，而到中后期，皇帝即位的时候再也看不到旗鼓的影子了。据上文分析及史料考见，旗鼓的最高权力作用逐渐丧失，代之其地位的应该是契丹“十二神纛”。剖析其中之原因，或许有以下两方面：

首先，契丹建国以后，辽朝正统观念逐步形成。[3] 根据上文研究，契丹旗鼓源自唐朝赏赐。而得有“旗鼓”的并非只有契丹，突厥、吐谷浑、薛延陀等同样如此，这种封赐制度体现的是唐朝与边疆部族的羁縻关系。契丹政权建立，也开始强调自己属于炎黄后嗣，而非夷狄。但旗鼓显然有着政治寓意，即标示着契丹为唐王朝的“藩属”，这显然与契丹统治者正统化的努力相背离。契

---

① 《资治通鉴》卷266《后梁纪一》，梁太祖开平元年五月丁丑，中华书局1956年版，第8678页。

② 《辽史》卷58《仪卫志四》，中华书局2016年修订本，第1020页。

③ 参见刘浦江《德运之争与辽金王朝的正统性问题》，见氏著《松漠之间——辽金契丹女真史研究》，中华书局2008年版，第1—26页。

丹势必选择一种新的礼器来代替旗鼓，此物便是神纛。同时，神纛又可以附会“轩辕氏作，戮之涿鹿之阿。处则象吻于宫，行则悬旄于纛，以为天下万世戒”历史典故。[①] 既而以神纛作为北方游牧民族建立王朝的象征。

其次，契丹将十二神纛列于“国仗”的首位，显然是在努力回归契丹独立自主的游牧文化意识，与北族政治文化传统一脉相承。我们都知道，草原游牧民族有着悠久树纛的传统，这其中以突厥祭纛最为典型。《酉阳杂俎》这样记述突厥祖先传说：

> 突厥之先曰射摩舍利海神，神在阿史德窟西。射摩有神异，海神女每日暮，以白鹿迎射摩入海，至明送出，经数十年。后部落将大猎，至夜中，海神女谓射摩曰：“明日猎时，尔上代所生之窟，当有金角白鹿出。尔若射中此鹿，毕形与吾来往，或射不中，即缘绝矣。”至明入围，果所生窟中有金角白鹿起，射摩遣其左右固其围，将跳出围，遂杀之。射摩怒，遂手斩呵嗍首领，仍誓之曰：“自杀此之后，须人祭天。”即取呵嗍部落子孙斩之以祭也。至今，突厥以人祭纛，常取呵嗍部落用之。[②]

将上述传说的神异成分剥离出来，这让我们看到突厥尊奉纛为圣物，甚至还以人作为牺牲，举办祭祀。突厥阿史那氏，“可汗建廷都斤山，牙门树金狼头纛，坐常东向”[③]。“牙门”一般是指将帅

---

① 《辽史》卷31《营卫志上》，中华书局2016年修订本，第409页。

② 段成式撰，方南生点校：《酉阳杂俎》前集卷4《境异》，中华书局1981年版，第44—45页。

③ 《新唐书》卷215上《突厥传上》，中华书局1975年版，第6028页。

穹庐大帐的门口，帐篷前树立金狼头纛，而在神纛上装饰金狼头，这与突厥人图腾崇拜和尚武精神密切相关。按《周书·突厥传》曰："旗纛之上，施金狼头。侍卫之士，谓之附离，夏言亦狼也。盖本狼生，志不忘旧。"[①] 由此可见，北族社会的"纛"不同于中原的"纛"，它兼有可汗礼仪与草原游牧信仰的双重功能。

我们从唐朝文献中可以看到两个重要案例，《旧唐书·刘武周传》曰："突厥立武周为定杨可汗，遗以狼头纛。因僭称皇帝，以妻沮氏为皇后，建元为天兴。"[②] 该书《梁师都传》曰："师都因遣兵掠定雕阴、弘化、延安等郡。于是僭即皇帝位，称梁国，建元为永隆。突厥始毕可汗遗以狼头纛，号为大度毗伽可汗。"[③] 刘武周和梁师都二人都是隋唐时期的割据军阀，拥兵称帝，这与突厥势力的支持密不可分。他们在接受突厥力量的过程中，突厥可汗赠以"狼头纛"诰封二人，并赐突厥语汗号，一系列措施体现的是突厥政治文化传统。陈寅恪指出这一政治现象说："则受突厥之可汗封号者，亦受其狼头纛，其有记受突厥封号，而未及狼头纛者，盖史臣略而不载耳。故突厥之狼头纛犹中国之印绶，乃爵位之标帜，受封号者，必亦受此物，所以表示其属于突厥之系统，服从称臣之义也。……可知狼为突厥民族之图腾。隋末北方群雄，既受突厥之狼头纛，则突厥亦以属部视之矣。"[④] 生活于 11 世纪的穆罕穆德·喀什噶里自然清楚"纛"在突厥语和突厥政治文化背景中具有特殊意义，其著《突厥语大词典》释义"纛"（tuq），

---

① 《周书》卷 50《突厥传》，中华书局 1971 年版，第 909—910 页。

② 《旧唐书》卷 55《刘武周传》，中华书局 1975 年版，第 2253 页。

③ 《旧唐书》卷 56《梁师都传》，中华书局 1975 年版，第 2280 页。

④ 陈寅恪：《论唐高祖称臣于突厥事》，见氏著《寒柳堂集》，上海古籍出版社 1980 年版，第 100 页。

举例为“有九面旗的国王或者可汗”①。由此看来，“纛”专属游牧可汗，是一种权力的象征和标示。

《魏书·崔浩传》提到崔浩星占卜辞说：“臣观天文，比年以来，月行奄昴，至今犹然。其占：‘三年，天子大破旄头之国。’蠕蠕、高车，旄头之众也。”② 此谓“旄头之国”意指草原游牧政权，术数文献通常从占星学的角度加以理解，胡鸿博士认为，昴曰髦头（旄头），大约是因读音相近产生的联系，昴宿在天空中标明了夷狄的位置，主引弓之民。③ 而笔者的解释是，“旄头”亦即“纛头”，指代崇信神纛的草原部落。柳宗元《祭纛文》谓：“维年月日，某官以牲牢之奠，祭于纛神。”释文曰“旄头即纛也”，“纛，以旄牛尾为之，在左骓马首”。④ 上述解释大概是从中原礼制角度进行阐释，但将旄头解释为纛却很有道理。按《辽史·国语解》“神纛”条谓：“从者所执。以旄牛尾为之，缨枪属也。”⑤ 所谓“旄头”，即指旄牛尾制成的神纛。草原游牧民族大多尊奉神纛，故称其为“旄头之国”。

突厥信奉神纛，此种政治风俗对唐朝宫廷生活有着很大影响。《新唐书》记述唐太宗子李承乾演习突厥习俗：“又好突厥言及所服，选貌类胡者，被以羊裘，辫发，五人建一落，张毡舍，造五狼头纛，分戟为阵，系幡旗，设穹庐自居。”⑥ 狼头纛即仿效突厥

---

① 麻赫默德·喀什噶里著，校仲彝等译：《突厥语大词典》（第3卷），民族出版社2002年版，第124页。

② 《魏书》卷35《崔浩传》，中华书局1974年版，第816页。

③ 胡鸿：《星空中的华夷秩序——两汉至南北朝时期有关华夷的星占言说》，《文史》2014年第1辑。

④ 柳宗元：《柳宗元集》卷41《祭纛文》，中华书局1979年版，第3册，第1089页。

⑤ 《辽史》卷116《国语解》，中华书局2016年修订本，第1692页。

⑥ 《新唐书》卷80《李承乾传》，中华书局1975年版，第3564页。

可汗牙帐门前树纛。进一步通过搜讨史料，我们发现回鹘、契丹、蒙古等民族都存在着神纛崇拜。例如，安史之乱爆发，唐肃宗借回鹘助剿叛军，郭子仪与回鹘兵会呼延谷时，葛勒可汗“恃其强，陈兵引子仪拜狼纛而后见”[①]。可以肯定，回鹘承袭突厥的狼头纛信仰。将神纛奉为最高权力的象征，这一政治文化传统得到北方游牧民族的普遍认可，广泛传承。据《史集》记载说：虎儿年（1206）春，铁木真在斡难河下令建九脚白旄纛，举行大忽里勒台。在这次忽里勒台上他获得了“成吉思汗”的尊号。[②]《元史·礼乐志》亦云：“太祖元年，大会诸侯王于阿难河，即皇帝位，始建九游白旗。”[③] 此称“九游白旗”即蒙古草原的九游大纛。《元史·木华黎传》曰：“赐大驾所建九游大旗，仍谕诸将曰：‘木华黎建此旗以出号令，如朕亲临也。’乃建行省于云、燕，以图中原。”[④] 这清楚说明，神纛是大蒙古国可汗权力的标志和象征。

自此以后，神纛承继和蕴含了更多的文化宗教因素，蒙古人对成吉思汗本人的信仰，称为“阿拉腾苏鲁锭”（Altan süld）。[⑤] 符拉基米尔佐夫指出，蒙古人以为成吉思汗的灵魂凭依于这个神纛上，因此它就变成了该氏族（黄金家族）和其属下蒙古人民的

---

① 《新唐书》卷217上《回鹘传上》，中华书局1975年版，第6115页。

② ［波斯］拉施特主编，余大钧、周建奇译：《史集》，商务印书馆2014年版，第227—228页。

③ 《元史》卷67《礼乐志一》，中华书局1976年版，第1664页。

④ 《元史》卷119《木华黎传》，中华书局1976年版，第2932页。

⑤ 乌云格日勒博士认为，成吉思汗祭奠中凡被冠以“阿拉腾”（义为“金”）之字的事与物，如“阿拉腾苏鲁锭”等，一方面是蒙古族对成吉思汗的尊称，另一方面隐含着“秘密”“稀少”“珍贵”等含义，因而冠之以“金”字。（见乌云格日勒《人类学视野中的成吉思汗祭奠》，中国社会科学院研究生院2006年博士学位论文，第76页）

守护神。① 这个“苏鲁锭”历来被蒙古民族视为神物。时至今日，它仍在成吉思汗灵宫外150米处的苏鲁锭祭台上，享受着日祭、月祭、年祭，以及每逢龙年的龙年威猛大祭。②

实际上，北方草原游牧民族在文化传统上有着极大的传承性，表现为汲取先族和先人的合理文化内核，注融到本族社会。以上分析表明，契丹崇拜神纛习俗可能源于突厥或回鹘，或与其有着间接的关系。研究发现，除信仰之外，神纛隐含着更深层的政治寓意。前引史料，《辽史·仪卫志》曰：“遥辇末主遗制，迎十二神纛、天子旗鼓置太祖帐前。”③ 无论是一种自愿行为，还是迫于当时政治形势，痕德堇可汗将“十二神纛”传授给耶律阿保机，意味着契丹社会最高权力的易手，即由遥辇氏转入耶律氏。天复六年（906）十二月，“痕德堇可汗殂，群臣奉遗命请立太祖。曷鲁等劝进。太祖三让，从之”④。刘浦江教授考订契丹语言资料源流，注意到出于《国语解》“太祖纪下”的“神纛”一词仅见于今本《辽史·仪卫志》“国仗”条，实际《太祖纪》则无。对于这看似编排的错误，刘浦江教授认为另有原因，即耶律俨《皇朝实录·太祖纪》或陈大任《辽史·太祖纪》在记述此事时本有“十二神纛”一段文字，但到元修《辽史·太祖纪》时将其略去。⑤ 此说很有道理。考虑当时社会背景以及神纛的政治意义，即辽或金

---

① ［苏联］Б.Я.符拉基米尔佐夫著，刘荣焌译：《蒙古社会制度史》，中国社会科学出版社1980年版，第227页。

② 参见乌云格日勒《人类学视野中的成吉思汗祭奠》，中国社会科学院研究生院2006年博士学位论文，第27—28页。

③ 《辽史》卷58《仪卫志四》，中华书局2016年修订本，第1020页。

④ 《辽史》卷1《太祖纪》，中华书局2016年修订本，第3页。参见《辽史》卷73《耶律曷鲁传》，第1346—1347页。

⑤ 刘浦江：《从〈辽史·国语解〉到〈钦定辽史国语解〉——契丹语言资料的源流》，见氏著《松漠之间——辽金契丹女真史研究》，中华书局2008年版，第182—183页。

修《辽史》中，曾记载辽太祖争夺契丹十二神纛的史事。这是因为，辽太祖阿保机代政痕德董可汗，尽力向契丹各部落表明，就像遥辇氏承袭大贺氏那样，他不过是遥辇氏的继承者。[①] 这样他就必须通过某种方式来证明其权力的合理性。因此，契丹的“神纛”成为耶律阿保机的首选目标。我们推测，耶律俨抑或陈大任所修《太祖纪》记有“十二神纛”一事，乃是阿保机出于政治谋虑，宣扬政权的传承性和合法性。再者，耶律德光即位时，亦置“神纛”于殿前。这是因为德光虽然夺得帝位，但由于契丹传统世选制的遗存，皇太子耶律倍和李胡均有皇位继承的资格，这对辽太宗始终是个潜在的威胁。他与其父一样，刻意强调拥有“神纛”，意在说明自己是契丹政权的合法继承者。以上进一步阐明，契丹的神纛取代了旗鼓的地位，并被赋予新的政治内涵，即代表着契丹可汗最高权力的象征，这点与北方其他游牧民族并无二致。

上文谈到，《元世祖出猎图》右下角有位骑士手执黑色神纛，元修《辽史·国语解》“神纛”条谓：“从者所执。以旄牛尾为之，缨枪属也。”[②]《元史·舆服志》云：“皂纛，国语读如秃。建缨于素漆竿。凡行幸，则先驱建纛，夹以马鼓。居则置纛于月华门西之隅室。”[③] 由此可见，大纛是元世祖非常重要的护卫仪仗，乘坐象舆出行也是如此。拉施特《史集》阿拉伯语本有一幅《忽必烈汗象舆出行图》（图 5-4），其中亦有骑士执神纛。[④]《新唐书·突

① 参见蔡美彪《契丹的部落组织和国家的产生》，《历史研究》编辑部编：《辽金史论文集》，辽宁人民出版社 1985 年版，第 55 页。

② 《辽史》卷 116《国语解》，中华书局 2016 年修订本，第 1692 页。

③ 《元史》卷 79《舆服志二》，中华书局 1976 年版，第 1957 页。

④ Referenced on p21, *The Mongols* (Men-At-Arms Series, 105) by Stephen Turnbull Mongol warriors in armour, from Raschid-al-Din's *World History*. Il-Khanid: Tabriz. http://warfare.uphero.com/Persia/13-14C/Jami_al-Tawarikh-Kublai_Khan_on_an_elephant.htm，2016 年 9 月 16 日访问。

厥传》称："可汗建廷都斤山，牙门树金狼头纛，坐常东向。"①知突厥可汗大帐前树纛，而契丹将神纛立于太庙之前，沈括《熙宁使契丹图抄》曰："又东毡庐一，旁驻毡车六，前植纛，曰太庙。"② 契丹将"十二神纛"视作"国仗"最为重要的一部分，还为此举行"十二神纛礼"③。《辽史·国语解》释名曰："凡大祭祀、大朝会，以十二纛列诸御前。"④ 神纛与祖庙关系甚密，由此体现了纛在契丹传统礼仪中独尊的地位。

图 5-4　《忽必烈汗象舆出行图》

据《辽史·穆宗纪》记载说，应历十四年（964）正月戊寅朔，"奉安神纛"⑤。正月戊寅朔，新年之始，契丹皇帝就奉安神

① 《新唐书》卷 215 上《突厥传上》，中华书局 1975 年版，第 6028 页。

② 贾敬颜：《沈括〈熙宁使契丹图抄〉疏证稿》，载贾敬颜《五代宋金元人边疆行记十三种疏证稿》，中华书局 2004 年版，第 168 页。

③ 《辽史》卷 20《兴宗纪三》，中华书局 2016 年修订本，第 274 页。

④ 《辽史》卷 116《国语解》，中华书局 2016 年修订本，第 1696 页。

⑤ 《辽史》卷 7《穆宗纪下》，中华书局 2016 年修订本，第 89 页。

纛，此举充分说明了神纛在契丹人的传统观念中地位非常特殊，处于神祀地位。该书《景宗纪》记述说：保宁五年（973）二月丁亥，“近侍实鲁里误触神纛，法论死，杖释之”①。在契丹人看来，这是一个十分严重的事件，在当时可能产生不小的震动，因而被载入《辽史》帝纪部分，同时列入《刑法志》。② 上述史料清楚地说明，契丹人把神纛奉为圣物，凡亵渎者论法诛之。

第三节　游牧王朝政治军事活动中旗鼓的作用

我们分析了神纛在游牧社会中的神祀地位，最后讨论旗鼓作为仪仗的作用和政治象征。大体而言，旗鼓体现为以下三种政治意义：

首先，边疆游牧政权与中央王朝、北族王朝与藩属部族的关系。林沄先生指出，旗鼓是古代指挥作战的号令之具，故唐代对北方诸族的首领人物以赐旗鼓的方式来承认其雄霸一方的权利。③ 上文谈到，隋朝就有赐旗鼓给突厥的先例，《隋书·突厥传》曰：“处罗侯竟立，是为叶护可汗。以雍虞闾为叶护。遣使上表言状，上赐之鼓吹幡旗。处罗侯长颐偻背，眉目疏朗，勇而有谋，以隋所赐旗鼓西征阿波。”④ 隋唐时期，中原王朝频繁施用赏赐旗鼓的手段，或承认其独霸一方的地位，或赋予军事征讨的权力，其主旨不无二致，即加强对周边游牧民族的安抚和优渥，维持边疆的

① 《辽史》卷8《景宗纪上》，中华书局2016年修订本，第101页。

② 《辽史》卷61《刑法志》，中华书局2016年修订本，第1041页。

③ 林沄：《辽墓壁画研究两则》，见氏著《林沄学术文集》，中国大百科全书出版社1998年版，第425页。

④ 《隋书》卷84《突厥传》，中华书局1973年版，第1871页。

稳定，实际上构成一种羁縻关系。

实际上，辽朝政权较好地继承了这一政策，以此管辖边境部族或属国。例如，《辽史·百官志》曰："于厥里部族大王府。太宗会同三年，赐旗鼓。"① 按，《辽史·太宗纪》会同三年（940）二月庚子曰："乌古遣使献伏鹿国俘，赐其部夷离堇旗鼓以旌其功。"② "于厥里"即"乌古"，两者所记同为一事。《辽史·圣宗纪》太平六年（1026）十二月庚辰曰："曷苏馆部乞建旗鼓，许之。"③ 于厥里和曷苏馆是辽朝两个边境部族，从某种程度上说，契丹政权赋予属部自主的军事权力，并在深层次上表达了对于它们的笼络。此外，太平八年九月壬子，"北敌烈部节度使耶律延寿请视诸部，赐旗鼓，诏从之"④。通过以上三事，可见契丹以赐旗鼓的方式，加强了对辽境属部的管理和节制，这不失为一种有效的统治手段。这也从侧面说明，对契丹而言，旗鼓不再作为最高权力象征，否则，怎能将如此重要礼器赠予诸部呢？值得注意的是，北宋亦效法唐朝，试图以旗鼓为手段，笼络辽朝辖下的部族。宋琪《平燕蓟十策》提议到："契丹小敌，尅日殄平。其奚、霫、渤海之国，各选重望亲嫡，封册为王，仍赐分器、旗鼓、车服、戈甲，优而遣之，必竭赤心，永服皇化。"⑤ 从中可以看出，北宋是想通过旗鼓的方式，来制衡北方民族和部族。

其次，具有重要的军事意义，事关军队荣辱。我们都知道，旗鼓在军事征伐中意义非同一般，自然为契丹人所重视。在出征举兵之前，契丹皇帝通常要"祭旗鼓"，其中有两次记录：乾亨二

① 《辽史》卷46《百官志二》，中华书局2016年修订本，第852页。
② 《辽史》卷4《太宗纪下》，中华书局2016年修订本，第51页。
③ 《辽史》卷17《圣宗纪八》，中华书局2016年修订本，第226页。
④ 《辽史》卷17《圣宗纪八》，中华书局2016年修订本，第228页。
⑤ 《续资治通鉴长编》卷27，雍熙三年正月戊寅，中华书局2004年版，第604页。

年（980）十月辛巳，“将南伐，祭旗鼓”①。统和六年（988）十月癸卯，“祭旗鼓，南伐”②。还有一些隆重的仪式活动，“又请引五方旗鼓，然后皇帝亲点将校”③。蒙古也有祭旗鼓习惯，《元史·宪宗纪》宪宗七年（1257）六月，“谒太祖行宫，祭旗鼓”④。契丹的旗鼓要随行于军营，耶律德光伐晋败归途中，大同元年（947）四月丙辰，“次赤冈，夜有声如雷，起于御幄，大星复陨于旗鼓前”⑤。又，开泰九年（1020）《耿延毅墓志》称赞耿延毅善战：“公率麾下，伏草依岩，卷旗卧鼓，身先勇士，衔枚进击，斩贼首千余级，清境以闻。”⑥ 大安六年（1090）《萧袍鲁墓志》记述萧袍鲁功绩：“公奋其余勇，务在先登。提鼓建旗，连挫敌人之锐。”⑦ 在契丹皇帝举办柴册礼时，“禁围外有契丹兵甲一万人，各执枪刃、旗鼓、弓箭等”⑧。由此可见，契丹格外重视旗鼓。

最为明显的一例，是韩匡嗣丢弃旗鼓事件。辽宋满城之战中，韩匡嗣不听耶律休哥的劝阻，贸然出击，结果导致兵败，“众既奔，遇伏兵扼要路，匡嗣弃旗鼓遁，其众走易州山”⑨。事后，景宗勃然大怒，欲诛之。乾亨元年十月乙亥，“诏数韩匡嗣五罪”⑩，其中有一条就是，“捐弃旗鼓，损威辱国”⑪。与此相反的例子是，

---

① 《辽史》卷9《景宗纪下》，中华书局2016年修订本，第111页。

② 《辽史》卷12《圣宗纪三》，中华书局2016年修订本，第142页。

③ 《辽史》卷34《兵卫志上》，中华书局2016年修订本，第451页。

④ 《元史》卷3《宪宗纪》，中华书局1976年版，第50页。

⑤ 《辽史》卷4《太宗纪下》，中华书局2016年修订本，第64页。

⑥ 向南编：《辽代石刻文编》，河北教育出版社1995年版，第160页。

⑦ 向南编：《辽代石刻文编》，河北教育出版社1995年版，第424页。

⑧ 王易：《重编燕北录》，陶宗仪编：《说郛三种》，上海古籍出版社2012年版，第645页下栏。

⑨ 《辽史》卷74《韩匡嗣传》，中华书局2016年修订本，第1360页。

⑩ 《辽史》卷9《景宗纪》，中华书局2016年修订本，第110页。

⑪ 《辽史》卷74《韩匡嗣传》，中华书局2016年修订本，第1360页。

在此次战斗中，“独抹只部伍不乱，徐整旗鼓而归。玺书褒谕，改南海军节度使”①。由此可见旗鼓对于契丹军队的重要意义。景德元年（1004），北宋颁布了针对辽朝军队的“临军赏罚之令”，重点强调，“临阵用命，入贼斩刺其首领、分散其旗鼓者，并赏之，其擒贼首领有酋渠并得旗鼓者，加等焉”。② 从这个奖赏条例中看出，宋军把得有契丹的旗鼓作为重要目标。上述多种事例说明，契丹旗鼓不仅具有军事作用，而且其意义非同寻常。

上图 5-2、5-3 中分别展示的是唐朝军旗及蒙古纛旗，近年辽朝文物之发现，也为我们提供了契丹军旗的可贵实物，如下图 5-5 所示。

图 5-5 是 1977 年年底内蒙古敖汉旗博物馆征集到的木棺壁画中的图案。从图中可见，共画有八位骑士，另有一人向前引导。骑者均身披铠甲，戴头盔，腰挎箭箙。前排内数第一人双手握一大旗，旗上绘有一只展翅飞翔的雄鹰；外侧一人双手执一似骨朵的兵器。第二排三人各执一较小的旗帜，均右手握旗杆，左手握缰。其中外侧一人所执的旗帜上绘有日、月图案，日在上方，月在下方为一轮新月。这四面旗帜上下两边均有飘带，旗呈弧边并镶牙子，旗杆顶端加铁矛，矛下有缨。日月旗的旗裤下端有缚旗绳套，绳端加缨穗。旗帜舒展，随风飘扬，再现契丹军队出征的历史场景。③

① 《辽史》卷 84《耶律抹只传》，中华书局 2016 年修订本，第 1440 页。

② 马端临：《文献通考》卷 152《兵考四》，中华书局 1986 年版，第 1327 页上栏。

③ 邵国田：《敖汉旗博物馆收藏一批辽墓木板画》，《内蒙古文物考古》1999 年第 1 期。

图 5-5　木棺壁画《鹰军图》

最后一点，需要论及旗鼓在契丹社会中具有特定的仪仗角色与身份标识。《辽史·仪卫志》提到，“辽自大贺氏摩会受唐鼓纛之赐，是为国仗”，其下列有“十二旗，十二鼓”。[①] 旗鼓作为契丹国杖，在礼仪活动中扮演着重要角色。朝廷有对官员赐旗鼓的特例，以表示优抚和重视。对这一问题，林沄先生备举《辽史》中的数则史料加以论述。[②] 或许正是这个原因，契丹墓葬壁画中出现旗鼓图案，意谓墓主人身份特殊且十分重要。兹举几例：

第一组，内蒙古库伦 1 号辽墓壁画《出行图》（图 5-6）。墓道北壁出行图画面中有二十九人，分为车骑随从、仪仗和前导三部分，仪仗中有五面鼓，缚在一起，外侧有五个黑色长杆支架。支架顶端捆扎在一起，上有飘带。鼓圈为红色，上饰首衔环。鼓后

① 《辽史》58《仪卫志四》，中华书局 2016 年修订本，第 1020 页。

② 林沄：《辽墓壁画研究两则》，见氏著《林沄学术文集》，中国大百科全书出版社 1998 年版，第 426 页。

有五名汉族鼓手侍立。①

图 5-6　库伦 1 号辽墓《仪仗旗鼓图》

第二组，内蒙古宁城县鸽子洞辽墓壁画《出行图》（图 5-7）。该墓葬壁画绘于墓道北壁，画中有三面鼓，从壁画残损程度来看，应该还有两面鼓，脱落无存。鼓的颜色为绛色，鼓面黄色，白色箍上有铆钉，腹部有四对铺首。鼓旁侧有五个绛色长杆支架，支

① 孙建华编：《内蒙古辽代壁画》，文物出版社 2009 年版，第 222 页。

架顶端捆绑在一起。鼓后面有两位髡发的契丹人及一位汉人侍立。①

图 5-7　鸽子洞辽墓《出行旗鼓图》

第三组，内蒙古敖汉旗羊山 1 号辽代壁画墓（图 5-8）。该墓葬西壁壁画分前后两部分，前者为旗鼓图，后者为出行图。“旗鼓图”中各画五旗五鼓，五旗在后，分两组缚扎插于地上，前一组二旗旗杆相交，黑白色条状旗帜随风飘动；后一组三旗杆缚扎在一起，旗杆下端加箍呈矛状头。五鼓分前后两排，前排三鼓，后排两鼓。鼓身为红色，并画有圆形装饰图案。鼓前为一长号，似束带。②

① 孙建华编：《内蒙古辽代壁画》，文物出版社 2009 年版，第 140 页。

② 邵国田：《敖汉旗羊山 1—3 号辽墓清理简报》，《内蒙古文物考古》1999 年 1 期。

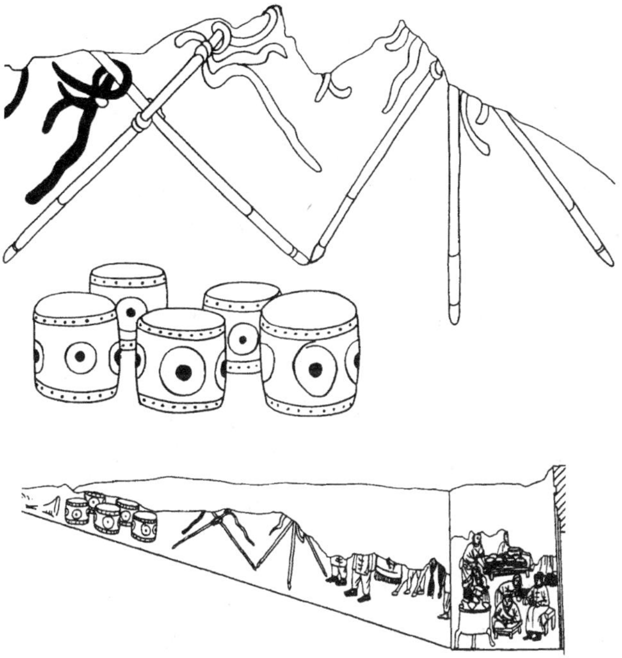

图 5-8　羊山辽墓《旗鼓图》

参照图 5-8 敖汉旗羊山辽墓《旗鼓图》，有学者据此判断，图 5-6 库伦 1 号辽墓壁画《仪仗旗鼓图》及图 5-7 鸽子洞辽墓壁画《出行旗鼓图》中的所谓“支杆”或“鼓架”，当为旌旗。由此表明，辽朝仪仗确实存在着“五旗五鼓”制度。① 墓葬壁画所见旗鼓，是官员身份和社会地位的标志，以此炫耀生前的尊贵。

关于辽朝旗鼓制度，目前有上述多种墓葬壁画为实物证明，

① 参见邵国田《敖汉旗羊山 1—3 号辽墓清理简报》，《内蒙古文物考古》1999 年 1 期。

但辽朝文献对其详细情况却语焉不详。这无疑为后世学者平添了诸多疑惑。田广林教授《契丹舆仗研究》一文对旗鼓管理问题进行了初步探索。该文认为，在辽代，从中央到地方，设有一整套管理旗鼓的机构和官职，专门掌握旗鼓事宜，如中央设有“旗鼓拽剌详稳司”。执事人员有旗鼓拽剌详稳和旗鼓拽剌等，地方县一级官属有“旗鼓乡正”。[①] 上述观点值得商榷。

检讨辽朝文献，我们发现，辽朝压根也不存在“旗鼓乡正”一职。按《辽史·百官志》“南面方州官”门曰：

> 县有驿递、马牛、旗鼓、乡正、厅隶、仓司等役。有破产不能给者，良民患之。马人望设法，使民出钱免役，官自募人，仓司给使以公使充，人以为便。[②]

《辽史·马人望传》亦曰：“当时民所甚患者，驿递、马牛、旗鼓、乡正、厅隶、仓司之役，至破产不能给。人望使民出钱，官自募役，时以为便。”[③] 因“旗鼓”“乡正”前后相属，田广林教授故谓“旗鼓乡正”，实则为史文之误读。

揆诸上下文义，驿递、马牛、旗鼓、乡正、厅隶、仓司种种，皆为百姓徭役。“旗鼓”作为辽朝军队中的重要物资，还用来赏赐功臣及军事将领。《辽史》中与之相关的史料有两条：神册五年（920）十月辛未，“攻天德。癸酉，节度使宋瑶降，赐弓矢、鞍马、旗鼓，更其军曰应天”[④]。统和四年三月癸巳，“赐林牙谋鲁

① 田广林：《契丹舆仗研究》，载内蒙古文物考古所编《内蒙古文物考古文集》第 2 辑，中国大百科全书出版社 1997 年版，第 550 页。

② 《辽史》卷 48《百官志四》，中华书局 2016 年修订本，第 915 页。

③ 《辽史》卷 105《马人望传》，中华书局 2016 年修订本，第 1611 页。

④ 《辽史》卷 2《太祖纪下》，中华书局 2016 年修订本，第 18 页。

姑旗鼓四、剑一，率禁军之骁锐者南助休哥”①。由此看出，当时军队中的旗鼓作为军需品普遍存在，数量应该不小。可以说，在辽代，旗鼓是百姓需要承担的一种杂役，甚至让人苦不堪言，“至破产不能给”。

那么，“乡正”是否为一种役呢？辽朝文献关于民间社会的记述很少，唯有《辽史·百官志》和《马人望传》提及此事。参考《隋书·李德林传》，其谓：开皇元年（581），苏威“又奏置五百家乡正，即令理民间辞讼”②。依照唐令规定，“诸户以百户为里，五里为乡，四家为邻，三家为保。每里设正一人……掌按比户口，课植农桑，检察非违，催驱赋役”③。综上分析，“旗鼓”“乡正”与“驿递”“马牛”“厅隶”“仓司”等并行，最终构成辽朝百姓的重役。而田广林教授却把“旗鼓”“乡正”并为一谈，认为是一种官职，说法欠妥。那么，所谓地方县一级官属设有“旗鼓乡正”并不能成立。

第四节　结论

综上所述，本章从《元世祖出猎图》分析“骨朵”及“神纛”所呈现的游牧可汗扈从制度，重点讨论游牧社会中神纛与旗鼓的政治象征和宗教信仰意义。以往研究中，诸位学者偏重讨论“旗鼓”之由来、形制以及军事功用，而忽略契丹“十二神纛”的重

① 《辽史》卷11《圣宗纪二》，中华书局2016年修订本，第128—129页。
② 《隋书》卷42《李德林传》，中华书局1973年版，第1200页。
③ 马端临：《文献通考》卷12《职役考一》，中华书局1986年版，第127页。

要作用。本章研究结果证明，北族游牧社会的“纛”“旗鼓”在事实上有着超乎其本身的意义：

第一点，根据中土文献记载，契丹立国以前，旗鼓作为汗位承继的标志，表示统辖契丹部落联盟的最高权力。根源在于：隋唐时期，中原王朝多次以颁赐旗鼓方式来羁縻游牧民族，目的非常明显，这既是一种安抚政策，又是体现宗主对藩属隶属关系的象征。边疆部族各部把旗鼓的意义进一步扩大和延展，发展成为部族内部最高权力的象征。契丹亦是如此。直至辽初，契丹人心目中尚存有这一观念，诸弟之乱爆发时，旗鼓成为重要的争夺目标。入辽以后，契丹政权统治者汲取了唐朝统治策略，用旗鼓之赐来优抚边疆的部族，进行管辖。

第二点，据《辽史》记载说，“十二神纛”乃是“遥辇末主遗制”，授予继位的新可汗。辽太宗耶律德光与耶律倍争夺皇帝位胜利，即宣称自己拥有“神纛”。这显然是一种政治宣传和渲染，意在表明其帝位是合乎契丹游牧法统的。由此可见，神纛在契丹人的观念中绝非凡物。神纛立于契丹太庙之前，相应的有“十二神纛礼”，对其加以供奉。最为重要的是，神纛信仰在中国北方游牧民族中间，历史颇为悠久。这极有可能发端于突厥的“狼头纛”崇拜，此后回鹘、契丹及蒙古族都加以崇奉。

下编

游猎图像文献的研究与辑佚

编撰凡例

本编辑录的资料范围，大体以传世文献中著录的关于辽金元时期游猎题材的画作及图像为限，辑佚各时期文献对其著录、题跋、题诗等内容。本编根据画家分篇，基本按生活年代先后排序，分门别类。

每篇画家资料大略分为两部分：首先，研究分析画家的生平履历及其相关传记资料，以便深入了解其本人的生活年代及社会背景；其次，广泛搜集画家的作品、艺术创作成果，其中以文献中著录的题跋、题诗为大宗。

这里有三点需要略作说明：

第一，画谱文献中，有些画家仅见其履历及创作经历，而未著录其作品。

第二，有许多图像作品佚名，作者无考，本文就将同类题材的画作归列为一类。

第三，本编所引文献典籍，其版本、作者及出版信息详见《引用文献》。

总　论

解缦胡之缨，而敛衽魏阙；袖操戈之手，而思禀正朔；梯山航海，稽首称藩，愿受一廛而为氓。至有遣子弟入学，乐率贡职，奔走而来宾者，则虽异域之远，风声气俗之不同，亦古先哲王所未尝或弃也，此番族所以见于丹青之传。然画者多取其佩弓刀，挟弧矢，游猎狗马之玩，若所甚贬，然亦所以陋蛮夷之风，而有以尊华夏化原之信厚也。今自唐至本朝，画之有见于世者凡五人，唐有胡瓌、胡虔，至五代有李赞华之流，皆笔法可传者。盖赞华系出北虏，是为东丹王，故所画非中华衣冠，而悉其风土故习，是则五方之民，虽器械异制，衣服异宜，亦可按图而考也。后有高益、赵光辅、张戡与李成辈，虽驰誉于时，然光辅以气骨为主而格俗，戡、成全拘形似而乏气骨，皆不兼其所长，故不得入谱云。

——《宣和画谱》卷8《番族叙论》

图画一百八十七轴：御府续行降付，今并以《前录》所载旧藏九百十一轴，二册，附录名氏于此。

徽宗皇帝御题画，三十一轴，一册：胡瓌《番马》一。御书“胡瓌真迹，在世罕有”八字。

人物，百三十九轴：胡瓌《王昭君》一、《番骑图》一、《卓歇图》一、《涤马图》一；王端《秋山畋猎》一；李成《番马人物》四、《采猎人马》二；吴元瑜《番族》一；东丹王《番部下程图》二、《人马》三；张戡《人马》二。

山水窠石，一百八十一轴：李成《雪猎图》二。

花竹翎毛，三百十一轴：《架上雕鹰》一、《架鹰》一。

畜兽，一百十七轴：胡瓌《马骑》一、胡虔《牧马图》一、学胡虔《番马》二。

——《南宋馆阁续录》卷3《储藏》

一　胡瓌

胡瓌，一说范阳人，一说山后契丹人，一说慎州乌索固部落人，由于各种文献记载分歧，目前学界关于胡瓌籍贯问题讨论很多，未有定论。胡瓌大概生活年代为辽朝前期，具体生卒年不详。

胡瓌最擅长画番马，评论称“骨格体状富于精神”。此外，他的画作涉及多种游猎题材。《宣和画谱》将胡瓌视作北番画作和番族画风的标志性人物，北宋御府藏有他的作品六十五幅，并且品类众多，内容相当丰富。各类文献题跋中也能见到胡瓌的很多作品。传世画作中最著名者，要数《出猎图》《回猎图》，胡敬《西清札记》著录上述两幅画；以及《卓歇图》，画面描述契丹贵族的游猎生活，场面十分壮观。

（一）

胡瓌，范阳人。工画番马，铺叙巧密，近类繁冗，而用笔清劲。至于穹庐什器、射猎部属、纤悉形容备尽。凡画橐驼及马等，必以狼毫制笔疏染，取其生意，亦善体物者也。有《阴山七骑》《下程》《盗马》《射雕》等图传于世。其后以笔法授子虔。梅尧臣尝题瓌画《胡人下马图》，其略云：“毡庐鼎列帐幕围，鼓角未吹惊塞鸿。”又云：“素纨六幅笔何巧，胡瓌妙画谁能通。”则尧臣之所与，故知瓌定非浅浅人也。

今御府所藏六十有五：《卓歇图》二、《牧马图》十、《番部驝驼图》一、《番骑图》六、《秋陂牧马图》一、《番部盗马图》一、《番部早行图》二、《番部牧马图》一、《番族猎射骑图》一、《射骑图》一、《报尘图》一、《起尘番马图》一、《番部下程图》七、《番部卓歇图》三、《番部射雕图》二、《卓歇番族图》一、《射雕双骑图》一、《转坡番骑图》一、《沙岗牧驼图》一、《出猎番骑图》一、《猎射图》六、《牧驼图》一、《番部按鹰图》一、《毳幕卓歇图》一、《番族牧马图》一、《番部汲泉图》一、《牧放平远图》一、《牧马番卒图》一、《按鹰图》二、《对马图》一、《平远番部卓歇图》二、《猎射番族人马图》一、《平远射猎七骑图》一。

——《宣和画谱》卷8《番族》

胡瓌，山后契丹人或云：瓌，本慎州乌索固部落人。善画蕃马，骨格体状富于精神。其于穹庐部族、帐幙旗旆、弧矢鞍鞯，或随水草放牧，或在驰逐弋猎，而又胡天惨冽，沙碛平远，能曲尽塞外不毛之景。趣信当时之神巧，绝代之精技欤！故人至于今称之。予观瓌之画，凡握笔落墨，细入毫芒，而器度精神富有筋骨，然纤微精致未有如瓌之比者也。

——刘道醇《五代名画补遗》第3《走兽门》

胡瓌，范阳人。工画蕃马。虽繁富细巧，而用笔清劲，至于穹庐、什器、射猎生死物，靡不精奇。凡画驼马鬃尾、人衣毛毳，以狼毫缚笔疏渲之，取其纤健也。有《阴山七骑》《下程》《盗马》《射雕》等图传于世。子虔，有父风。

——郭若虚《图画见闻志》卷2《纪艺上》

胡瓌《马骑》，契丹人。凡画毛尾，取狼毫疏渲。

——王恽《玉堂嘉话》卷3《古今画》

胡瓌，范阳人。工画番马。铺叙巧密，近类繁冗，而用笔清劲。至于穹庐、什器、射猎形容备尽。凡画橐驼及马，以狼毫笔疏染，取其生意。亦善体物者也。后以笔法授子虔。

——夏文彦《图绘宝鉴》卷2《唐朝》

胡瓌，范阳人。与其子虔俱能画犬，所画皆番地之景，盖为东丹王作者居多。松雪称瓌用狼毫笔作画，极清劲。闻孙北海家藏其一卷，甚佳，今不知落谁手。

——杨宾《大瓢偶笔》卷7《论画》

（二）

阴山七骑图

观北人围猎

苏　颂

北人以百骑飞放谓之“罗草”，终日才获兔数枚，颇有愧色。顾谓予曰：“道次小围不足观，常时千人已上为大围，则所获甚多，其乐无涯也。”

莽莽寒郊昼起尘，翩翩戎骑小围分；引弓上下人鸣镝，罗草纵横兽轶群。画马今无胡待诏，〔一〕射雕犹惧李将军；山川自是从禽地，一眼平芜接暮云。

〔一〕“胡待诏”下有小注云：“世传《阴山七骑图》乃唐胡瓌创造，后人多模拓及别为变态，然皆不及旧制。”

——《苏魏公文集》卷13《后使辽诗》

胡瓌《出猎图》，绢本设色。画猎骑三，〔一〕各于马上臂鹰。胡瓌《回猎图》，绢本设色。画猎骑三，一前驱，二联辔，各携田犬。

——胡敬《西清札记》卷2“嘉庆乙亥四月二十九日甲申”条

〔一〕据台北“故宫博物院”藏《出猎图》，画中猎骑数目实为“四”。

胡瓌马

沈　遘

七言得胡瓌马。是日观画，以画为题。

古来画马为世贵，前有韩幹后胡瓌；幹之所图独御蚤，铸金有式易为好。瓌阅众马兼汉胡，遂穷能事绝代无；阴山七骑实瓌造，传之至今为画宝。笔端神妙难尽誉去声，会见真马腾在图；真马今人亦何识，但爱幹马肥且泽。后世复有伯乐生，丹青虽渝尚典刑。

——《西溪文集》卷1

金山海书记寄七骑

周　孚

两骑并驱争欲前，两骑舍矢俱应弦；一骑挥挝一负箭，一骑力挽弓初圆。寒风潇潇沙漠漠，封豨可擒熊可搏；汉家飞将未出关，政使渠侬专此乐。君不见，往年胡瓌写此图，宛陵诗翁最爱渠；戏将醉墨作长句，岁月政当嘉祐初。故家文物今星散，老笔凭谁辨真赝；健儿走马大梁城，对君此画空三叹。

——《蠹斋铅刀编》卷11

观《史氏画马图》

梅圣俞

谁缝冰纨十二幅，画出胡马一百蹄；胡人纵猎走且射，野牛骇怒头角低。黄骢铁骝白的颡，散作五花毛不齐；弯弓未发箭在手，二十五匹俱征西。往闻胡瓌能画马，阴山七骑皆戎奚；或牵或俛或仰视，闲暇意思如鸣嘶。风吹裘带旗脚展，沙草一向寒凄迷；凤瓶挈酒鞍挂获，毡庐毳帐半隐堤。观此二图诚亦好，欲比瓌笔犹云泥。

——孙绍远编《声画集》卷7

题《阴山七骑图》

李　石

回岩客子卖墨人，诸孙卖笔笔有神；墨翁已入蓬莱殿，笔孙有愧中书君。迩来小孙兼好画，两幅溪藤七匹马；虎狼避路狐免藏，朔风吹沙霜满野。邛崃关头大渡河，使君五马千丈坡；猎将一围看蛮走，醉敲铜鼓蛮踏歌。急收此画人莫识，矍铄之翁夸笔墨；不如再泛洞庭船，袖中一剑随飞仙。

——《方舟集》卷2

刘器之《阴山七骑图》

孔武仲

北风飕飕边云黄，飞沙噎日天惨苍；驾鹅鸣哀雁不翔，七骑正出阴山傍。胡中阴尘岁无阳，鸟飞堕翼人立僵；犯寒跨鞍知悍强，以此决战谁能当。面颜虽在姓莫详，一一胡帽胡衣裳；马蹄涩缩弓不张，但见旗旆随飞扬。凤瓶倒酒进奚王，俯仰意气骄雪霜；横斜道路深浅冈，想见射获多麋獐。时平不复忧犬羊，但见楼兰驰骕骦；仍嗤苦淡无辉光，人生所乐惟故乡。彭城妙本家世藏，讬以轻缣盛锦囊；持来书卷临华堂，环视叹诧几发狂。我生未省到朔方，坐令出塞意慨慷；攘归可敌千金装，长厚不疑同舍郎。

——《清江三孔集·宗伯集》卷3

阴山七骑

孔平仲

青毡作帽黑药靴，进退飒飒生风沙；胡歌胡舞胡两跪，问胡何为乃至此。象胡之人假为之，朱颜的皪秀两眉；手操弓矢仰视天，如见飞雁驰平川。主称此乐直万钱，坐客竞饮黄金船；世人见识无百年，追欢取快贵目前。当时披发祭于野，自非辛有谁知者。

——《清江三孔集·朝散集》卷2

下程图

《和文遗事》又云："其家书画最富。有吴道子《天王》、胡瓌《下程图》……皆冠世之宝。"

——王明清《挥麈前录》卷1

元忠示《胡人下程图》

梅尧臣

单于猎罢卧锦红，解鞍休骑荒碛中；苍驹騧骆六十匹，隐谷映坡分尾鬃。九驼五牛羊颇倍，沙草晚牧生寒风；贵贱小大指五百，执作意态皆不同。二鹰在臂二鹰架，骏犬当对宁争功；毡庐鼎列帐幙拥，鼓角未吹惊塞鸿。土山高高置烽燧，毛囊贮获闲刀弓；水泉在侧挹其上，长河杳杳流无穷。素纨六幅笔何巧，胡瓌尽妙谁能通；今日都城有别识，别识共许刘元忠。

——《宛陵先生集》卷 50《元忠示胡人下程图》

番部橐驼图

范阳胡瓌工画橐驼番马，用笔清劲，渲染有法。近于文氏获观《番部橐驼图》，前有“政和”“宣和”两玺，后有徽庙瘦金书御题“胡瓌”二字。虽绢素百破而设色如新，人马皆有生气，远胜东丹王家法也。乃王征君伯谷跋语云：“此图既非出猎，又非入贡，不知云何。岂亦未识其名耶?”

——张丑《清河书画舫》花字号第四

唐四十四人：胡瓌《番部橐驼图》。

——张丑《法书名画见闻表》（不分卷）

唐五代宋名笔集胜册。册凡十二帧，团幅五，方幅七，尺寸不一，载于每帧之首各以纸签标题，作者姓氏、图名粘于画右。

唐胡瓌《番部驝驼图》。绢本，方幅。高七寸九分，阔八寸二分，设色。人物图，作驝驼，踞地背负水瓶布囊杂物，傍立番族一人，胡服革靴，手执乐器，双目炯视，神彩如生。此画笔墨高古，实为无上妙品。

朱文双龙玺，“明昌宝玩”朱文，“秋壑图书”朱文，“南昌□□□藏珍玩子孙永保”朱文,〔一〕“太瘦生珍宝”朱文，“卓嵒宝藏”朱文，右下角一印模糊不辨。

——庞元济《虚斋名画续录》卷1

〔一〕此印文当为“南昌袁氏家藏珍玩子孙永保”，即袁忠彻藏画印。

《橐驼图》赞

虞 集

皇武肇迹，宛宛龙漠。其居其康，辑乘为郭。有服维驼，礧肉载崿。毳旃帷房，𦩼轭簟鞹。轧轧千里，载泉于橐。黄头羔裘，骑引顾却。人习见闻，圣独有作。深宫穆清，思诏勤约。手著厥初，伊劳匪乐。公刘缵稷，于邠式廓。里糇启行，致祚八百。史臣作雅，稽古允若。

——《道园学古录》卷4

橐驼图

凌云翰

肉山高并两峰寒，万里毡裘雪未干；今日江南人见惯，不须常展画图看。

——《柘轩集》卷1

番骑图

乙丑六月廿一日，同伯几访乔仲山运判观画。

吴道子《火星》、智永真草千文，有“永兴节度使印”及“韩侂胄印”。李伯时《女孝经》，伯时自书，不全。胡瓌《番骑》，神致极妙。……大抵皆宣和御府之物，有宣和御题，及宣和大观印，及睿思东阁大印。其后入大金章宗朝，或翦去旧印，用“明昌印”“明昌御府”“明昌中秘”“明昌珍玩”及“明昌御览”大印。轴杆皆用檀香，四合而成，盖恐木性不直，故也。赙卷皆高丽纸，内数轴。后有大金密国公樗轩收，〔一〕附题字。

——周密《志雅堂杂钞》卷下

〔一〕按“大金密国公樗轩”，考《图绘宝鉴》卷四《金朝》，谓：“完颜璹，字仲实，号樗轩，封密国公。家藏法书名画几于中秘等。喜作墨竹，自成规格，亦甚可观。”此人履历详见元好问《中州集》戊集第5“密国公璹”。

沈丈启南藏：胡瓌《番骑图》。

侍郎吴公原博藏：五代胡瓌《番骑图》。

——都穆《寓意编》（不分卷）

兰坡赵都承与勤所藏书画：胡瓌《猎骑》《牧马图》。

——张丑《清河书画舫》莺字号第一

胡瓌《番骑图》卷。首二人，腰弓骑马，曲躬作回风状。次二女，步行牵驼，一红衣，一绿衣，耳后项下有红巾，围里鼻以下；又有白巾横束，皆避寒也；头上帽高倍于面，帽上又出一竿，长与冠等。后一奴，步行牵一马。末一人骑一马。有瘦金书“胡瓌《番骑图》”五字。

——阮元《石渠随笔》卷1《五代》

《名画大观》，第三册集，梁唐五代宋元名迹。凡二十五幅：

唐胡瓌《奚官习马图》。团扇，绢本着色。奚官坐树下。马三：一背立，一正面立，一啮草。上有连珠。朱文“宣和”二字，印在图之额；“悦生”瓢印在图之左。

——陆绍曾《古今名扇录》

《唐五代北南宋集册》，计二十幅：

第四幅，唐胡瓌《奚官习马图》。绢本，团幅。高七寸一分，阔七寸四分。此图着色。一奚官坐树下，内画三马：一背立、一正面、一啮草者。设色，用笔位置皆多古雅。上有“宣和”连玺及“悦生”葫芦印，皆卞氏增押，反为图中之疵。经《汇考》所载。

——安岐《墨缘汇观录》卷 4《名画下》

《名画大观》，第三册集，梁唐五代宋元名迹，凡二十五幅，引首二幅。

第二幅，唐胡瓌《奚官习马图》，团扇，绢本着色。奚官坐树下，马三，一背立，一正面立，一啮草。“宣和”连珠朱文图额，“悦生”朱文图左。

——卞永誉编《式古堂书画汇考·画考》卷 3《历代集册》

世祖几暇临池，多书《语录》。有云：

识《番马图》云：唐胡瓌《番马图》久已脍炙艺林，几暇展玩，惜其写物传神犹有不到者。予东巡吉林，北驻上都，于所为拂庐弓矢之宜，牧息渔猎之状，日考究而劝赏之，故约略成此图，以志漠陲风物，非欲与古人争胜也。六十余年，宸翰睿藻，炳耀寰区，至拓土纪功，其碑版照于四裔，不胜纪矣。

——杨钟羲编《雪桥诗话三集》卷 2

胡瓌《番骑图》

吴 宽

汉家诏下五将军，虏骑冲寒度塞云；终信奇功收幕府，如今不是奉春君。

——《匏翁家藏集》卷6

打围图

胡瓌《沙漠打围图》

绢画，一幅，长有五、六尺。画为平远之景，人物马匹数重，不计其数。用笔工细，气韵浑厚，为唐人画无疑，不能定为胡画也。

——吴其贞《书画记》卷6

胡瓌《番猎图》

胡瓌，范阳人。工画番马，铺叙巧密，近类繁冗，而用笔清劲。至于穹庐、什器、射猎、部属，纤悉形容备尽。凡画驝驼及马等，必以狼毫制笔疏染，取其生意，亦善体物者也。有《阴山七骑》《下程》《盗马》《射雕》等图传于世。其后以笔法授其子虔。

先宫保公云：胡瓌与子虔俱能画。瓌，范阳人，所画皆番地之景。此卷三人一犬，人皆番装，俯仰瞻视，备见狰狞，一人引犬，犬甚驯服。赵松雪跋为东丹。旧称瓌画笔用狼毫，极其清劲。东丹李赞华，乃五代时人。旧谓其笔乏壮气，卷中笔意，似瓌非赞华笔也。陈闳中跋瓌《番骑图》有云：“此辈无豪，惟恃强耳。”识者以此言为“番骑”，确评。

——孙承泽《研山斋珍赏历代名贤图绘集览》卷上

打围图

傅仲辰

木叶脱地蒿莱枯，摩空健鹗乘风呼；右倾左侧琉璃彻，纷纷狐兔潜逃逋。惭予环堵守轮困，何殊塌翅樊笼拘；壮志未消运百甓，徒令流俗嗤迂愚。奚童忽购犀玉轴，乃是蕃部行围图；蕃王鹖冠红抹额，突睛钩鼻拳髭须。臂挽桑弓操石砮，锦袍斜挂双锟铻；虎胸彗尾駷八尺，昂藏直欲凌天衢。两行红粉手执乐，口吹兰气凝脂肤；金环约腕珠垂耳，绣裙拖镫貂襜褕。咫尺不离逞娇态，瓠犀递启倾城都；其余俱作狰狞状，铁裆短后腰躯敷。或荷戈铤拥旟旐，或韝鹰隼追韩卢；凿蹄嶔突儇且好，争趋其主心交孚。蚴蟉巇崿环万叠，向阳面势呈穹庐；行厨杂遝几筵具，似迟猎罢称觞娱。围中应有无不有，经营丹碧分锱铢；绞绡黯澹菁华溢，儗以思训当非诬。幽栖睹此气磅礴，思鸣霹雳飞强弧；矫首层霄忽一撇，风毛雨血平芜污。

——《心孺诗选·縈蒲集》卷 20

射雁图

题胡瓌《射雁图》

纳兰性德

人马一时静，只听哀雁音；塞垣无事日，聊欲耗雄心。

——《通志堂集》卷 5

番马图

宋秘书省所藏：

乙亥，秘丞黄汶济以蓬省旬点邀予偕行，于是具衣冠望拜右文殿，然后游道山堂，堂有坡仙所作怪石，历汗青轩营浑仪台，观铜浑仪，其色泽如银如玉，精致特甚。后步玉渠，登秘阁，阁内两旁皆列龛，藏先朝会要及御书画，别有朱漆巨匣五十余，皆古今书法名画也。是日，仅阅秋收冬藏内画，皆以鸾鹊绫象轴为饰，有御题者，则加以金花绫，每卷表里皆有尚书省印，关防虽严，往往以伪易真，殊不可晓，其佳者有：

胡瓌《马》。

——周密《云烟过眼录》卷3

尤氏所藏：

胡瓌《番马》，平。

——周密《云烟过眼录》卷2

（壬辰）正月收灯夜，张齐卿偕尤曾五官人□西牙人者来，携至画，凡廿八轴，内有：

胡瓌《坐马》，平。

——周密《志雅堂杂钞》卷下

东丹王、胡瓌《蕃马》，见七八本，虽好，非斋室清玩。

——米芾《画史》

书胡瓌《番马图》

董 逌

今县鬣刷尾，具百体而陈丹青，不可谓非马也。龁草饮水，相啮而分踶，本有真性，画者或不尽于此，则得其似马者耳，此与涂驹铜骥果有异耶？冀北多马，自昔幽、并皆其土，今并地北数千里截入胡中，而全燕尽为虏地，则马良而健决，其气然也。今画者知番马与中国本异，而不得其说，唯胡瓌为番马校之。瓌为番马，小作駊騀，大作骈骢，胡瓌此马，形似不差，其群类而色别，与逐惊风而捕日脚，皆得尽其性。近世张戡作番马，盖以中国之马犁鼻裂耳为之，是戡特见今幽州境上马如此。不知本中国之良，流于虏者，随其形耳，非真番马也。

——《广川画跋》卷 4

余于京师，曾见唐胡瓌《番马》。虽古素断裂，注视良久，则猛迅之意如在蹄尾，令人慨然有烟沙雪碛之想。盖所貌初不在肥瘠论也。自世以羸瘠求奇，至为隐肋可数，然而灭没之气亡矣。予蓄伯时二马，骨肉亦匀，此正是摹胡瓌者，而休承以为临伯时，岂其转相效者邪？沈伯远作文务雄骏，而薄于腴藻，故论马以寓其意。唯伯远念之。

——李日华《李太仆恬致堂集》卷 38《题仇实甫白描番马卷》

文嘉《书画记》：严氏《书画纪》，茂苑文嘉。嘉靖乙丑五月，提学宾崖何公檄余往阅官籍严氏书画，凡分宜之旧宅，袁州之新宅，省城之诸宅，所藏书画，尽发以观，历三阅月始克毕事，当时漫记数目以呈，不暇详别。今日偶理旧箧得之，因重录一过，稍为区分，随笔笺记一二，传诸好事。明窗净几，时一披展，恍然神游于金题玉躞间也。隆庆戊辰冬十二月十七日，文江草堂书。

名画二，唐三十三：

胡瓌《番马图》一。胡虔《番族图》一。

——张丑《清河书画舫》燕字号第七

严氏画品手卷目凡单卷不开数：

胡虔《番族图》、胡瓌《番马图》、韩幹《马图》四卷。

——汪砢玉《汪氏珊瑚网名画题跋》卷23

胡瓌《番马图》

五代胡瓌《番马图》一卷。上等元一。素绢本，着色画。未署款、姓氏，见跋中。卷前有“蕉林梁氏书画之印”“张以登印”二印；卷末有“缉熙殿上品赐王□”八字，上钤“御府宝藏”一玺，又一印漫漶不可识。前隔水有“蕉林鉴定”一印，后隔水押缝有“安定”“蕉林书屋”“苍岩子”三印。拖尾郭雍记云：“舅氏比部所藏胡瓌《番马》一幅。”幅纵、横广不及尺。首画解鞍憩马，挂囊箧于树，藉毡执策而坐者一，藉毳毛而坐臂弓调矢者一，马之卧者二，牛露半身者三，其左衣白裘冒大笠状，若奚奴执策而坐者一，马之立卧及战于地者三，羊之隐显可见者十五。又其左垂手彀弦欲射飞鸿者一，相与立背手而指鸿者一，空中之鸿四，龁草之马三，执旗导驼右趋者一，乘驼者一，后有驼首见者二，其末伏于旗下，枕囊而寐者一，正背立驼二，马之卧者二，行而龁草者一，驼鸣喷欲起者一，执策击驼者一。又其城帐远骑，首画跨弓刀向城而驰者三，执旗戟步导者四，城门守者立于旗下，若有所执，远莫辨者一，次则跨弓刀左驰趋帐者一，乘驼导驼随骑所向者三，所乘之驼与从后者亦三。又其次，胡人饮于帐前，醉而相斗者二，醉而呕者一，执策支颐立而牧者一，牧之马可见者八，席之侧犬二，后有远帐二，人物羊马不复见也。末见远冈之上，大小马三。凡为人廿五，马廿六，驼九，牛三，羊十五，犬二，雁四，城门旗帐、囊箧、马鞍、酒器四十余物。然画本心法不在笔墨间，自非通风俗、识方物、习技艺，未有如是之精者。

瓌，瓦桥人。其画远近有度，射御有法，物土有宜，贵贱有别，衣裘鞍马皆北狄也。马之颈细而后大者，胡人谓之“改马”，千百成群，不相蹄啮；方不御时，皆垂首俯耳。体力如羸，及驰骤即精神筋力百倍，今之所作，率皆类此跨马之力，形于腰背间，射鸿之法得于控弦际，皆骑射妙处，疑其非自精习不能作也。川原重复，冈岭映带，胡人羊马有不能尽见之象，计其旷远可容千万许。前人第瓌于神品之首，不为过矣！

绍兴乙丑仲冬旦日，甥河南郭雍谨题。前有“秋谷”一印，又半印不可识。又兀颜思［敬］跋云：余幼年居汴中，及长，宦游维扬，闻老成士大夫评品图画，尝闻有胡瓌《番马图》，后遇郑秋圃左丞与曹克明尚书议及此卷，云见今在西台治书宋本家所藏，然虽闻之熟，而未尝见也。今年夏，余来庐陵过道，友罗宗信先生出示一卷，展卷尺许，余视之，曰：“斯卷也，其非胡瓌《番马图》欤。”罗公抚掌大惊曰：“请观至卷末即知之矣。”图穷见郭雍所题，似韩文公画记，文亦不让古人，果如余所识不谬。嗟乎！天下奇物，固不多得。吁！胡瓌当画此图时，蒙古未入中原，何其意度，笔力极能，曲尽其妙耶！迨至有元至治间，英庙朝有睢阳朱德润泽民者，画《雪猎图》并赋以献，余尝悉览之，亦可与此图并称于世。云宗信道友获此图，未易得也，子孙云仍永宝之。洪武六年癸丑十有一月二十五日，东平兀颜思敬跋。

后有“梁清标”印，“家在北澶”二印，诸跋中押缝有“冶溪渔隐”“安定”“秋碧”三印，又“棠村”印二，“合同”半印二。卷高九寸八分，广三尺五分。

——《石渠宝笈》卷14《贮·养心殿五》

胡瓌《番马图》，一卷。

胡虔《番族图》，一卷。

以上古今名画、手卷、册页，共计三千二百零一轴卷册。

——佚名《天水冰山录》

古今工画番马者，自胡瓌父子、东丹王外，便数陈居中，居中设色清润，而生色不如胡瓌，详其品格，亦季孟间也。

——张丑《清河书画舫》花字号第四

题胡瓌《瘦马图》

于 立

坚昆此去几万里，荒草黄云连白沙；到得单于台下日，暖风开遍地椒花。

——顾瑛编《草堂雅集》卷13

《铭心籍》：畴昔筑米庵，廿诗留屋壁。朅来整图书，觅句欣自得。百咏写神奇，铭心成小集。附题平复后，以诏清修客。

其三十七。

胡瓌番马世无双，卓歇雄姿鼎可扛；

却恨收藏曾落劫，仅从尘垢见微茫。

——张丑《清河书画舫》皱字号第十二

卓歇图

乔达之篑成号中山所藏：

胡瓌《番骑卓歇》，佳。

……右各有宣和御题，及“宣和大观”印，“睿思东阁”大印。其后入金章宗，或剪去旧印，用“明昌御府”“明昌中秘”“明昌珍玩”“明昌御览”大印，轴杆多檀香蚀合成，盖虑其久而不蚀，故也。赙卷皆高丽纸，后有大金密国公樗轩收，附题字。

——周密《云烟过眼录》卷1

乔仲山家：

胡瓌《番部卓歇》。“大观”“宣和”“睿思”“明昌”。

——鲜于枢《困学斋杂录》

胡瓌《番部卓歇图》

张　丑

绢本胡瓌《番部卓歇图》，尘垢破裂，神彩如生，明昌中秘物也，今在韩氏。此卷《云烟过眼录》《困学斋纪闻》并详载之。

唐胡瓌用笔清而圆，虔得笔于父，熟而劲，但清圆微劣于父尔。五代之赞华深于形似，盖自土风之习，前辈论笔乏壮气，信然。今诸赏鉴多以东丹□虔大与谱叙，不相表里，吾故表而出之。大德九年九月二十日，无闲民云。真迹。

——《清河书画舫》花字号第四

胡瓌《番骑卓歇图》二卷

顾　复

《番骑卓歇图》，小人马，绢素七八尺，袖卷。貌得平沙苦漠气象，间作草木水石，用意亦殊，马百数，人十数，疏密近远，各臻其妙。

又一卷，绢可丈余，人半尺，马六寸，无布景远近之趣，亦以“瓌”名之。

——《平生壮观》卷 6《胡瓌》

胡瓌《卓歇图》卷。地上步席，主者坐右，捧盏而饮，妇人坐左，一人跪席前接盏，一人在席前舞，左方二人弹筝，三人拍手，后四人腰弓矢，三女侍立，一女进花枝。右方马三十，人十九。

——阮元《石渠随笔》卷 1《五代》

记所见书画：内府以修《石渠宝笈》之书，出秘藏古书画于懋勤殿，命翰林等评定甄别，余得见数百种，未能悉记，记廿余卷，亦未暇详其玺印、题款也。

又记：五月十九日复于懋勤殿见五百余种，皆横卷也。……胡瓌《卓歇图》。

——永瑆《诒晋斋集》卷 8《记所见书画》

南阳名画表：

胡瓌《番部卓歇图》，宋徽宗前后小玺。

——卞永誉编《式古堂书画汇考·画考》卷 2《收藏名画》

风吹草低毳幕柧，矮巷胡瓌《卓歇图》；燕市昔酬三十券，明昌印记半模糊。

——金农《冬心先生续集》卷下《论画杂诗二十四首》

毳幕卓歇图

王　恽

牙旗风软马萧萧，渭水归来气更豪；想得龙沙西北道，际天秋草黑山高。

——《秋涧先生大全文集》卷 27

报尘图

题胡瓌《报尘图》

戴表元

胡瓌《报尘图》，事具《画史》。此作腾踔精迅，毫缕鏬缝间俱有动意，是其真迹无疑。报尘者，异时边堠以尘起，计马数多寡。数骑疾驰东首，鸟举电抹，前无行群，后脱追者，壮哉！

——《剡源戴先生集》卷 18

《报尘图》

吴荣光

宋元人物册：第三幅《报尘图》，绢本，高七寸七分，阔六寸三分，不着款。上方左角有“神品”朱文印，下方左角三印，右角二印，不可辨。三人各骑奔马，一人弛弓，扬手作放箭状，一人举鞭，一人抱野彘，人皆壮士，冠一紫一绿一淡，黄马一白一骝一骊。胡瓌《报尘图》，见《画史》。报尘者，异时边堠以尘起，计马数多寡。数骑疾驰东首，鸟举电抹，前无行尘，后绝追者。此画不知何人作，腾踔精迅，毫缕鏬缝间俱有动意。壮哉！右录《剡源集》，大意如此。此幅的为南宋人笔，惜未留名耳。

——《辛丑销夏记》卷 2

《报尘图》

端　方

宋元画集册。共二册，每册十二开。

胡瓌《报尘图》，见《画史》。报尘者，异时边堠以尘起，计马数多寡。数骑疾驰东首，鸟举电抹，前无行尘，后绝追者。此画不知何人作，腾踔精迅，毫缕鞲缝间俱有动意。壮哉！右录《剡源集》，大意如此。此幅的为南宋人笔，惜未留名耳。“伯荣”“吴荣光”朱白文。

按此册十二开，五开著录于《辛丑销夏记》。第四开，《吴记》作《菜花螽蝶》；第六开，吴记作《琴心图》；第八开，吴记作李唐《深山访道图》；第九开，吴记作李晞《古人物》，以其似《采薇图》；第十二开，吴记作《报尘图》。

——《壬寅销夏录》

啖鹰图

郭祐之大锡号北山所藏：

又胡瓌《啖鹰图》，佳。

——周密《云烟过眼录》卷2

除日，人以十四轴来观，尉迟乙僧天王小像，郭祐之物，好，胡瓌《啖鹰图》。

——周密《志雅堂杂钞》卷下

胡瓌画番部人马，用狼毫制笔疏渲，鬃尾紧细有力，至于穹庐什物，各尽其妙。司德用家《啖鹰图》，真妙品也。

——汤垕《画鉴》

司德用：胡瓌《啖鹰图》。乔仲山云：“虔笔也。”

——鲜于枢《困学斋杂录》

醉番图

唐胡瓌《醉番图》卷。溧阳沈氏藏。绢本，高一尺零六分，长二尺五寸九寸。□方长印不可辨，“半查珍赏”朱文，□方印不可辨。跋纸高一尺七分，长三尺五寸。

唐胡瓌与子虔，俱善画。瓌，范阳人，所画皆番地之景，此卷人物气韵渊穆，精采飞动，真可谓神品者矣！旧称瓌画笔用狼毫，极清劲，洵不诬也。余家小玲珑山馆所藏名迹甚夥，惟王诜设色山水卷，及李伯时《九歌图》卷、江贯道《长江图》卷，关仝《江山渔艇图》卷、李成《寒林图》卷，与此卷皆属甲观。向年汪中允退谷过从，索观称绝，欲以汉玉谷璧易之，余却之曰：“敝帚自矜，嗜痂成癖，从吾所好而已，隋珠和璧非不宝贵，吾固不欲以彼易此也。”相与大笑而罢，晴窗展玩之下，漫笔识之。

乾隆戊午，花朝半查马曰璐。“马氏丛书楼珍藏画记”朱文、“马曰璐”朱白文。

——陆心源《穰梨馆过眼录》卷1

胡瓌《醉番图》，绢本。一跋。

——齐学裘《见闻续笔》卷17《先大夫双溪草堂书画录》

胡瓌《醉番图》，绢本，高九寸六分，长二尺三寸二分。马半查曰璐跋。是卷以重价得于扬州。

——齐学裘《见闻续笔》卷19《先大夫双溪草堂书画录》

番犬图

唐胡瓌《番犬图》

孙承泽

唐胡瓌《番犬图》。瓌与子虔俱能画。瓌，范阳人，所画皆番地之景。此卷三人，一犬。人皆番装，伏仰瞻视，备见狞狰，一人引犬，犬甚驯服。赵子昂跋为东丹。旧称："瓌，画笔用狼毫，极清劲。"东丹李赞华，乃五代时人，旧谓："其笔乏壮气。"卷中笔意似瓌，非赞华也。

——《庚子销夏记》卷3

题《宣和画谱》十二首

茹纶常

妙画胡瓌讵易通，射雕双骑落惊鸿；素纨记得尧臣句，更觉狼毫疏染工。

——《容斋诗集》卷4

二　胡虔

胡虔，《宣和画谱》称其籍贯为“范阳”。他是胡瓌之子，继承父亲的绘画技艺，也是以画番马而闻名，有着家学渊源。

胡虔的绘画作品及艺术风格与其父极为类似，种类亦涉及多种，《卓歇图》《下程图》《番骑图》《番族图》，等等。这些画作都是契丹草原游牧生活的真实写照。《宣和画谱》著录胡虔的四十四件书画作品，数量蔚为大观。

（一）

胡虔，范阳人。学父瓌，画番马得誉，世以谓虔丹青之学有父风。盖瓌以《七骑》《下程》《射雕》《盗马》等图传于世，故知虔家学之妙，殆未可分真赝也。

今御府所藏四十有四：《番部下程图》八、《番族下程图》一、《番部卓歇图》五、《番部起程图》一、《番族起程图》三、《番族卓歇图》四、《平远猎骑图》一、《番部盗马图》一、《番部牧放图》三、《射雕番骑图》一、《汲水番骑图》一、《射猎番族图》一、《牧放番族图》一、《番族按鹰图》一、《射雕图》一、《猎骑图》二、《番骑图》四、《番马图》一、《簇帐番部图》一、《番族猎骑图》二、《平远射猎七骑图》一。

——《宣和画谱》卷8《番族》

胡虔，瓌之子。世谓丹青之学有父风。

——夏文彦《图绘宝鉴》卷2《唐朝》

（二）

番部卓歇图

马子卿号性斋所藏：

胡虔《番部卓歇人马》，思陵题，佳。

——周密《云烟过眼录》卷3

兰坡赵都承与勤所藏书画：

胡虔《番部卓歇》。

——张丑《清河书画舫》莺字号第一

番族图

严氏画品手卷目凡单卷不开数：

胡虔《番族图》、胡瓌《番马图》、韩幹《马图》四卷。

——汪砢玉《汪氏珊瑚网名画题跋》卷23

猎骑图

天台谢奕修养浩斋所藏：

徐熙〔一〕《出猎图》，胡虔《猎骑图》。

已上共三十五卷。并贾师宪故物，后以此送谢堂，堂不能保，归之起翁，翁今亦不自枯也。

——周密《云烟过眼录》卷3

〔一〕《圣朝名画评》卷3《花竹翎毛门第四》叙述徐熙之履历：徐熙，钟陵人，世仕伪唐，为江南名族。熙，善画花竹林木、蝉蝶草虫之类，多游园圃，以求情状。虽蔬菜茎苗，亦入图，写意出古人之外，自造乎妙。尤能设色，绝有生意。

汲水蕃部图

胡虔《胡人汲水图》，笔法古劲，大有父风。都玄敬有跋。真迹。

——张丑《清河书画舫》花字号第四

题胡虔《汲水蕃部图》应制

揭傒斯

沙碛茫茫塞草平，沙泉下马满囊盛；曾于王会图中见，真向天山雪外行。圣德只今包宇宙，边庭随处乐农耕；生绡半幅唐人笔，留与君王驻远情。

——《揭文安公集》卷3

胡虔《取水蕃部图》

虞　集

驼车度碛辄三日，老马砲沙泉水溢；橐囊盛满不辞劳，儌外天山雪千尺。君不见，圣明天子恩泽多，旁及四海犹翕河；昆虫草木感余润，日献醴泉甘露歌。

——《道园学古录》卷21

雪猎图

胡虔《雪猎图》为徐复初赋

贝　琼

太古天骄宅幽朔，平沙四面无城郭；生儿岂识种禾黍，走狗呼鹰共为乐。北风飕飕大雪湿，越堑凌冈马蹄急；弓开满月不虚发，赤豹玄熊号且立。日暮两狼归挂鞍，燕支劝酒左右弹；一时快意良不恶，金刀割鲜行玉盘。君不见，汉家天子猎四海，塞下将军归奏凯；青丘云梦何足夸，猛虎长鲸肉俱醢。

——《清江贝先生诗集》卷4

三　李赞华

李赞华，本名耶律倍，小字图欲。他是辽太祖阿保机的长子，神册元年（916）春，被册立为皇太子。辽太祖讨平渤海，改其国曰东丹，以耶律倍为人皇王进行统辖，故世谓“东丹王”。后因与其弟辽太宗耶律德光之间发生帝位斗争，结果失败，长兴二年（931）十二月投奔后唐政权，画家曹霸《东丹王夫妇归唐图》即图写这一历史故事。后唐以天子仪卫迎接耶律倍的到来，最后赐姓李，名赞华。

李赞华虽身为契丹皇族，但却具有很高的汉文化修养。辽太祖时期，发生佛儒地位之争，耶律倍主张说：“孔子大圣，万世所尊，宜先。”辽太祖大悦，即建孔子庙，命令耶律倍春秋释奠。李赞华酷爱读书，手不释卷，“初市书至万卷，藏于医巫闾绝顶之望海堂”。李赞华善画契丹人物和风俗，“多写贵人酋长、胡服鞍勒，率皆珍华”。《宣和画谱》称北宋御府藏有李赞华书画十五件，后世还有很多作品都题写其名，有时往往与胡瓌的作品相混淆。

不过，许多画史论者都认为李赞华画马存有一定缺陷，即“马尚丰肥，笔乏壮气”，刘道醇品鉴赞华画马，称“其所短者，设色粗略，人物短小，此其失也”。

（一）

李赞华，北虏东丹王，初名突欲，[阿]保机之长子。唐同光中，从其父攻渤海扶余城，下之，改为东丹国。以突欲为东丹王，避嗣主德光之逼逐，遂越海抵登州，而归中国，时唐明宗长兴六年十二月也。明宗赐与甚厚，仍赐姓东丹，名慕华，以其来自辽东，乃以瑞州为怀化军，拜怀化军节度使、瑞慎等州观察使。又赐姓李，更名赞华。始泛海归中国，载书数千卷自随。尤好画，多写贵人酋长，至于袖戈挟弹、牵黄臂苍，服用皆缦胡之缨，鞍勒率皆瓌奇，不作中国衣冠，亦安于所习者也。然议者以谓马尚丰肥，笔乏壮气，其确论欤。

今御府所藏十有五：《双骑图》一、《猎骑图》一、《雪骑图》一、《番骑图》六、《人骑图》二、《千角鹿图》一、《吉首并驱骑图》一、《射骑图》一、《女真猎骑图》一。

——《宣和画谱》卷8《番族》

长兴二年正月，东丹王突欲率众自渤海国内附，上御文明殿对突欲及其部曲，慰劳久之，赐鞍马、衣服、金玉带、锦彩、器物。又大将军、副将军已下，分物有差。宰臣率百僚称贺。

二月，幸东丹王突欲之第，赐突欲绢三百疋。至晚还宫。

三月辛酉，中书门下奏："东丹王突欲远泛沧波，来归皇化，既服冠带，难无姓名。兼惕隐等顷以力助王都，罪同禿馁，爰从必死，并获再生，每预入朝，各宜授氏。庶使族编姓谱，世荷圣恩，况符前代之规，永慰远人之欵。自突欲已下，请别赐姓名，仍准本朝蕃官入朝例安排。敕旨，付中书门下商量闻奏，宰臣按四夷入朝蕃官例，有怀德、怀化、归德、归化等将军、中郎将名号。又本朝赐新罗、渤海两蕃国王官，初自检校司空至太保，今突欲是阿保机之子，且类渤海国之王，念自远夷，宜加异渥，冀显宾王之道，以旌航海之思。其惕隐赫邈已下，始自朋凶，不可同等。古者保姓授氏，有以因官，有以所居、所掌，有因归化，特赐姓名。敕旨突欲宜赐姓东丹，名慕华。”乃授光禄大夫、检校太保、安东都护，兼御史大夫、上柱国、渤海郡开国公、食邑一千五百户，充怀化军节度、瑞慎等州观察处置、押蕃落等使。其从慕华归国部曲，罕只宜赐姓罕名支通，穆葛宜赐姓穆名顺义，撒罗宜赐姓罗名实德，易密宜赐姓易名师德，盖礼宜赐姓盖名来宾，仍授罕只等五人归化、归德小将军、中郎将。先助秃馁擒获蕃官惕隐官蕃名赫邈，宜赐姓狄名怀惠，相公官蕃名担列，宜赐姓列名知恩，仍并授银青阶、检校散骑常侍。舍利官蕃名萴剌，宜赐姓原名知感，福郎宜赐姓服名怀造，奚王副使竭失讫宜赐姓乞名怀有，三人并授银青阶，检校太子宾客。

九月，敕怀化军节度使丹慕华，宜赐姓李名赞华，仍改封陇西郡开国公，兼应有先配在诸军契丹直等并宜赐姓名。

三年四月癸亥，以怀化军节度使李赞华为滑州节度使。初，帝欲以赞华为藩镇，范延光奏以为不可。帝曰：“吾与其先人约为兄弟，故赞华来附。吾老矣，傥后世有守文之主，则此辈招之亦不来矣。”由是近臣不能抗议。

——《册府元龟》卷 170《帝王部·来远》

义宗，名倍，小字图欲，太祖长子，母淳钦皇后萧氏。幼聪敏好学，外宽内挚。神册元年春，立为皇太子。

时太祖问侍臣曰：“受命之君，当事天敬神。有大功德者，朕欲祀之，何先？”皆以佛对。太祖曰：“佛非中国教。”倍曰：“孔子大圣，万世所尊，宜先。”太祖大悦，即建孔子庙，诏皇太子春秋释奠。

尝从征乌古、党项，为先锋都统，及经略燕地。太祖西征，留倍守京师，因陈取渤海计。天显元年，从征渤海。拔扶余城，上欲括户口，倍谏曰："今始得地而料民，民必不安。若乘破竹之势，径造忽汗城，克之必矣。"太祖从之。倍与大元帅德光为前锋，夜围忽汗城，大䜩撰穷蹙，请降。寻复叛，太祖破之。改其国曰东丹，名其城曰天福，以倍为人皇王主之。仍赐天子冠服，建元甘露，称制，置左右大次四相及百官，一用汉法。岁贡布十五万端、马千匹。上谕曰："此地濒海，非可久居，留汝抚治，以见朕爱民之心。"驾将还，倍作歌以献。陛辞，太祖曰："得汝治东土，吾复何忧。"倍号泣而出。遂如仪坤州。

未几，诸部多叛，大元帅讨平之。太祖讣至，倍即日奔赴山陵。倍知皇太后意欲立德光，乃谓公卿曰："大元帅功德及人神，中外攸属，宜主社稷。"乃与群臣请于太后而让位焉。于是大元帅即皇帝位，是为太宗。

太宗既立，见疑，以东平为南京，徙倍居之，尽迁其民。又置卫士阴伺动静。倍既归国，命王继远撰《建南京碑》，起书楼于西宫，作《乐田园诗》。唐明宗闻之，遣人跨海持书密召倍。倍因畋海上。使再至，倍谓左右曰："我以天下让主上，今反见疑；不如适他国，以成吴太伯之名。"立木海上，刻诗曰："小山压大山，大山全无力。羞见故乡人，从此投外国。"携高美人，载书浮海而去。

唐以天子仪卫迎倍，倍坐船殿，众官陪列上寿。至汴，见明宗。明宗以庄宗后夏氏妻之，赐姓东丹，名之曰慕华。改瑞州为怀化军，拜怀化军节度使、瑞慎等州观察使。复赐姓李，名赞华。移镇滑州，遥领虔州节度使。倍虽在异国，常思其亲，问安之使不绝。

后明宗养子从珂弑其君自立，倍密报太宗曰：“从珂弑君，盍讨之。”及太宗立石敬瑭为晋主，加兵于洛。从珂欲自焚，召倍与俱，倍不从，遣壮士李彦绅害之，时年三十八。有一僧为收瘗之。敬瑭入洛，丧服临哭，以王礼权厝。后太宗改葬于医巫闾山，谥曰文武元皇王。世宗即位，谥让国皇帝，陵曰显陵。统和中，更谥文献。重熙二十年，增谥文献钦义皇帝，庙号义宗，及谥二后曰端顺，曰柔贞。

倍初市书至万卷，藏于医巫闾绝顶之望海堂。通阴阳，知音律，精医药、砭焫之术。工辽、汉文章，尝译《阴符经》。善画本国人物，如《射骑》《猎雪骑》《千鹿图》，皆入宋秘府。然性刻急好杀，婢妾微过，常加刲灼。夏氏惧而求削发为尼。五子：长世宗，次娄国、稍、隆先、道隐，各有传。

——《辽史》卷 72《耶律倍传》

赞华性好读书，不喜射猎。初在东丹时，令人赍金宝私入幽州市书，载以自随，凡数万卷，置书堂于医巫闾山上，扁曰望海堂。以南至海可二十里有望海寺也。

——《契丹国志》卷 14《东丹王传》

阿保机长子东丹王赞华封于此，谓之人皇王，不得立，鞅鞅尝赋诗曰：“小山压大山，大山全无力；羞见当乡人，从此投外国。”遂自苏，乘筏浮海，归唐明宗。善画马，好经籍，犹以筏载行。

——洪皓《松漠记闻》卷上

东丹王，契丹天皇王之弟[一]，号人皇王，名突欲。后唐长兴二年投归中国，明宗赐姓李，名赞华。善画本国人物、鞍马，多写贵人酋长、胡服鞍勒，率皆珍华，然而马尚丰肥，笔乏壮气。

——郭若虚《图画见闻志》卷2《纪艺上》

〔一〕“天皇王”系阿保机称号，“弟”字当误，应作“子”。

东丹王赞华，契丹大姓，乃耶律德光之外戚。善画马之权奇者。梁唐及晋初，凡北边防戍及榷易商人，尝得赞华之画，工甚精致，至京师人多以金帛质之。予于赞善大夫赵公第，见赞华画马，骨法劲快，不良不驽，自得穷荒步骤之态。其所短者，设色粗略，人物短小，此其失也。

——刘道醇《五代名画补遗》第3《走兽门》

太宗皇帝淳化元年八月，内出古画墨迹百一十四轴，藏之阁上。有唐太宗、明皇，晋王羲之、献之、庾亮，梁萧子云，唐欧阳询、颜真卿、柳公权、怀素、怀仁墨迹。顾恺之画维摩诘像，韩幹马、薛稷鹤、戴嵩牛，及近代东丹王李赞华千角鹿，西蜀黄筌白兔，亦一时之妙也。

东丹王名突欲，阿保机之长子也。唐同光中，从其父攻渤海扶余城，下之，改为东丹国，以突欲为东丹王。保机死，其母立其次子，突欲自以失位，且畏迫逐，归中国。唐明宗赐姓李氏，名赞华，出镇滑州。赞华尤工画，归朝载书数千卷自随，亦能为五言诗。其子兀欲亦善丹青。千角鹿出虏中，观其所画，诚妙笔也。……

千角鹿、五星二十八宿真形图，传古龙牧羊图，崇宁四年八月有旨取入内，留之。见《蓬山志》。

——江少虞《宋朝事实类苑》卷50《书画技艺·秘阁画》

李赞华，本北虏东丹王，后唐明宗赐姓名。善画本国人物、鞍马，不作中国衣冠，亦安于所习者也。然议者谓马丰肥，笔乏壮气。

——夏文彦《图绘宝鉴》卷2《五代》

义宗，讳倍，小字图欲，太祖长子。幼聪敏，好学。善画本国人物，如《射骑》《雪猎》《千鹿》图，皆入宋秘府。

——夏文彦《图绘宝鉴》卷末附《补遗·辽朝》

东丹王有文才，博古今。其帆海奔唐，载书数千卷。习举子，每通名刺云："乡贡进士黄居难，字乐地。"以拟白居易字乐天也。尤工画人物鞍马。世传东丹王《千角鹿图》，李伯时常临之，董北苑有跋云。

——蒋一葵《尧山堂外纪》卷64《东丹王突欲》

五代东丹王李赞华善画，多写贵人、酋长、戈矛、甲胄之形，为世崇尚，可见戎狄之中亦有文雅不群者。今西北诸狄，识字者盖少，无论书画已。高丽、日本画皆精绝，不类中国。余从番舶购得倭画数幅，多画人物，形状丑怪如夜叉，然长短大小不一，亦不知其何名也。画无皴法，但以笔细画，萦回环绕，细如毫发，四周皆番字，不可识。又有春意便面一折，其衣冠制度甚为殊诡，设色，亦不类中国也。

——谢肇淛《五杂组》卷7《人部三》

曹霸《东丹王夫妇归唐图》，小绢画，一幅。稍有剥落，精彩尚在。绘东丹王各乘一骏骑，画法沉着古雅，如印印成，神品画也。然非曹画，乃东丹王赞华自写也。

——吴其贞《书画记》卷4

(二)

蕃骑图

分宜严氏画品挂轴目：嘉靖四十四年籍没，先是陆完籍没，神品画至千卷。东丹王《双骑图》二轴。

——汪砢玉《汪氏珊瑚网名画题跋》卷23

李赞华《蕃骑图》，绢画，一小幅。绢素剥落，精彩犹存。画法圆健，气韵浑厚，无殊于韩幹。

——吴其贞《书画记》卷1

唐宋元横板大画册，廿一张：

李赞华《番骑图》，绢画一页。丹墨尚佳，画法精俊圆健，未必为赞［华］画，大都唐宋人画此图甚多。

——吴其贞《书画记》卷5

东丹骑射

元好问

意气曾看小字诗，画图今又识雄姿；血毛不见南山虎，想得弦声列石时。

——《遗山先生文集》卷14

跋李赞华《猎骑图》

黄　溍

赞华，契丹国主之子东丹王突欲也。后唐明宗时，越海归中国，以为怀化军节度使、瑞慎等州观察使。初因其旧封姓之曰东丹，寻又赐以国姓而名以赞华。宋宣和内府藏其画凡十有五。《画谱》称其多写贵人酋长、袖戈挟弹、牵黄臂苍，服缦胡之缨，不作中国衣冠，亦安于所习者。然马尚丰肥，笔乏壮气。今以其言验之，此图为赞华作无疑也。

——《金华黄先生文集》卷 21

《雪骑图》

程钜夫

都城五月已炎歊，咫尺西山迹谩遥；何处只今如此雪，烦君小住我联镳。

——《楚国文宪公雪楼程先生文集》卷 28

题画马二幅

王　恭

世人徒爱马，不解与马知；长鸣倦刍秣，力殚翻棰之。饲以玉山禾，饮彼清泠池；龙性复矫矫，始知真权奇。荷君剪拂君门里，厮养年深亦知己；感激羞怀伏枥恩，常思一日行千里。

素练漠漠风沙黄，画者得母东丹王；圉人牧马山阴口，曾是边头射雕手。紫骝连钱白鼻騧，蹴沓霜蹄来汉家；岂知物变长安道，人马伤心对秋草；迩来御里貌青龙，独数天闲飞越峰。

——《白云樵唱集》卷 2

题姚和伯《射猎图》

钱大昕

宝马茸裘态甚都，车中闭置哂非夫；不看《南部烟花记》，却拟东丹《射猎图》。

诡遇休夸获十禽，参连白矢法重寻；由来射御无非学，见猎何妨儒者心。

逐兔呼鹰一队偕，雨余天阔净于揩；江乡那有宽平地，姑妄言之亦复佳。

——《潜研堂诗集》卷 9

咏东丹王

秦　瀛

大漠西风俊鹘呼，蛮靴铁骑拥雕弧；渔洋老子题诗后，不见东丹《射猎图》。

——《小岘山人诗集》卷 5

题南星店壁画

李兆龄

隆准才多偶乘兴，挥毫不减东丹王；千年怪树在墙壁，飒飒风生五月凉。

——《舒啸阁诗集》卷 12

鞍马图

中原王冠朝元台制幹家：
东丹王《鞍马图》。

——邓椿《画继》卷8《铭心绝品》

东丹王、胡瓌《蕃马》，见七八本，虽好，非斋室清玩。

——米芾《画史》

女真猎骑图

题女真《猎骑图》二首

郑　韶

白草原头闻雁声，黄沙碛里马蹄轻；举头忽见边城月，倒着丝鞭不肯行。

塞上秋鹰一作雁白雪一作云飞，溅溅生血洒毛衣；日斜却过轮台下，争看红妆猎骑归。

——顾瑛编《草堂雅集》卷12

跋《宣和画谱》

汪　琬

右《宣和画谱》二十卷，前有徽宗御制序。徽宗善绘事，尝置画学所，所聚画士甚夥，宜其工于赏鉴者也。及考御府所藏，有韩滉画、李德裕《见客图》。按《新唐书》，滉事代、德二宗，德裕事穆、敬、文、武四宗，相距甚远，其为赝笔无疑。又有李赞华画《女真猎骑图》，赞华归唐时，契丹方与渤海相攻击，而女真部落犹未盛，不应赞华有此画，恐亦非是。然则徽宗之赏鉴，殆与吴中好事相类，其谱中所载岂亦真赝各半邪？

——《尧峰文钞》卷 39

人骑图

五代东丹王李赞华《本部人马图》。绢本，三軿，大挂幅，着色。画本部人马，甚为雄伟，真大手笔画。右半钤“稽察司印”。

——安歧《墨缘汇观录》卷 4《名画续录》

题金国端箭人马卷

柯九思

毡帐雪花寒，单于夜不还；分弓传令肃，明日猎天山。

——顾瑛编《草雅堂集》卷 1

人马冲雪图

唐宋元人画册，玄宰鉴定：李赞华《人马冲雪图》。

——汪砢玉《汪氏珊瑚网名画题跋》卷 19

唐宋元人画册：凡十四幅，玄宰鉴定。第二幅，李赞华《人马冲雪图》。

——卞永誉编《式古堂书画汇考·画考》卷 3《历代集册》

瘦马图

东丹《瘦马图》

佚　名

伊昔在天间，材高四十万；曾随穆天子，弄影瑶池岸。一食尽石粟，骁腾入神观；知己九方湮，推称价无算。穆皇狩不返，群牧少刍豢；所食弗尽材，崎岖策吴坂。田方仁惠养，伯乐浩才叹；颜色愧驽骀，精神殆无间。攻驹尚少齿，劣蹇矜珠汗；自足侣鸳鸾，何堪弃衰慢。暮途蓄壮志，千里无留难；不杂蹄啮材，希君别真赝。

——佚名《元音遗响》卷2

千角鹿图

端拱元年五月辛酉，诏置秘阁于崇文院中堂。……至是，乃于史馆建秘阁，仍选三馆书万余卷以实其中，及内出古画、墨迹藏其中。凡史馆先贮天文、占候、谶纬、方术书五千十二卷，图书百十四轴，尽付秘阁。有晋王羲之、献之、庾亮、萧子云、唐太宗、明皇、颜真卿、欧阳询、柳公权、怀素、怀仁墨迹，顾恺之画《维摩诘像》，韩幹马、薛稷鹤、戴松牛，及近代东丹王李赞华《千角鹿》，西川黄筌白兔，亦一时之妙也。

——程俱《麟台故事》卷1《沿革》

秘府书画，予尽得观之，二王真迹内三两卷，有陶谷尚书跋尾者尤奇。其画，梁令瓒二十八宿真形图，李思训着色山水，韩光《水牛》，东丹王《千角鹿》。其江南徐熙、雅、蜀黄筌父子画笔甚多。

——江少虞《宋朝事实类苑》卷50《书画技艺·秘府书画》

秘府书画，予尽得观之。二王真迹内三两卷，有陶谷尚书跋尾者，尤奇。其画梁令瓒《二十八宿真形图》，李思训着色山水，韩滉《水牛》，东丹王《千角鹿》，其江南徐熙、唐希雅、蜀黄筌父子画笔甚多。

——宋敏求《春明退朝录》卷下

《千角鹿图》

郭若虚

皇朝与大辽国驰礼，于今仅七十载，继好息民之美，旷古未有。庆历中，其主号兴宗以五幅缣画《千角鹿图》为献，旁题年、月、日御画。上命张图于太清楼下，召近臣纵观。次日，又敕中闱，宣命妇观之，毕，藏于天章阁。

——《图画见闻志》卷6《近事·大辽》

和宋次道戊午岁馆中曝书画

苏　颂

鸿都清集秘图开，遍阅真仙暨草莱；〔一〕气韵最奇知鹿马，丹青一定见楼台。〔二〕宴觞更盛华林会，坐客咸推大厦才；久事簿书抛翰墨，文林何幸许参陪。

〔一〕小注云：“是日诸公观画，尤爱梁令瓒题吴生画《五星二十八宿真形》，又谓淳化《丰稔村田娶妇图》曲尽田舍佚乐之意态。”

〔二〕小注云：“韩幹马，东丹王千岁鹿，荆浩山水屋木，皆为精绝。”

——《苏魏公文集》卷10

书东丹王《千角鹿》

董　逌

秘阁有李赞华画《鹿》，角直而岐出，若斜藤相扶而生，长三倍其身，觥触开立，群角森列，故画录号《千角鹿》，其实则角上而横出者众也。崇宁四年，诏下秘阁，收其画以入，使者疑其状且求其说，古有是类者，当得其名，以备顾问所及。余谓：邪希有鹿，两头而角且千；《杂俎》：“邪希：有鹿两头，食毒草，是其胎矢也。夷谓鹿为耶，矢为希。”无千角事。云南郡有神鹿，一身二头而角众列《华阳志》；合浦有鹿，额带斜藤，一枝四条，直上各丈，人以为角；条支挑枝，一角者为天鹿，两角者为辟邪；道书有五头鹿，其角且十，皆古之异鹿也。此画得之，殆为瑞应而出者邪？条录谨上。阿保机攻勃海，取扶余一城，以为东丹国，以长子人皇王突欲为王。阿保机死，述律立次子耀屈之。突欲奔唐，明宗赐姓东丹，更其名曰“慕华”。长兴二年，赐姓李，更其名曰“赞华”。

——《广川画跋》卷1

辽后冈歌冈在良乡城北

张九钺

辽家后妃皆好武，木叶山头亲射虎；自得燕云十六州，捺钵田渔无定所。良乡南京之畿县，渺弥咫尺延芳淀；辽君曾放海东青，搏落头鹅开大宴。此冈积翠平逶迤，下临大野春草肥；辽后为名起何时，得非击室韦塞门。西入扬余威，又岂澶渊役；亲提劲旅受盟归，应天、承天崇徽号，雄略乃出由宫闱。二十余万属珊军，牙旗皂纛蟠寒云；杓窊鹰纽檄飞下，如林刀戟前后屯。长鸣中鸣横吹集，桃皮觱篥交相喧；戎衣簇拥皆绿黑，黄盖居中众遥识。幅巾覆髻貂抹额，红锦鸾袍袖双窄；捍腰鹅项挂韝鞍，宝剑一挥天闪白。乌靴黏镫疾如飞，骑出龙驹高八尺；鼓声椎破桃花水，水嬉顷刻空鳣鲔。广场追蓦兽积山，燕日为愁风不洗；鸳鸯泺与鸭子河，暄光那得都如此。重开帐殿欢声迭，计获不论论赐镒；金锥宰鸭进雕盘，犀刀脍鲤霏香雪。黄头奚儿渴欲死，生提银獐吸其血；斜阳倒射房山青，一声画角谁敢停。仙游芳辇鱼鱼行，敲铙锵管箫兼笙；都人夹道起埃坋，内家结束惊婠妠。宫娥两鬟杏垂红，不插胭脂长十八；我稽旧史每嗟吁，冈前冈后徐驱车。瑶辇国俗重游猎，当时亦自夸雄谟；明晨再过妆楼看，一想东丹《千鹿图》。

——《陶园诗文集》卷 8

射鹿图

李赞华《射鹿图》纸画，一小卷。气色尚佳，画法沉着古雅，允为神品。上有古印，未考其文。卷后有元朱德润等四人皆题作赞华画，实为黄道宗画也，为人窃去题识，而“黄道宗”三字尽处尚剩有迹。明沈石田知之，欲题出道宗，恐翻前案，故题其诗末句云：“欲辨题痕迷纸缝。”可见石田为人蕴藉，而盛名诚不虚誉。

以上二图在扬州观于吴肯仲手。肯仲，休宁隆阜人，自负鉴博书画，目力过众，所见书画颇多，可登记者此二图，后为王公师臣购之。时辛亥仲冬十八日。

——吴其贞《书画记》卷 6

五代李赞华《射鹿图》一卷。上等荒一。素笺本，着色画，无款。姓名见跋中。卷中幅一印，漫漶不可识。卷后有“陆友之印”一印。

拖尾朱德润跋云：“右东丹王李赞华所作《射鹿图》。”按史传：赞华，辽太祖之长子也。同光中，避嗣主德光之逼，越海抵登州，归唐明宗，因赐姓李，授怀海军节度使。尝载图书自随，好画挟弹射猎游骑，服用皆缦胡之缨。盖安于所习故也。观其笔法圆细，人马劲健，真有盛唐风韵，故可宝也。时至正十二年正月十日朱德润题。

又宋广题云：“祸机自召是微音，一骑追风出羽林；欲杀岂能分子母，东丹无复魏文心。”南阳宋广。

又马麟题云：“闻道东丹在海陬，年年射猎作盘游；扨身击箭擒苍鹿，逞目挥鞭跃紫骝。人物一时称诡异，画图千载识风流；中郎得此为珍玩，约客题诗不自由。”淮海马麟。

又刘以正题云：“水獠操舟捷自闲，戎胡骑射幼时安；鼻端生火雄心健，中鹿腾骧作画看。”岁舍辛巳闰三月廿四日，四平山人刘以正为伯玑良友题。

又沈周题云：“东丹人马何超纵，鸣镝一声看鹿中；古今逐鹿几时了，天下纷纷几人哄。获鹿又笑批颊翁，得失公然一场梦；后人对画发三叹，欲辨题痕迷纸缝。”长州沈周。

又曹时中题云：“弯弧逐鹿逞雄姿，真迹留传画史知；不是唐家能用武，沈沦东海却堪悲。”华亭曹时中。

又顾福题云：“儿本辽家太祖亲，避居海上为天伦；史臣合立夷齐传，莫认中原逐鹿人。”吴下顾福。

卷高七寸九分，广二尺四寸三分。前隔水。

御题诗云：“无心逐鹿人，却作射鹿景；逸麇饮箭羽，奔驹迅鞭影。眼前驰逐忙，事后浑幻境；说偈伊有余，司囿吾当省。”乾隆御题下有“几暇鉴赏之玺”“乾隆宸翰”二玺。引首，御题“获鹿图”三大字，上有“乾隆宸翰”一玺。御笔题签，签上有“乾隆宸翰”一玺。

——《石渠宝笈》卷 32《贮·御书房五》

题东丹王《射鹿图》

魏　源

东丹有国号人皇，医巫闾山万卷堂；瀑布声中写射鹿，国人共服书中王。小山压大山，大山弱无力，渡海风帆投外国。衣冠熏沐宾王家，更赐姓名李赞华。西楼烽火惊边岁，欲拥东楼作东帝；可惜潞王已断魂，临事仓皇失奇计。宁作东丹李赞华，肯似盐车载帝羓。

——《古微堂诗集》卷 6

东丹王《射鹿图》念东先生席上作

王士禛

人马势逸不可当，开图素练生风霜；奇哉落笔如挽强，谁其作者东丹王。东楼西楼二千里，乘秋出猎凌穷荒；番部红靴铁裲裆，左射右射必叠双。凿蹄骄马如风樯，三花剪鬣纷怒张；俊鹘初变为正鸽，苍鹰塌翅随马缰。雄狐狡兔皆遁藏，射麋丽龟走且僵；东丹昔日称人皇，扶余开国邻扶桑。秋冬射猎海东碛，头鹅燕罢传湩浆；跨海南归大梁苑，时时梦忆穹庐乡。往往丹青自游戏，寸缣尺素如琳琅；宣和压架六千轴，东丹九幅千金装。艮岳灰飞玉匣散，此图岂不关兴亡；蜡炬如椽照空廊，雄谈剧饮累百觞。东丹丹青远擅场，蹊田夺牛语堂堂，令人千载悲同光。

——《带经堂集》卷 35《渔洋续诗十三》

初冬夜集联句

同高念东先生、曹实庵、王阮亭、谢方山

羁栖欲何为，不如行荷锸。念翁 笻倦招提游，先是有胜果寺之约。饮爱文字洽。牧仲 晚照横苍山，凉风吹白帢。实庵 稻芒蟹初擘，松床酒新压。阮亭 残菊映深杯，狂言递相狎。方山 人皆白社侣，诗竞黄池歃。阮亭 妙画鉴东丹，是日观东丹王《射鹿图》。归人忆巫峡。阮亭坐中吟不得荔裳，妻孥下峡消息诗。牧仲 西曹最喜斋，北陆巧当祫。念翁 霜威逼檐牙，星芒动帘押。牧仲 不妨乘兴哦，未中考功法。念翁 暖思汉庙酎，冷畏尧厨萐。阮亭 卮漏川灌河，气壮兕出柙。牧仲 暂尔贤圣中，讵必金貂插。实庵 采隐梦庐霍，泛宅羡苕霅。阮亭 斗室即江湖，拍浮类凫鸭。牧仲 旅怀欢已忘，险韵句偏恰。念翁 天马行驭娑，海鲸动呀呷；声殷雷破壁，势急帆出夹。阮亭 纵横字屡乙，跌荡颜能甲。实庵 铭镵聱叟樽，书留老妪箑。牧仲 久企松子游，无事宣公札。方山 稍闻动鼍鼓，曾否热羊胛。实庵 勿惮金吾诃，重沽钱未乏。念翁

——宋荦《西陂类稿》卷 22《联句集》

东丹王《射鹿图》，读去亦甚可读。

——金武祥《粟香随笔》卷 5

《呼群鸣鹿图》二首

赵秉文

麑班剥落错古锦，麚角轮囷生肉芝；呦呦谁见呼群态，亿在秋山扈从时。

又

霜林枫叶动秋山，谁道呦呦物性闲；同类呼群更媒祸，世间

何处不黄间。

——《闲闲老人滏水文集》卷9

番部行程图

王介石有东丹王赞华所画《番部行程图》。前有道君御题，后复有题云："世所谓东丹王者也，所画绝妙，与王子庆《西域图》相伯仲。"〔一〕

——周密《志雅堂杂钞》卷下

〔一〕《困学斋杂录》曰："杭士王子庆收《西域图》。"

王介石虎臣所藏：东丹王画《番部行程图》，前有宣和御题，后又题云："世谓东丹王者，其画甚佳。"

——周密《云烟过眼录》卷2

题五代李赞华《番部行程图》

永　瑆

阴山草木秋荒荒，枝干叶脱天严霜；番王大猎阴山北，猎罢行程山水长。支撑番帐作宿顿，纳宝之地收围场；辕条鞴缕尽脱卸，席地乳湩传杯觞。檐子窝中翠鬟侍，鹍弦铁拨弹宫商；地椒紫菊灿如锦，天魔踏舞何郎当。锣锅黄鼠美滋味，后烹橘绿迭角羊；兰筋万匹都结尾，苍鹰在韝卢在缰。人物精工彩色古，谁其作者东丹王；东丹契丹之介弟，名号已侈称人皇。楚比秦针作羁客，李诗琐高内投唐；射鹿之图久传世，此图亦经内府藏。千秋名画不易见，令人更想胡范阳。

——《诒晋斋集》卷2

人犬图

五代东丹王《人犬图》。画人物以得其情性为妙，东丹此图，不惟尽其形态，而人犬相习。又得于笔墨丹青之外，为可珍也。子昂题。

唐胡瓌用笔清而圆，虔得笔于父，熟而劲，但清圆微劣于父尔。五代之赞华，深于形似，盖自土风之习，前辈论笔，乏壮气，信然。今诸赏鉴多，以东丹会虔，大与谱叙不相表里，吾故表而出之。大德九年九月二十日无闲民云。

——孙凤《孙氏书画钞》卷2《名画》

五代东丹王《人犬图》。画人物以得其情性为妙，东丹此图，不惟尽其形态，而人犬相习，又得于笔墨丹青之外，为可珍也。子昂题。

唐胡瓌用笔清而圆，虔得笔于父，熟而劲，但清圆微劣于父尔。五代之赞华深于形似，盖自土风之习，前辈论笔乏壮气，信然。今诸赏鉴多以东丹□虔大与谱叙，不相表里，吾故表而出之。大德九年九月二十日无闲民云。真迹。

——张丑《清河书画舫》花字号第四

名人书画卷题跋记入录者于左：东丹王《人犬图》。

——张丑《真迹日录》卷4

严氏画品手卷目：凡单卷不开数。

东丹王《番犬图》。

——汪砢玉《汪氏珊瑚网名画题跋》卷23

舞胡图

玉牒赵伯兼节推家：东丹王《舞胡图》。

——邓椿《画继》卷8《铭心绝品》

西人贡狮图

李赞华《西人贡狮图》。绢画，一卷。绢质剥落，精神犹在。画法沉着古雅，是为神品。

——吴其贞《书画记》卷3

乳驹图

题东丹王《乳驹图》

曹伯启

目眵神惨骨凌兢，蕴抱终天母子情；恻隐更思推此道，含灵孤苦可怜生。

——《汉泉曹文贞公诗集》卷9

四　萧瀜

萧瀜，辽之贵族，累世联姻帝室，门第之盛，无与伉者。瀜生而颖异，性好读书，被服儒素，绝无贵游佻达之习。官至南院枢密使。政有余闲，辄亲翰墨，尤善丹青。慕唐裴宽、边鸾之迹，凡奉使入宋者，必命构求。凡遇名迹，不惜重价，装潢既就，而后携归本国，建小楼以贮之。风日晴和，焚香展卷，临摹所至，咸有法则。兴宗清宁中，以义宗《千角鹿图》赐焉。

画之传世者：《混同江钩鱼曲宴图》一、《写义宗千角鹿图》一、《平沙落日图》一、《关山鼓角图》一、《雪碛晓征图》一、《雪碛晾鹰图》二、《角鹰穴狐图》一、《棘林鹘鹞图》四、《秋原讲武图》三、《大宛马图》二、《渥洼马图》一、《海东青图》二、《青骹鹰图》一、《受绁鹰图》一、《独击鹘图》一、《臂鹰图》二、《韝鹰图》二、《习鹰图》一、《麋鹿图》一、《驯鹿图》一、《骕骦图》一、《骐骥图》一、《奔霄图》一、《牧放图》一、《选驷图》三。

——王毓贤《绘事备考》卷 7《辽朝》

五　耶律题子

耶律题子，字胜隐，北府宰相兀里之孙。善射，工画。保宁间，为御盏郎君。九年，奉使于汉，具言两国通好长久之计，其主继元深加礼重。

统和二年，将兵与西边详稳耶律速撒讨陀罗斤，大破之。四年，宋将杨继业陷山西城邑，题子从北院枢密使耶律斜轸击之，败贺令图于定安，授西南面招讨都监。宋兵守蔚州急，召外援，题子闻之，夜伏兵道傍。黎明，宋兵果来，过未半而击之；城中军出，斜轸复邀之。两军俱溃，奔飞狐，地隘不得进，杀伤甚众。贺令图复集败卒来袭蔚州，题子逆战，破之，应州守将自遁。进围寰州，冒矢石登城，宋军大溃。当斜轸擒继业于朔州，题子功居多。是年冬，复与萧挞凛由东路击宋，俘获甚众。后闻宋兵屯易州，率兵逆之，至易境而卒。

初，题子破令图，宋将有因伤而仆，题子绘其状以示宋人，咸嗟神妙。

——《辽史》卷 85《耶律题子传》

耶律题子，字胜隐。官至西南面招讨都监，尝从北院枢密使侵宋，宋将有因伤而仆，题子绘其状以示宋，咸嗟神妙。

——夏文彦《图绘宝鉴》卷末附《补遗·辽朝》

耶律题子，字胜隐。官西南面招讨都监。性敏悟，善书画。每于行军之际，辄图所在山川形胜，以备参考。凡受命出兵者，咸取则焉。尝从北院枢密使侵宋，有宋将被伤而仆，题子因绘其事张于军前，见者无不传笑，且叹其摹写之逼真也。

画之传世者：《木叶山图》一、《黑河秋雨图》一、《卓歇图》四、《勘箭图》二、《搜山图》四、《夜猎图》一、《雪猎图》一、《飞骑图》二、《较射图》二、《射雕图》一、《射雉图》一、《蹴踘图》二、《传餐图》一、《运粮图》一、《调马图》二、《习马图》二、《卓泉图》一。

——王毓贤《绘事备考》卷7《辽朝》

六　王仁寿

王仁寿，汝南宛人，天性聪颖，广泛涉猎文史，酷好丹青，工画佛道、鬼神，兼长鞍马。关于王仁寿的师承关系，文献中有不同说法，《图绘宝鉴》称“始师王殷，后学精吴法”，而《五代名画补遗》止云“初学吴生”，《宣和画谱》则云“仿吴生画”，后两书都没有提到王殷。

开运四年（947）正月，辽太宗耶律德光灭掉石晋政权，当时王仁寿担任翰林待诏，他与焦著、王霭一并被德光掠到契丹，成为辽朝宫廷画家，最后客死他乡。《宣和画谱·番族》列举了王仁寿履历及作品，即视其为番族画家。

（一）

王仁寿，汝南宛人。业儒，性通敏，颇涉文史，亦潜心绘画。初学吴生，长于佛像、鬼神及马等。仁寿尝于京师大相国寺净土院大殿前画八菩萨，今见存焉。耆旧传云是吴道子笔，其精致如此。晋陵帝开运四年春正月，契丹伪天皇王耶律德光以兵犯阙，时仁寿及焦著、王霭并为德光掠归。至我太祖至明大孝皇帝受禅享御，首遣驲驿使索仁寿等，时狄人方听命本朝，会仁寿及著考终命，独放王霭归国。仁寿有子士元，最知名可列妙品。

——刘道醇《五代名画补遗》第1《人物门》

王仁寿，汝南宛人。石晋时作待诏，仿吴生画，为佛庙、鬼神及马等。尝于相国寺净土院画八菩萨，人辄谓之吴生不复有辨之者，以此知其所学之浅深也。既作浮屠氏画，则多在屋壁堂殿间，岁月浸久，随以隳坏，故存者绝少。

今御府所藏一：驼。

——《宣和画谱》卷8《番族》

王仁寿，汝南宛人。石晋时作待诏，工画道释、鬼神及马。始师王殷，后学精吴法。

——夏文彦《图绘宝鉴》卷2《五代》

王仁寿，汝南宛人。工画佛道、鬼神，兼长鞍马。初师王殷，后精吴法。相国寺有净土、弥勒下生二壁，最为庄严。

画之传世者：《征辽图》一、《千里明驼图》一、《猎渭图》一。

——王毓贤《绘事备考》卷4《五代》

（二）

驼

题王仁寿画驼

柯九思

西域降王朝正朔，名驼载玉晓连山；两峰残雪随羌鼓，万里流沙款汉关。伏内垂铃珠错落，驾头蒙背锦斓斑；汝南粉本□□□，宁识如今满世间。

——顾瑛编《草雅堂集》卷 1

七　李渐（附子李仲和）

李渐，官至忻州刺史。善蕃人、蕃马、骑射、射雕。放牧川原之妙，笔迹气调，古今亡俦。

子仲和，能继其艺，而笔力不及其父。今相国令狐公奕代为相，家富图画，即忻州外孙。家有小画人马幛，是尤得意者，宪宗曾取置禁中，后却赐还，尝以示余。

——张彦远《历代名画记》卷 10《唐朝下》

李渐，不知何许人也。官任忻州刺史。善画番马、人物，至于牧放川原尤尽其妙。笔迹气调，当时号为无俦。子仲和能继其艺，而笔力有所不及。

今御府所藏七：《川原牧马图》二、《三马图》一、《逸骥图》一、《牧马图二》、《虎斗牛图》一。

李仲和，忻州刺史渐之子。善画番马、人物，有父之遗风，但笔力有所不逮也。而相国令狐绹奕代为相，家有小画人马幛，是尤得意者，宪宗尝取置于禁中。

今御府所藏一：小马图。

——《宣和画谱》卷 13《畜兽一》

李渐，不知何许人。官任忻州刺史，善画番马、人物，笔迹气调，当时号无俦。

李仲和，渐之子。善画番马、人物，有父风，但笔力不逮。

——夏文彦《图绘宝鉴》卷2《唐朝》

八　赵嵒

赵嵒，本名霖，陈州人。后梁忠武军节度赵犨之子，尚太祖女长乐公主，官驸马都尉。他精鉴赏，喜丹青，善画人物及番马，格韵超绝，笔墨常有新意。其作品有《调马图》《臂鹰人物图》《五陵按鹰图》等。详见本书第二章《后梁画家赵嵒身份辨疑——兼谈元至治三年天庆寺雅集中的赵鲁瞻》。

（一）

梁驸马都尉赵嵒，本名霖，后改今名。喜丹青，尤工人物，格韵超绝，非寻常画工所及。有《汉书西域传》《弹棋》《诊脉》等图传于世。非胸次不凡，何能遂脱笔墨畛域耶！

今御府所藏六：《调马图》一、《臂鹰人物图》一、《五陵按鹰图》四。

——《宣和画谱》卷6《人物二》

梁驸马都尉赵嵒，善画人马。挺然高格，非众人所及。有《汉书西域传》《骨贵马》《小儿戏舞》《钟馗》《弹棋》《诊脉》等图传于世。

——郭若虚《图画见闻志》卷 2《纪艺上》

梁驸马都尉赵嵒，酷好绘事，兼娴小笔。偶唐末乱世，独推至鉴。人有鬻画者，则必以善价售之，不较其多少，由是四远向风抱画者，岁无虚日。复以亲贵擅权，凡所依附，率多以法书名画为贽，故画府秘藏图轴，仅五千余卷，时称盛焉。暇日亦多自仿前贤名迹，勒成卷轴。每延致艺士，辐凑门馆，各取其所长而厚遇之，然多不迨已也，亦未始面加雌黄。荒浅甚者，自惭而退。食客常至百余人，其间亦多琴棋道术高雅之流，时衣冠士族，尚有唐之遗风也。以画见留者，惟胡翼、王殷二人而已。尝令胡翼品弟画府之优劣，中品已下，或有未至者，即指示令医去其病。或用水刷，或以粉涂，有经数次方合共意者，时人谓之赵家画选场，其精别如此。

愚谓天水用适一时之意则已，果然数以粉涂水洗，则成何画也？

——郭若虚《图画见闻志》卷 5《故事拾遗》

（二）

臂鹰图

唐宋元小画图册子，四本，计一百页：

赵岩《臂鹰图》，意思逼真。

——吴其贞《书画记》卷 6

人马图

题赵嵓《人马图》

王　恽

嵓，五代人，尝为朱温驸马都尉。

天厩真龙自不凡，未妨束缚具羁衔；当时一笔千金重，今恨无人说赵嵓。

——《秋涧先生大全文集》卷33

调马图

赵岩《调马图》，绢画，一卷。画法精俊，惜乎浑轴苏剥。上有徽宗花押小玺。

——吴其贞《书画记》卷5

五代赵驸马《神骏图》、赵文敏书合璧卷。图，绢本设色。人、马各一。高九寸二分，长一尺五寸五分，无款。图中收藏印章间有模糊不辨。费屺怀三题书于前，后隔水绫。

“河南□□”朱文、“何氏元朗”白文、“曹”白文、“明中”朱文、“天籁阁”朱文、“项墨林鉴赏章”白文、“裴氏世宝”朱文螭龙边。

后梁驸马都尉赵岩《神骏图》真迹，一名《调马图》，睫暗属。光绪十五年正月，念慈。

“君直”白文、“杨氏竹坡珍藏”朱文。

赵岩，初名霖，字鲁瞻。尚后梁太祖女长乐公主，官驸马都尉。父，节度使犨，青州人。卞令之《书画汇考》。屺怀。

“西蠡”白文。

后梁真迹仅见此卷，距今且千年，绢色虽黯黻而神彩奕奕，纵骏骨，亦当以千金市之。鲁瞻马正可配李赞华鹿，不知天壤间尚有东丹王画本否？题此俟之。己丑二月再记，屺怀。

“琅邪”朱文、“伯谦所见书画铭心绝品”白文、“霍邱灵邱裴氏书画府印信”朱文。

书绢本，行楷，十八行。高八寸二分，长一尺五寸五分。左角一印，模糊不辨。

南山之下，汧渭之间。想见开元天宝年，八坊分屯隘秦川。四十万匹如云烟，骓駓骃骆骊骝騵。白鱼赤兔骍皇鹌，龙颅凤颈狞且妍。奇姿逸态隐驽顽，碧眼奚儿手足鲜。岁时翦刷供帝闲，柘袍临池侍三千。红妆照日光流渊，楼下玉螭吐清寒。往来蹙踏生飞湍，众工舐笔和朱铅。先生曹霸弟子韩，厩马多肉尻脽圆。肉中画骨夸犹难，金羁玉勒绣罗鞍。鞭棰刻烙伤天全，不如此图近自然。平沙细草荒千绵，惊鸿脱兔争后先。王良挟策飞上天，何必俯首服短辕。

赵岩所画此图，深得曹韩笔法，余亦好画，何能及也，故以杜子美诗书之。大德五年菊节，子昂。

“赵氏子昂”朱文、“赵”朱文、“清森阁书画印”朱文、“项子京家珍藏”朱文、“皖北裴氏珍藏”朱文。“神品”朱文、“子京父印”朱文，以上两印跨钤前隔水绫。“项元汴印”朱文，跨钤后隔水绫。“壮陶阁”朱文、“睫暗鉴藏”朱文，以上两印钤后隔水绫。

跋纸一，对接，高八寸九分，长三尺五分。

国朝已来画鞍马，神妙独数江都王；将军得名三十载，人间又见真乘黄。曾貌先帝照夜白，龙池十日飞霹雳；内府殷红马脑盘，婕妤传赐才人索。碗赐将军拜舞归，轻纨细绮相追飞；贵戚权门得笔墨，始觉屏障生光辉。昔日太宗拳毛騧，近时郭家师子花；今之新图有二马，复令识者久叹嗟。此皆骑战一敌万，缟素漠漠开风沙；其余七匹亦奇绝，迥若寒空动烟雪。霜蹄蹴踏长楸间，马官森养厮成列；可怜九匹争神骏，顾视清高气深稳。借问苦心爱者谁，后有韦讽前支遁；忆昔新幸新丰宫，翠华拂天来向东。腾骧磊落三万匹，皆与此图筋骨同；自从献宝朝河宗，无复射蛟江水中。君不见，金粟堆前松柏里，龙媒去尽鸟呼风。

成化十六年辛丑夏六月既望，江西提督学校按察副使夏寅，书杜诗于赵都尉画马后。

“正轩”朱文、“夏氏正夫”“龙潭书屋”白文、“何氏元朗”白文、“项墨林父秘笈之印”朱文、“皖北裴氏珍藏”朱文、“墨林”朱文、“伯谦所见书画铭心绝品”白文，以上两印跨钤前隔水绫。

跋二，藏经纸，高九寸四分，长七寸六分。

赵嵓画人马，余不多见，仅见此卷。其笔法高古，犹有曹韩遗意，盖梁人去唐犹未远耳。赵魏公得画马三昧者，故深加赏叹。录杜拾遗长歌于其后，微此歌此书不称此画矣，然检杜集无此作，魏公何从得之，古今词人之作散逸不传者多，宁独此歌而已。余按图索骏，乃并得诗，恐天厩真龙不搏杜老雕龙也。壬辰中秋后五日，王穉登题。

“王印穉登”白文、“青羊君”白文、“若水轩”朱文、“墨林秘玩”朱文、“景福私印”白文、“墨林”朱文、“六艺之圃”白文，以上两印跨钤后隔水绫。

跋三，藏经纸，对接，高同上，长三尺四寸。

右《调马图》，乃后梁驸马都尉赵嵓笔也。岩喜丹青，工于人马，而胸次不凡，能脱去笔墨畛域，故其所作与寻常画手不同。

图后松雪所题，笔法精谨，异于他书，岂亦重其画而然耶。旧藏余友何翰林元朗处，今始见之，因题其后，时万历丁丑三月廿日，茂苑文嘉。

“文嘉休承”朱文、“文氏休承”白文。

余尝闻曾空青跋伯时所画满川花照夜白诸作，未尝不景，羡当时诸公胜事。今观赵都尉真迹，笔格超远，形神俱胜，非寻常可到，是以松雪翁亦让其能，与夏先生俱书杜诗以见意，雅知神品不可以言语尽也。拜观之余，敢记以时日，媿寄名于楮末，以幸衰年，罪过多矣。乾符先生以为何如。万历五年三月廿一日，安雅生顾德育拜书。

“克承”朱文、“安雅生”白文、“顾印德育”白文、“项子京家珍藏”朱文、“天籁阁”朱文、“项墨林鉴赏章”白文、“墨林山人”白文、“净因庵主”朱文、“睫暗宝此过于明珠骏马”白文、“霍邱裴氏书画府印信”朱文、“景福私印”白文、“睫暗鉴藏”白文。

跋纸四，高同上，长一尺五寸。阮文达、费屺怀两题书于拖尾。

余少尝于白阳山人所，见赵嵒所作《昭陵六马图》，其钩染优雅，法度整密，形神尝在眼中，未尝不入梦想。今复见此作，惜既老矣，目力漫漶，不能穷赏其妙，慨何可言。及见赵文敏曳书杜作而跋语，谓其深得曹、韩笔法，盖六马本文皇开国所御，当时工画如曹韩辈，或尝传其神，而岩固有此图，则文敏谓其得曹韩法，信不诬也。乾符徐子藏诸十袭，深所宝爱。丁丑夏五，余游海上，过其第，持以见示，且强题数语其后，余故并往时，及今所以寓目者，书以识之。万历五年岁舍丁丑夏日，青屿山人吴门周光志。

“周光私印”白文、“周氏韬叔”白文、“中吴周生”白文、

“青屿外史”朱文、“退密”朱文、“墨林主人”白文、“项元汴印”朱文、“项墨林父秘笈之印”朱文、“皖北裴氏珍藏”朱文、“伯谦所见书画铭心绝品”白文。

道光己酉阮元重赴琼林之岁，获观后梁赵都尉画马真迹于怡林泉之南轩，时年八十有六。

“怡志林泉”朱文、“颐性老人”白文。

甲申四月有日照之行，道经刊上于肆中，见此卷及石川画《渔家乐》长卷，几四丈许，索值甚高。沈画作大人物，为生平甲观，各酬以洋泉百角张而去。闰五月再经其地，则沈画已别属，为之怅惘。又值旅行乏钱，并不能购此，重一展玩而已。今年冬伯谦仁兄来吴门，携以见示，如逢故人，物但得所于彼，于此不足计也。戊子冬中，念慈。

“念慈之印”白文。

此卷为卞令之故物，载《书画汇考》。赵文敏写坡翁诗于后，误作杜诗，为王青羊所讥。王渔洋《居易录》辨之，谓偶误记耳，不足为病。岂伯谷亦毕生未见苏诗耶？余谓明人如百穀眉公辈鉴别极精，而疏于考订，不必与论学问也。西蠡又记。

“屺怀”朱文、“霍邱裴氏书画府印信”朱文。

——庞元济《虚斋名画录》卷 1《卷子类》

九　高益

高益，涿郡人。工画佛道鬼神、蕃汉人马。太祖朝，潜归京师，始货药以自给。每售药，必画鬼神或犬马于纸上，籍药与之，由是稍稍知名。时太宗在潜邸，外戚孙氏喜画，孙氏有酒楼，一日遇四老人饮酒有异，疑其神仙，因谓之“四皓楼”，亦谓孙氏为孙四皓也。因厚遇益，请为图画。未几，太宗龙飞，孙氏以益所画《搜山图》进上，遂授翰林待诏。后被旨，画大相国寺行廊《阿育王等变相》暨《炽盛光》《九曜》等，有位置小本藏于内府。后寺廊两经废置，皆饬后辈名手，依样临仿。又画崇夏寺大殿《善神》，笔力绝人。有《南国斗象》《卫士骑射》《蕃汉出猎》等图传于世。

——郭若虚《图画见闻志》卷3《纪艺中》

高益，本契丹涿郡人。太祖时遁来中国，初于都市货药，有来赎药者，辄画鬼神犬马，藉药与之，得者惊异。有孙四皓者，广延艺术之士，益往客之，为礼甚厚。益亦画《鬼神搜山图》一本，以酬其意。岁初，复画《钟馗》一轴为献，孙遽张于宾馆，或曰鬼神用力，此伤和重。益闻之，乃睕目奋笔画一异状者，举石狻猊以击厉鬼，复张于旧所。观者惊其劲捷，握手滴汗。尝于四皓楼上画《卷云芭蕉》，京师之人摩肩争玩，至今天下楼阁亭庑为之者，自益始也。今四皓楼《芭蕉》见存。孙乃神宗近戚，进益前所画《搜山图》，上叹赏移刻，遂待诏图画院。敕画相国寺廊壁，会上临幸，见益写《阿育王战像》，诏问："卿晓兵法否?"对曰："臣非知兵者，命意至此。"上善之。后画崇夏寺大殿东西二壁《善神》，虽长于大像，但称其笔。凡画坐神则用意最善。

评曰：观益之画，色轻而墨重，变通应手，不拘一态，能其丹青之功者欤，可列神品下。

——刘道醇《圣朝名画评》卷1《人物门第一》

高益，亦善画蕃马，于分数尽得身段，肥瘠蹄踠疏数皆取形似，尤富气焰。相国寺东壁有《阿育王所乘》及《战士鹿马》等，皆益之笔。虽经模写，格制由在。

——刘道醇《圣朝名画评》卷2《畜兽门第三》

高益，涿郡人。工画道释鬼神、蕃汉人马，用墨重，传色轻，变通应手，不拘一态。

——夏文彦《图绘宝鉴》卷3《宋朝》

高益，涿郡人。工画道释神鬼、蕃汉人马，用笔重傅色轻，变通随时，不拘一辙。

——王毓贤《绘事备考》卷5中《宋朝》

十 赵光辅

赵光辅，耀州，华原人。北宋时期，太宗朝为图画院学士，后来归隐乡间，乡人称呼其为“赵评事”。他工画释道、人物，尤善画蕃马，笔锋劲利，号称“刀头燕尾”。不过，《宣和画谱》评论其绘画风格说：“光辅以气骨为主而格俗。”其作品有《蕃马图》。

（一）

赵光辅，华原人。工画佛道，兼精蕃马，笔锋劲利，名“刀头燕尾”。太祖朝为图画院学生，故乡里呼为“赵评事”。许昌开元、龙兴两寺皆有画壁，浴室院《地狱变》尤佳。有《功德》《蕃马》等图传于世。

——郭若虚《图画见闻志》卷3《纪艺中》

赵光辅，耀州，华原人。太宗朝为图画院学士。性喜幽旷，无仕进，意潜，自遁去，乡人犹呼“赵评事”。长于佛画及人物、蕃马等。愚客于许昌开元寺，见辅画摄摩腾、竺法兰以传教，皆丈余。其慈觉悲闵之相尽备。又画五百高僧，资质风度互有意思，坐立瞻听皆得其妙貌，若悲觉以动观者。

评曰：“光辅之画也，放而逸，约而正，形气清楚，骨格厚重，可列神品下。”

——刘道醇《圣朝名画评》卷1《人物门第一》

赵光辅，尤善画蕃马。凡欲为之，必心潜虑密，视听皆断，方肯草本。然后点窜增减，求具完备，始上缣素，故光辅无一毛之失，得者如有至宝。古今为蕃马者，亦可数也，故瓌得其肉，东丹得其骨，东丹，字赞华，契丹人。光辅兼有之，学博才长，为世推重。至于戏风拽绳、吃草饮水、奔走立卧、嘶啮跑蹶、瘦壮老嫩、驽良疲逸、羁絷疾病之状，莫不精至，全夺形似，略无失处，未见能继者。

评曰：“善观画马者，必求其精神筋力，精神完则意出，筋力劲则势在，必以眼鼻蹄踠为本，神哉！光辅之为也。虽鬃尾一毛不可得而议，故列神品。”

——刘道醇《圣朝名画评》卷2《畜兽门第三》

赵光辅，耀州华原人。太宗朝为画院学生，工画佛道人物，兼精蕃马，笔锋劲利，名刀头燕尾。

——夏文彦《图绘宝鉴》卷3《宋朝》

赵光甫，耀州华原人。工画佛道人物，兼精蕃马。笔锋劲利，谓之刀头燕尾。

传世者：《天山飞骑图》一。

——王毓贤《绘事备考》卷5中《宋朝》

（二）

骏马图

跋赵光辅《骏马图》

牟　巘

饮水、龁草、翘足，而陆马之真性也。而烧之、剔之、刻之、烙之，曰吾善治马，马之性，始离而多病矣。蒙庄以为此伯乐之过也。观此图岂不然哉？治民与养生者，亦莫不然。

——《陵阳先生集》卷 17

十一　张翼

张翼，一名钤，豳国人。工画蕃马，师赵光辅，得其笔法，但状彼胡人，不能酷似耳。

——郭若虚《图画见闻志》卷 4《纪艺下》

张钤，豳国人，一名翼。善画蕃马及人物，皆师赵光辅，其运笔落墨有刀头燕尾之状，深得其法。但为蕃族面目多类汉人，于体为失。

——刘道醇《圣朝名画评》卷 2《畜兽门第三》

张翼一名钤，豳国人。善画马及人物，师赵光辅，得其笔法。但为蕃族面目多类汉人，于体为失。

——夏文彦《图绘宝鉴》卷 3《宋朝》

十二　李玄应（附弟李玄审）

李玄应，洎弟审，并工画蕃马，专学胡瓌。有放马白本、胡乐饮会、苇林等图传于世。

——郭若虚《图画见闻志》卷 2《纪艺上》

李玄应，洎弟玄审，并工画蕃马，专学胡瓌。

——夏文彦《图绘宝鉴》卷 2《五代》

李玄应，与弟玄审，并工蕃马，专学胡瓌。

画之传世者：《蕃乐饮会图》一、《放马图》一、《拂林人马图》一。

——王毓贤《绘事备考》卷 4《五代》

十三　陈用智（又名用志、用之）

陈用智，颍川堰城人。天圣中，为图画院衹候。未久，罢归乡里。工画佛道、人马、山川、林木，精详巧赡，难跨伊人，但意务周勤，格乏清致。有《功德》《蕃马》《故事》《人物》等传于世。用智居小窑镇，多谓之“小窑陈”。

——郭若虚《图画见闻志》卷 3《纪艺中》

陈用志，亦善画蕃马。学胡瓌，略得其奥，而多出己意，自至奇怪。识分数，晓向背，甚有所得。

——刘道醇《圣朝名画评》卷 2《畜兽门第三》

陈用之，居小窑村。善山水，宋复古见其画，曰：此画信工，但少天趣耳。先当求一败墙，张绢素倚之墙上，朝夕观之。既久，隔素见败墙之上，高平曲折，皆成山水之势。心存目想，高者为山，下者为水，坎者为谷，缺者为涧，显者为近，晦者为远，神领意造，恍然见其有人禽草木，飞动往来之象，则随意命笔，自然景皆天就，不类人为，是为活笔，用之感悟，格遂进。予按，《存中笔谈》[一] 故录用之，而《郭志》亦有“小窑陈”名用智，岂“用之”耶？

——邓椿《画继》卷6《山水林石》

〔一〕《存中笔谈》即沈括（字存中）《梦溪笔谈》，该书卷十七叙度支员外郎宋迪（字复古）绘画之事，《画继》据此引述。

陈用志，颍川郾城人。居小窑镇，人呼为“小窑陈”。国初，为画院祗候，已而告归乡里。工画道释山林，亦善人马，学胡瓌，而多出己意。虽详悉精微，但疏放全少，无飘逸处也。

——夏文彦《图绘宝鉴》卷3《宋朝》

十四　张戡（附甥陈皋）

张戡，雄州瓦桥人。因其世居燕山地区附近，与契丹人接触较多，对辽朝社会生活有着深刻了解，“得胡人形骨之妙，尽戎衣、鞍勒之精”。其作品有：《蕃族移营图》《较猎图》《秋原卓帐图》《蕃马图》等。

其甥陈皋，也善长蕃马，颇尽胡态，惟妙惟肖。

（一）

张戡，瓦桥人。工画蕃马，居近燕山，得胡人形骨之妙，尽戎衣、鞍勒之精。然则人称高名，马亏先匠，今时为独步矣。

——郭若虚《图画见闻志》卷 4《杂画门》

张戡，瓦桥人。工画蕃马，盖其所居逼近燕山，故能得牧人形容之妙，与衣折衔勒之情也。

画之传世者：《蕃族移营图》一、《较猎图》四、《秋原卓帐图》一。

——王毓贤《绘事备考》卷 5 下《宋朝》

陈皋，漠州人。长于番马，颇尽胡态。张戡之甥也。

——邓椿《画继》卷 7《畜兽虫鱼》

陈皋，漠州人。长于蕃马，颇尽胡态。张戡之甥也。

——夏文彦《图绘宝鉴》卷 3《宋朝》

陈皋，漠州人。长于蕃马，尤能辨别名品，而图绘之。

——王毓贤《绘事备考》卷 5 下《宋朝》

（二）

蕃马图

太常少卿何麒子应家：

张戡八幅《蕃马图》。

——邓椿《画继》卷 8《铭心绝品》

书张戡番马

董　逌

世或讥张戡作番马皆缺耳犁鼻，谓前人不若是。余及见胡瓌番马，分状取类虽异，然耳鼻皆残毁之。余尝问虏人，谓鼻不破裂则气盛冲肺，耳不缺则风搏而不闻音声。此说未试，然儋耳俗破耳下引，其在夷狄有不可以理求者，此岂亦有为耶。然马残其耳，恐不止今北虏，尝见西南夷往时入马中国，亦时有焉。因求吴诸葛恪献马，先鸲其耳，范慎谓“岂不伤仁”。乃知马破其耳，于南夷亦或然也。今戡于马非能考古为之，然则据今之见者，特以为有辨者如此。

——《广川画跋》卷 6

洞　仙　歌

戴文灯

王二文园座上观宋人纨扇画册，各系一词。张戡《蕃马图》。

权奇骥足带天山，阴雪两两嘶鸣赭；流血柳阴边遥指，帓首奚官吹一霎。白草黄沙笳咽□，丹青曹霸老弟子；谁传又见雄姿写，奇杰莫问满川花。人去龙眠都皈向，老禅饶舌算只有；吴兴赵王孙更何，似承平瓦桥人物。

——《甜雪词》卷下

瘦马图

题张戡《瘦马图》

姚文奂

棱棱出神骨，翼翼照龙光；顾影时思战，长鸣势欲骧。征鞍跨儿女，远道负糇粮；归到龙沙日，秋风苜蓿长。

——顾瑛编《草堂雅集》卷 8

题张戡《瘦马图》

郑　东

北风萧萧沙草黄，天寒马瘦骨如墙；浑家儿女雕鞍上，日日阴山射白狼。

——顾瑛编《草堂雅集》卷 10

题张戡画《瘦马图》

郭　翼

瘦骨锋稜珠汗落，卧痕半杂古苔烟；未脱将军金叵匝，又驮儿女玉婵娟。仓黄日色龙沙外，惨淡秋声雁塞前；神骏只今谁貌得，开图老眼一醒然。

——《林外野言》卷下

猎骑图

唐张戡《猎骑图》

郁逢庆

张戡居近燕山，得番人形骨之妙，尽戎衣鞍辔之精，故入神品。此卷非戡不能到。余甚爱之，宜什袭珍藏。吴兴钱选舜举。

一犬前趋五马随，赭袍公子跨乌骓；壮游却忆飞狐北，正是清秋出猎时。

文水高若凤。

戎王小队猎秋野，豹尾服弓金络马；苍髯奚官喜追逐，隔马相呼意闲暇。鞭梢生风箭飞雨，乌骓如龙犬如虎；沙平草浅狐兔肥，穹庐月寒归未归。

晋安林泉生。

张戡者，朔方人也。当五季之世，与胡瓌父子、李赞华、房从真俱以善画番部人之属名于时。其画以狼尾制笔，盖必有所取焉。今观戡所画《猎骑图》一卷，其间人物、犬马、弓矢、服饰之类，毫分缕析，曲尽其妙，观其揽辔、疾驰，宛然有沙漠万里之态。于是知戡画法精绝，与胡瓌辈不相上下也。吴郡沈右识。

张戡妙笔最能写，写出平沙好人马；赭衣壮士挟弓矢，清秋出猎山之下。山林霜后百卉枯，走犬前驱愁兔狐；斯人往矣不可见，抚时怀古披斯图。王庭松谨题。

燕角斜弢虎韔中，将军骑气正骁雄；前锋纵有韩卢技，指示犹居第一功。东南生谨题。

——《续书画题跋记》卷1

张戡北骑

元好问

张生鞍马客幽都，却笑灵光笔法粗；只今白首风沙里，忆向江南见画图。

——《中州集》甲集第1

蕃马射猎图

题张戡《蕃马射猎图》

范成大

阴山碛中射生虏，马逐箭飞如脱兔；割鲜大嚼饱何求，荐食中原天震怒。太一灵旗方北指，掣辔逃归莫南顾；猖狂若到杀胡林，郎主犹羓何况汝。

——《石湖居士集》卷26

题张戡《射猎图》

蒲道源

一为冯翊一渔阳，汉传东京数二张；画史何从传此本，却将射猎掩其长。

又

自古通材擅美称，射居一艺不难能；试看卷内闲驰意，马慢弓櫜矢释掤。

——《顺斋先生闲居丛稿》卷 8

寒原猎骑图

题张戡画《寒原猎骑图》

刘永之

六郡良家选，三边汉将临；龙驹能喷玉，雕羽解飞金。射虎逾沙漠，休鞍追踌林；惊风从北度，白日忽西沉。归国关山远，论功岁月深；遥闻笳鼓发，慷慨欲沾襟。

——《刘仲修先生诗集》卷 2

郭鼎贞藏张戡《猎骑图》

杨士奇

良马世不易得，良画者尤不易得，人恒称曹霸、韩幹绝艺，观此戡固未相远也。此翰林侍讲金君家旧物，殆欧阳氏《七贤画》也，既以予鼎贞，固侍讲之心不累于物耶！鼎贞宝之，不下拱璧。夫一艺之精，见重于人，若此古之君子，其精义妙道在人，不可一日无者，其宜宝重何如哉！鼎贞方明经，饬行潜心，古人因金君求题此图，故书其后。

——《东里集续集》卷 22

猎兔图

题张戡《猎兔图》

于　立

八月九月天雨霜，北风吹沙边草黄；骍弓白羽黄金镝，虎皮蒙鞍悬两狼。契丹小儿头半秃，生来湩饮常食肉；弯弓射猎不遗镞，阿逡但遣韩卢逐。解鞍野食仍割鲜，止息还依沙草边；同唱胡歌作胡语，醉来却耽穹庐眠。嗟哉尔毚良独苦，致身三窟如何补。纵然用作管城君，秦人少恩弃如土。

——顾瑛编《草堂雅集》卷13

骃马图

张戡《骃马图》。

——王恽《玉堂嘉话》卷3《古今画》

人马图

五代张戡《人马》轴。绢本，高三尺八寸八分，阔一尺四寸八分。“尚书省印”“省印”“张戡”“棠村审定”“焦林”“神品”“吴伯荣氏秘笈之印”“吴氏荷屋平生真赏”“南海吴荣光书画之印”。

周密公谨云：乙亥，秘函黄纹斋以蓬省旬点邀余偕行。具衣冠，拜右文殿，经道山堂，历汗青轩，登浑仪台，观浑仪，步玉渠，登秘阁，阁内两旁皆列龛，藏先朝御书画。别有朱漆巨匣五十余，皆古今法书名画。仅阅秋冬收藏，内皆以鹊绫象轴为饰，有御题者加以金花绫，每卷表里皆有尚书省印。

此帧画壮士解甲坐憩调箭，旁滚马雄跷异常，四望皆沙漠痕。画者张戡，仅留一印于右角，而右角上有尚书省印，朱色烂然，其秘府所藏朱漆巨匣中之一，留存至今者耶？此帧予以嘉庆庚午南旋，见于书画肆中。越十余年，道光乙酉四月归省得之，迢迢岭海，竟无真鉴，殊自幸墨缘之不偶也。辛丑四月十六日，记于筠清馆中。

帧右方有梁蕉林相国印识，牙轴尚是数百年物，不胜神往。记者乙亥，则帝昺之德祐元年，时公谨年四十四矣。南海吴荣光伯荣并题，时年六十有九云。“吴荣光”“石云山人”。

昔过汾江，因吴朴园年丈而访筠清馆所藏，劫灰之余，忽惊此宝尚在，然绢糜不可触矣。阅三载，其戚持以赠我。今又阅三载，披玩而记之。同治二年端节，广陶。

——孔广陶《岳雪楼书画录》卷1

十五　杜锜

杜锜，金州人，为宣政详稳官，亦善画马。

——王毓贤《绘事备考》卷 7《辽朝》

十六　虞仲文

虞仲文，字质夫，武州定远人。善画人马，墨竹学文湖州。官至平章，封秦国公。

——夏文彦《图绘宝鉴》卷4《金朝》

虞仲文，字质夫，武州宁远人也。七岁知作诗，十岁能属文，日记千言，刻苦学问。第进士，累仕州县，以廉能称。举贤良方正，对策优等。擢起居郎、史馆修撰，三迁至太常少卿。宰相有左降，仲文独出饯之。或指以为党，仲文乃求养亲。久之，召复前职。宰相荐文行第一，权知制诰，除中书舍人。讨平白霫，拜枢密直学士，权翰林学士，为翰林侍讲学士。年五十五，卒，谥文正。天会七年，赠兼中书令。正隆二年，改赠特进、濮国公。

——《金史》卷75《虞仲文传》

虞仲文，字质夫，定远人。工画人马，学李伯时；墨竹学文湖州。有山林隐逸之气，无缙绅富贵之习，得其片纸，不啻寸玑。历官平章政事，封秦国公。

画之传世者：《燕然勒铭图》一、《疏勒拜泉图》一、《追骑玩鞭图》一、《临湖夺槊图》一、《拔营图》一、《卓帐图》一、《墨竹图》二、《竹石图》四、《一骑红尘妃子笑图》一。

——王毓贤《绘事备考》卷7《金朝》

十七　周行通

周行通，成都人。他善画人物鬼神、蕃马戎服、器械毡帐、鹰犬羊雁，等等。尤其擅长蕃马，与北方胡瓌齐名。《益州名画录》将周行通的画作评定为“能格上品”。其主要作品有：《李陵送苏武图》《射雕图》《阴山七骑图》及《牧羊图》。

（一）

周行通者，蜀人也。攻画人物鬼神、蕃马戎服、器械毡帐、鹰犬羊雁之类及川原放牧，尽得其妍。有《李陵送苏武图》《夺马图》《三困图》《射雕图》《阴山七骑图》。蜀人皆传周、胡蕃马为妙，行通多髯故也。

——黄休复《益州名画录》卷中《能格上品》

周行通，成都人。工画鬼神、人马、鹰犬、婴孩，得其精要。有《李陵送苏武》《支遁三隽》《夺马》等图传于世。

——郭若虚《图画见闻志》卷2《纪艺上》

（二）

李陵送苏武图

题《李陵送苏武图》三首

揭傒斯

一与故人别，死生宁复亲；休言典属国，犹得画麒麟。

今朝送汉节，迢递入秦关；惟有沙场梦，相随匹马还。

惨澹河渠路，参差塞上山；谁言是死别，日夜望生还。

——《揭文安公全集》卷 4

题《李陵宴苏武图》二首

刘　诜

居延山下马成群，伎乐声高夜入云；初志消磨如卫律，殷勤置酒教苏君。

属国难酬白发郎，延平谁与吊沙场；陇西使者如云出，却要迎归右校王。

——《桂隐诗集》卷 4

题《李陵见苏武图》

刘　基

中原无书羝不乳，狐裘蒙茸奈何许。老身汉节死生俱，地角天涯见明主。金鞍骏马空故人，相看一笑增悲辛；悲来风沙吹上马，河水东流日西下。

——《刘基集》卷21

题《李陵泣别苏武图》

邹　缉

汉家烟尘仍未息，君牧海边臣屈膝；当时同愤死匈奴，谁料君今归故国。胡天茫茫塞草青，君归依旧汉官荣；臣身虽倚戎王贵，收泪惭君后世名。

——曹学佺编《石仓历代诗选》卷347

周通〔一〕《李陵送苏武图》

纪迈宜

五字凄然万古愁，残缣目断汉时秋；几堆戍火穹庐帐，一片冰澌瀚海流。属国论功嗟已薄，知心托契渺难俦；何当细写英雄恨，烂醉南山射虎休。

——《俭重堂诗》卷2《餐霞阁集》

〔一〕周通，即周行通，此文夺“行”字。

牧羊图

五代周行通《牧羊图》轴。纸签。

五代周行通《牧羊图》，神品。风满楼珍秘。隶书。

“云谷”白朱文。

绢本设色。黑白群羊，一人手执树枝，望后驱策。一人肩负乳羊而行。高三尺二寸一分，阔一尺五寸五分。间有破损，款字傍一印，右角二印，皆残阙不辨。

西蜀周行通画。“晋府书画”朱文、“焦林”朱文。

诗，斗纸，高九寸二分，阔同本身。

婴儿御气草堤眠，能使双羊合自然；庄叟不知蝴蝶梦，觉来重作养生篇。高柳风清晓日苍，牧童随处候阴凉；似怜挟策当年客，物我胸中两未忘。

周行通《牧羊图》，古茂可爱，非精画理者鲜知其味，亦难与俗人言也。万历三年夏月之望，东海屠隆并记。“屠隆”朱文、“东海布衣”朱文。

——庞元济《虚斋名画录》卷7《立轴类》

《历代名笔集胜册》。绢本，凡十二帧，皆纨扇。每幅以纸签标题，作者姓氏、图名，粘于画左。

第四帧，设色。群羊，一人执竿驱策。高七寸六分，阔七寸九分，无款。“黔宁王印”白文、“叶蔗田珍赏章”朱文、“潘印延龄”白文、“莲樵鉴赏”朱文。

签题。周行通《牧羊图》。

——庞元济《虚斋名画录》卷11《册页类》

辽人牧

苏　颂

羊以千百为群，纵其自就水草，无复栏栅，而生息极繁。

牧羊山下动成群，啮草眠沙浅水滨；自免触藩羸角困，应无挟策读书人。毡裘冬猎千皮富，湩酪朝中百品珍；生计不赢衣食足，土风犹似茹毛纯。

——《苏魏公文集》卷13《后使辽诗》

十八　赵幹

赵幹，江宁人。南唐李煜当政时期，为画院学士。善画江南山水、林木，长于布景，兼及番画围猎图，大多作楼观、舟楫、水村、渔市，所画皆有幽趣。《圣朝名画评》评论其作品风格："穷江行之思，观者如涉。"其作品有《番骑打围图》。

（一）

赵幹，江南人。善画山林、泉石。事伪主李煜，为画院学生，故所画皆江南风景，多作楼观、舟船、水村、渔市、花竹、散为景趣。虽在朝市风埃间，一见便如江上，令人褰裳欲涉而问舟浦溆间也。

今御府所藏九：《春林归牧图》一、《夏山风雨图》四、《夏日玩泉图》一、《烟霭秋涉图》一、《冬晴渔浦图》一、《江行初雪图》一。

——《宣和画谱》卷 11《山水二》

赵幹，亦江宁人。善画山水、林木，长于布景。李煜时，为画院学士。今度支蔡员外家有幹《江行图》一幅，深得浩渺之意。

——刘道醇《圣朝名画评》卷 2《山水林木门第二》

(二)

番骑围猎图

宋元小图画册，二本，计五十二幅。吴炳《石榴图》、徐熙《蜀葵图》、马远《松亭对奕图》《梅花书屋图》、赵幹《胡骑打围图》、黄筌《橙黄橘绿图》《鹌鹑图》、马麟《幽兰图》。以上八图画法气色佳胜。

——吴其贞《书画记》卷 3

宋元人小画图册子，一本，计十二页。赵幹《番骑打围图》，绢画，镜面一页，丹墨尚佳。画两骑打围，一人下马拾鹿，一人臂鹰马上。画法精工，气韵浑厚，意思如真。入神品。

——吴其贞《书画记》卷 6

十九　吴元瑜

武臣吴元瑜，字公器，京师人。初为吴王府直省官，换右班殿直。善画，师崔白。能变世俗之气所谓院体者，而素为院体之人，亦因元瑜革去故态，稍稍放笔墨以出胸臆。画手之盛，追踪前辈，盖元瑜之力也。故其画特出众工之上，自成一家，以此专门，传于世者甚多。而求元瑜之笔者踵相蹑也。吴王遣元瑜亲诣泰州传《徐神翁像》。有进士李芬作诗送之曰："吴将军元瑜丹青妙当世，吴王命扁舟下海陵，貌《徐神翁像》以归，故为诗叙其事以赠云。"

秦皇寤寐毛盈语，锐意长生欲轻举；徐福药就仙骨成，云海茫茫但延伫。东西日月秋复春，海变桑田更几人？忽思重看旧寰宇，骖鸾直下江淮滨。布衣野叟不耕艺，自向琳宫操拔彗；秘语亲书悟世人，一坐忽惊三十岁。淮南奉道闻真迹，命使扁舟访消息；画手从来独擅场，一见仙风心自得。归来目断苍烟垠，三尺生绡醉墨翻；轴上神翁不解语，彷佛白鹤乘孤云。海陵相望一千里，嗟我尘劳未云已；授书圯上会有期，诚心愿取黄公履。

其为一时所重如此。后出为光州兵马都监，再调官辇毂下，而求画者愈不已。元瑜渐老不事事，亦自重其能，因取他画，或弟子所模写，冒以印章，缪为已笔，以塞其责，人自能辨之。未几而卒。官至武功大夫，合州团练使。

今御府所藏一百八十有九：

……《驷牧图》一、《六马图》一、《考牧图》一、《番族图》二。

——《宣和画谱》卷19《花鸟五》

武臣吴元瑜，字公器，开封人。善画花鸟、人物、山林。师崔白，描法纤细，傅染鲜润，大变唐五代宋国初之法，自成一家。晚年因求画者多，因取他画，或弟子所模写，冒以印章，缪为己笔，以塞责。官至合州团练使。

——夏文彦《图绘宝鉴》卷3《宋朝》

图画一百八十七轴：御府续行降付，今并以《前录》所载旧藏九百十一轴，二册，附录名氏于此。

人物百三十九轴：

吴元瑜，《番族》一。

——《南宋馆阁续录》卷3《储藏》

二十　房从真

房从真，成都人。仕官王蜀政权，为翰林待诏。他擅长画甲马、人物、鬼神，冠绝当时。此外，画番骑、族帐也颇为著名。相关作品有《番族卓歇图》《人马图》《渭上朝单于图》。

（一）

房从真，成都人。工画人物、番骑，尝于蜀宫幛壁间作《诸葛亮引兵渡泸》，布置甲马恍若生动。近时张戡番马所以精者，以戡朔方人耳；今从真蜀人，而能番马、族帐，非其所见亦不易得。至于幛壁仍异缣楮，皆其难者，尤宜赏激焉。惜乎缄椟不能秘，随时湮没也。

今御府所藏八：《番族卓歇图》一、《写西域人马图》一、《卓歇图》二、《调马打球图》一、《薛涛题诗图》一、《捕鱼图》一、《写唐明皇真》一。

——《宣和画谱》卷8《番族》

房从真，成都人。工画人物、蕃马。事王蜀先主，为翰林待诏。尝于蜀宫版障上画《诸葛武侯引兵渡泸水》，人马执戴，生动如神。蜀主每行至彼，驻而不进，怡然叹曰："壮哉甲马!"兼善拨笔鬼神，亦多寺壁。有《宁王射猎》《陈登斫鲙》《常建冒雪入京》等图传于世。

——郭若虚《图画见闻志》卷2《纪艺上》

房从真者，成都人也。攻画甲马、人物、鬼神，冠绝当时。有《宁王猎射图》《羌人移居图》《陈登斫鲙图》《冷朝阳》《王昌龄》《常建冒雪入京图》。蒲师训师其笔法。王蜀先主于浣花龙兴寺修圣夫人堂，合水津起通波侯庙，请从真画甲马旌旗、从官鬼神，授翰林待诏，赐紫金鱼袋。今宝历寺五丈天王阁下天王部属诸神，并从真笔，后人重妆已损，蒲师训因再修之。

——黄休复《益州名画录》卷上《妙格中品》

(二)

人马图

前蜀房从真《人马图》。小幅。纸本，汉尺高五尺四寸，阔二尺五寸。中画虬髯人，帕头，跨乌骓神骏，无匹，左手持辔，右臂全袒，手牵羚羊，坡草林叶，作追风之势一种。矫健之笔，后人未之。或先左角钤"神品"，连章，下钤"项墨林父秘笈之印""长州李应桢宝藏印""赵氏子昂印""秋壑"二字、"叶印梦龙"；右角"项子京家珍藏""项印元汴""养心快目"。右隔水绫，上钤"罗氏六湖鉴定藏之修梅仙官""吴印荣光""荷屋"二字、"藏之名山传之其人"等印。纸甚完善，惟上截枫树，纸本微黑，用笔处稍有接痕耳。

房从真，“房从真”。古称善画马者，在唐首推曹韩，宋元以来李龙眠、赵松雪两人为最著。此《人马图》乃五季房从真笔。从真驾李赵而上之，其至处有若追电蹑云之气，直可远接曹韩。画人袒臂，马上形貌伟异，千百载后神致活泼如生，真堪宝爱也。荷屋前辈精于鉴古，当必肯余斯语。梁溪孙尔准书。“孙尔准平生真宝”“孙尔准鉴定印”。

——方濬颐《梦园书画录》卷1

渭上朝单于图

房从真《渭上朝单于图》。粗生绢，长丈许，白描，袖卷。人物前小后大，引首夏昶题“单于图”三大字，太常少卿款。拖尾史弥远题云：“内侍郭松家藏物云云，韩氏以势夺之。韩既败，开禧冬，余奉旨至金陵，得此卷于殿帅郭杲家，聊书以记其本末于武林。”“毓秀园”“东舍图书”二方，甚精。史弥远印八行，史氏画上前“史弥远印”，后“安阳开国”印记。

汉宣帝甘露三年正月，龙驾帝服，传钟伐鼓，南面受单于朝于清渭之上，单于称北藩臣，帝诏单于勿谒，左右当户蛮夷君长迎者数万人，咸呼万岁，见之汉史。快矣哉！开辟以来所未有也。朱景玄《名画录》记阎立本曾有此图，今见从真卷，大抵临仿阎笔。冈阜勾而不皴，树木点而不染，人皆玟首矮身，虽用笔颇低，犹存六朝人山水遗意焉。史弥远跋字甚佳，云侂胄势夺于松，弥远得之于杲，五百年来读者，能无杜牧之“后人而复哀后人”之叹哉！

——顾复《平生壮观》卷6《房从真》

二十一　蒲师训

蒲师训，蜀人。事孟蜀，为翰林待诏。师房从真，尝携画诣从真，从真高蹈拊膺曰："子之所得，非吾所授也。"画蜀中祠庙、鬼神、兵仗、冠冕、幢葆，皆尽其美。

蒲延昌，师训之子。与其父同时为孟蜀待诏。工画佛道、鬼神外，尤精狮子。行笔劲利，用色不繁。

——郭若虚《图画见闻志》卷2《纪艺上》

蒲师训者，蜀人也。幼师房从真，画人物、鬼神、蕃马。长兴年，值孟令公改元，兴修诸庙，师训画江渎庙、诸葛庙、龙女庙。及先主殂，画陵庙，鬼神、蕃汉人物、旗帜兵仗、公王车马、礼服仪式，纵横浩瀚，莫不周至。授翰林待诏，赐紫金鱼袋。甲寅岁春末，蜀主或衣梦一人，破帽故襕，庞眉大目，方颐广颡，立于殿阶，跂一足，曰："请修理之。"言讫寝觉。翌日，因检他籍，见此古画，是前夕所梦者神，故绢穿损画之左足，遂命师训令验此画是谁之笔。师训对云："唐吴道玄之笔，曾应明皇梦，云痁者神也。"因令重修此足。呈进后，蜀主复梦前神，谢曰："吾足履矣。"上虑为祟，即命焚之。青城山丈人观真君殿内五岳四渎部属诸神，张素卿笔。广政中，山水泛溢，冲损数堵。蜀主命师训曰："素卿之笔，公往继之可矣。"四堵，师训笔也。今丈人观圣朝广其殿宇重新兴创别画，无旧踪矣。王蜀先主祠堂东畔正门东畔鬼神一堵，宝历寺天王阁下天王部属，房从真笔。后人妆损，师训再修，兼自画两堵，大圣慈寺南廊下观音院门两金刚，邻壁请塔天王，并师训笔，见存。

——黄休复《益州名画录》卷中《妙格下品》

二十二 李公麟

李公麟，字伯时，号龙眠居士，舒城人。熙宁三年（1070）登进士第，官至朝奉郎。博览法书名画，凡人物、释道、鞍马、山水、花鸟，无所不精，当为宋画第一品，而独有千古者也。相关作品有：《昭君出塞图》《摹北虏赞华蕃骑图》《番骑图》《戎王追彘图》《围猎图》。

（一）

龙眠居士李公麟，字伯时，为舒城大族。家世业儒，父虚一，尝举贤良方正科。公麟，熙宁三年登第，以文学有名于时。陆佃荐为中书门下省删定官，董敦逸辟检法御史台，官至朝奉郎。元符三年，病痹，致仕，终于崇宁五年。学佛悟道，深得微旨，立朝籍籍有声，史称以画见知于世，非确论也。平日博求钟鼎古器，圭璧宝玩，森然满家，以其余力留意画笔，心通意彻，直造玄妙，盖其大才逸群，举皆过人也。士夫以谓：“鞍马愈于韩幹，佛像追吴道玄，山水似李思训，人物似韩滉。”非过论也。尤好画马，飞龙状质，喷玉图形，五花散身，万里汗血，觉陈闳之非贵，视韩幹以未骑。故坡诗云：“龙眠胸中有千驷，不惟画肉兼画骨。”山谷亦云："伯时作马，如孙太古湖滩水石，谓其笔力俊壮也。"以其耽禅，多交衲子，一日，秀铁面忽劝之曰："不可画马，他日恐堕其趣。"于是翻然以悟，绝笔不为。独专意于诸佛矣！其佛像每务出奇立异，使世俗惊惑，而不失其胜绝处，尝作长带观音，其绅甚长，过一身有半。又为吕吉甫作石上卧观音，盖前此所未见者。又画自在观音，跏趺合爪，而具自在之相，曰："世以破坐为自在，自在在心，不在相也。"乃知高人达士，纵施横设，无施而不可者。平时所画不作对，多以澄心堂纸为之，不用缣素，不施丹粉，其所以超乎一世之上者此也。郭若虚谓："吴道子画今古一人而已。"以予观之，伯时既出，道子讵容独步耶！

有《孝经图》《九歌图》《归去来图》《阳关图》《琴鹤图》《憩寂图》《严子陵钓滩图》《山庄图》《卜居图》；又有《虎脊天马》《天育骠骑》《好头赤》《沐猴马》《欲骧马》《象龙马》及《揩痒虎》等图，一时名贤，俱留纪咏也。

——邓椿《画继》卷3《轩冕才贤》

文臣李公麟，字伯时，舒城人也。熙宁中，登进士第。父虚一，尝举贤良方正科，任大理寺丞，赠左朝议大夫，喜藏法书名画。公麟少阅视，即悟古人用笔意，作真行书，有晋宋楷法风格。绘事尤绝，为世所宝，博学精识，用意至到。凡目所睹，即领其要，始画学顾、陆与僧繇、道元及前世名手佳本，至磅礴胸臆者甚富，乃集众所善以为己有，更自立意专为一家，若不蹈袭前人，而实阴法其要。凡古今名画，得之则必摹临，蓄其副本，故其家多得名画，无所不有。尤工人物，能分别状貌，使人望而知其廊庙、馆阁、山林、草野、闾阎、臧获、台舆、皂隶，至于动作态度，颦伸俯仰，小大美恶，与夫东西南北之人才，分点画，尊卑贵贱，咸有区别，非若世俗画工，混为一律。贵贱妍丑，止以肥红瘦黑分之。大抵公麟以立意为先，布置缘饰为次，其成染精致，俗工或可学焉。至率略简易处，则终不近也。盖深得杜甫作诗体制而移于画，如甫作《缚鸡行》，不在鸡虫之得失，乃在于注目寒江倚山阁之时。公麟画陶潜《归去来兮图》，不在于田园松菊，乃在于临清流处。甫作《茅屋为秋风所拔叹》，虽衾破屋漏非所恤，而欲大庇天下寒士俱欢颜。公麟作《阳关图》，以离别惨恨为人之常情，而设钓者于水滨，忘形块坐，哀乐不关其意，其他种种类此，唯览者得之。故创意处如吴生，潇洒处如王维。谓《华严会》，人物可以对《地狱变相》，龙眠《山庄》可以对《辋川图》，是也。此皆摭前辈精绝处，会之在已，宜出尘表。然所传于世者甚多，人人得以考究。

公麟初喜画马，大率学韩幹，略有损增。有道人教以不可习，恐流入马趣。公麟悟其旨，更为道佛，尤佳。尝写骐骥院御马，如西域于阗所贡，好头、赤锦、膞骢之类，写貌至多，至圉人恳请恐并为神物取去，由是先以画马得名。仕宦居京师十年，不游权贵门。得休沐，遇佳时，则载酒出城，拉同志二三人访名园荫林，坐石临水，翛然终日。当时富贵人欲得其笔迹者，往往执礼愿交，而公麟靳固不答，至名人胜士，则虽昧平生，相与追逐不厌，乘兴落笔，了无难色。又画古器如圭璧之类，循名考实，无有差谬。从仕三十年，未尝一日忘山林，故所画皆其胸中所蕴。晚得痹疾，呻吟之余，犹仰手画，被作落笔形势，家人戒之，笑曰："余习未除，不觉至此。"其笃好如此。病少间求画者，尚不已。公麟叹曰："吾为画，如骚人赋诗吟咏，情性而已，奈何世人不察，徒欲供玩好耶。"后作画赠人，往往薄著劝戒于其间，与君平卖卜谕人以祸福，使之为善同意。殁后，画益难得，至有厚以金帛购之者，由是贪缘摹仿伪以取利，不深于画者率受其欺，然不能逃乎精鉴！

官至朝奉郎，致仕，卒于家。至今四方士大夫称之不名，以字行。又自号“龙眠居士”。王安石取人慎许，可与公麟相从于钟山，及其去也，作四诗以送之，颇被称赏。考公麟平生所长，其文章则有建安风格，书体则如晋宋间人，画则追顾陆，至于辨钟鼎古器，博闻强识，当世无与伦比。顷时段义得玉玺来，上众未能辨，公麟先识之，士论莫不叹服，以沉于下僚，不能闻达，故止以画称。今故详载以明其出处云。

今御府所藏一百有七：《写大梵天像》二、《揭帝神像》一、《不动尊变相》一、《护法神像》五、《观音像》三、《瑞像佛》一、《华严经相》六、《金刚经相》一、《维摩居士像》一、《无量寿佛像》一、《禅会图》一、《释迦佛像》一、《菩萨像》一、《写摩耶夫人像》一、《缁衣图》一、《亲近菩萨像》二、《写王维看云图》一、《写十国图》二、《写义之书扇图》一、《写卢鸿草堂图》一、《写王维归嵩图》一、《蔡琰还汉图》一、《写王维像》一、《写职贡图》二、《山庄图》一、《书裙图》一、《归去来兮图》二、《阳关图》一、《四皓围棋图》一、《织锦回文图》一、《女孝经相》二、《醉僧图》一、《玉津访石图》一、《孝经相》一、《写三石图》一、《玻璃鉴图》一、《写生折枝花》二、《杏花白鹇图》一、《天育骠骑图》一、《写唐九马图》一、《昭君出塞图》一、《姑射图》一、《五王醉归图》一、《豢龙氏图》一、《写玉蝴蝶图》一、《御风真人图》一、《游骑图》一、《小笔游戏图》一、《弄骄人马图》一、《习马图》一、《二马图》一、《马性图》一、《写韩幹马图》二、《调习人马图》一、《北岸赠行马图》一、《写东丹王马图》一、《天马图》一、《人马图》二、《呈马图》一、《番骑图》一、《九歌图》一、《祖师传法授衣图》一、《弥陀观音势至像》一、《写摩奴舍夫人像》一、《五星二十八宿像》一、《写十大弟子像》十、《摹吴道元护法神像》二、《摹唐李昭道海岸图》一、《摹吴道元四护法神像》四、《摹唐李昭道摘瓜图》一、《王安石定林萧散图》一、《丹霞访庞居士图》一、《写徐熙四面牡丹图》一、《摹北虏赞华蕃骑图》一。

——《宣和画谱》卷 7《人物三》

李公麟，字伯时，号龙眠居士，舒城人。登进士第。博览法书名画，故悟古人用笔意。作书有晋宋风格，绘事集顾、陆、张、吴及前世名手所善以为己有，专为一家，作画多不设色，独用澄心堂纸为之，惟临摹古画用绢素着色，笔法如云行水流，有起倒。论者谓："鞍马逾韩幹，佛像追吴道玄，山水似李思训，人物似韩滉，潇洒如王维，当为宋画中第一，照映前古者也。"官至朝奉郎。

——夏文彦《图绘宝鉴》卷 3《宋朝》

（二）

画马图

谢肇淛

韩幹画马今已稀，宋代无如李伯时；世人不知辨神气，俗眼岂识骅骝姿？此图似是胡元物，任家月山赵仲穆；绢素剥落无姓名，惨淡云生千里足。耳批双竹瞳夹镜，振鬣嘶风看不定；碧眼胡儿睡乍醒，棕榈瑟瑟摇银凳。雄姿飒爽转分明，权奇突出人皆惊；时平战地长春草，乘黄流落地上行。呜乎！世间龙种皆汩没，空使驽骀困驰突；安得此马万匹上燕台，免使黄金沽骏骨？

——《小草斋诗集》卷 11《七言古诗四》

追𤟤图

跋李伯时《追𤟤图》

陈　基

苏长公谓：有唐之盛，文至于韩愈，诗至于杜甫，书至于颜真卿，画至于吴道元，天下之能事毕矣！识者以为知言宋三百年文章大手笔如欧阳公诸君子，不待言矣！至于书画名品如李伯时辈，盖亦极天下之能者。今观蔡君彦文所藏《追𤟤图》，人马态度极唐人以来番骑之妙，宜其为世所宝玩也。至正二十一年五月甲子跋。

——《夷白斋稿》卷 32

戎王追𤟤图

高　启

前骑脱兔奔，后骑惊鸿急；火烧秋草猎场空，一𤟤穷追势难及。大小当户左右贤，单于勇锐阏支妍；雕戈白羽谩争发，众中得隽知谁先？君不见，天策将，真天子，驰一马，殪四豕。

——《高太史大全集》卷 11

书李伯时白描《追𤟤图》后

管　同

右白描《追𤟤图》。绘古戎王射猎之状。其前有黔宁王印，其合缝辄有钱氏印，而今归吾友均之。盖流传已数姓矣。本卷之中初无款识，自元夏溥定为李伯时笔。观其人马击刺野𤟤，奔逸精致，超远意态横出，故非李伯时不解办此。以此见古人掩名，其名自著，后人标名，其名弗显，论定有真，初不可以智力取也。卷末题跋自夏溥至夏泰亨，计十有七人。其“熊”字悉改为“熊”，或竟涂抹刮去。予尝见小说：“明高帝自以国姓为朱，欲禁民闲畜豕，又尝有上书用‘殊’字者，帝览之怒曰：‘是以我为歹朱也，竟不视，而立诛其人。’”是图也，明初人藏之。又题者如高启，方以文字得祸，故宜其多避忌耳。嗟夫！人君威令其慑人，至于如此，生其时者可惧也哉！虽然伯时文士其片纸经七八百年，人犹宝爱，明社为墟，而人不思也，抑独何与！抑独何与！

——《因寄轩文集二集》卷2

较射图

较射图记

何　絜

人马、棨戟、帐幕、旌纛杂布，列张弓、挟矢，有步者、立者、驰骑者、坐者，是为李龙眠所绘《较射图》也。人计二十有九，马减半之一，五色杂错，神气腾渲，都护陈将军宝之，出示余。余念射为古六艺，次礼乐，列御书、数，先事固重哉！乃古名善射者，始有穷氏，而赵武灵王崇尚之用，以变易其国俗，卒皆缘此，身致戮灭为后世所非刺。晋郤縠能说礼乐，敦诗书，将中军而霸业振。羊叔子轻裘缓带，雅歌投壶，佐晋以吞吴，岂其轻重，固各有在耶！然三代创治设教，皆不废射，三揖三让，多君子风。独殷之序更专以此立名要，亦有其道存焉！耳非深心，静气未足以达此。今都护喜读书、赋诗，能训抚其士卒，既雍容为儒将矣！宝此图以昭其职，且属余书之，垂后人法戒焉！

——《晴江阁集》卷25

宋李伯时白描《围猎图》。真迹，卷。绢本，宋尺一丈二尺五寸，宽一尺一寸，白描。人物骑而臂鹰，腰矢者凡十八人。卷尾"元符庚辰夏五月，龙眠居士李公麟制"。小真书一行。

论曰："平沙无垠，若有腥风猎猎。"然起于纸上则以十八人，十八骑奔腾蹴踏，鱼贯而行也。前行者臂鹰负弓弩，后行者牵马驮大榼。其主将貂裘按辔，中道扬鞭，旆影飘摇，军容甚肃。向使仅有此布置，虽甚整齐，究少机趣，乃作者偏于主将。之前二军士滚鞍而下，跪伏道旁，手献二鹰，若迎主将，而以鹰为鸷者，插此二人，遂觉满幅生动，令观者眼光顿明。恍惚读"健儿叩马献飞禽"之诗也，文人之心无所不有，龙眠固文人也。故应有此异境。

赞曰：塞草秋黄，天寒欲霜；将军较猎，纵马平岗。银沙漠漠，晚风苍鹰；绘入尺幅，气概轩昂。

——杜瑞联《古芬阁书画记》卷10

二十三　张训礼

张训礼，本名敦礼，汴梁人。尚英宗女，官驸马都尉。善画人物、山水，兼及射猎题材。师学李唐，笔致恬雅，时辈不能及。相关作品有：《出猎图》。

（一）

张训礼，旧名敦礼，后避光宗讳改名。训礼学李唐，山水、人物恬洁滋润，时辈不可及。

——庄肃《画继补遗》卷下

张敦礼，汴梁人。画人物师六朝笔意，哲宗聓也。尝见其论画曰："画之为艺虽小，至于使人鉴善劝恶，耸人观听，为补岂可侪于众工哉？"敦礼画人物，贵贱美恶，容貌可见；笔法紧细，神彩如生。江南见陈元达《锁树谏图》，其忠义之气，突出缣素。在京师见阮孚《蜡屐图》，人物树石并仿顾陆，后有敦礼所受追赠太师诰命，是其家藏之物，子孙就以诰命附其后，真奇品也。

——汤垕《画鉴》

张敦礼，熙宁元年选尚英宗女祁国长公主，授左卫将军、驸马都尉，迁密州观察使。元祐初，疏言："变法易令，始于王安石，成于蔡确。近者退确进司马光，以臣观之，所得多矣。"进武胜军留后。

章惇为政，言："敦礼忘德犯分，丑正朋邪。密封章疏，诋毁先烈。引誉罪首，谓当褒崇，欲其党俦尽见收用。"乃责授左千牛卫大将军，勒止朝参。徽宗立，有司以敦礼在贵籍，奏审恩赐，帝与钦圣后皆以为当与。惇等执前疏，钦圣曰："戚里何必预知朝廷事，当时罚亦太重矣。"复和州防御使，进保信军留后。

崇宁初，拜宁远军节度使。谏官王能甫言："敦礼以匹夫之贱，一日而富贵具焉。神宗亲爱隆厚，礼遇优渥，而敦礼诋毁盛德，罪大谪轻。今复与之节钺，无乃伤陛下'绍述'之志乎！"乃夺节，仍为集庆军留后。大观初，复节度宁远军，徙雄武。卒，赠开府仪同三司。

——《宋史》卷464《张敦礼传》

张训礼，画山水人物，专学李唐。笔致恬雅，时辈不能及。至于着色，青绿亦如赵千里，他人为之，皆不能及也。刘松年师事之，尽得其法。

画之传世者：《清江绿树图》一、《湍流图》一、《湖峰蘸碧图》二、《阁道图》一、《控琴图》二、《水图》一、《题壁图》二。

——王毓贤《绘事备考》卷6《宋朝》

（二）

出猎图

似道留心书画，家藏名迹多至千卷，其宣和、绍兴秘府故物，往往乞请得之。今除烜赫名迹载《悦生古迹记》者不录，第录其稍隐者著于篇。

名画：张训礼《出猎图》。

——张丑《清河书画舫》红字号第五“释贯休”条引《悦生别录》

二十四　黄宗道

黄宗道，宣和画院待诏。工画人物、蕃马，师胡瓌、东丹王，世论胡画马得肉，东丹得骨，宗道二法俱备。画上写“京师黄宗道”。

——夏文彦《图绘宝鉴》卷3《宋朝》

黄宗道，工画番骑，虽不逮瓌、虔、戡、钤，亦得族帐、部落、放牧景意。平常多作《李陵陷番》《苏武还汉》等图传于世。

——庄肃《画继补遗》卷下

二十五　完颜允恭（附子完颜璟）

完颜允恭，金章宗完颜璟之父，后被追封为“显宗”。允恭酷爱文学，能诗，善画人物，尤工蕃马。

其子章宗璟亦作《画马图》。

（一）

显宗，章宗父。画獐鹿、人马，学李伯时，墨竹自成一家，虽未臻神妙，亦不涉流俗，章宗每题其签。

——夏文彦《图绘宝鉴》卷4《金朝》

金显宗，章宗父也。画墨竹，俗恶，章宗每题其签。

金人画马极有可观，惜不能尽知其姓名。

——汤垕《画鉴》

显宗，善画獐鹿、人马，学李伯时笔法，亦工墨竹，虽未臻妙境，而清隽不俗，甚有气韵。章宗亲为题签，以寓赞诵。

画之传世者：《七星鹿图》一、《衔花鹿图》二、《解角麋图》一、《果下马图》二、《朱鬣马图》一、《试马图》三、《墨竹图》二。

——王毓贤《绘事备考》卷7《金朝》

金世宗太子允恭《百骏图》为舒德源题

王　逢

金家武元靖燕徽，尝诮徽宗癖花鸟；允恭不作大训方，画马却慕江都王。此图遗脱前后幅，尚余龙媒群角逐；息鸡草黄霜杀菽，王气荣光等蕉鹿。山人尘迷朔南目，溪头姑饮归田犊。

——《梧溪集》卷5

（二）

题金章宗画马图

何乔新

混同江上黑龙起，雄据中原慕文治；欲令顽矿变精金，文物直追周汉美。明昌天子世宗孙，善书善画兼善文；挥毫拂素貌骐骥，神妙不数曹将军。龙鬐凤臆真无比，汗血犹沾渥洼水；汧阳云锦非不多，如此权奇能有几。忆昔武元起海东，从骑蹀躞皆游龙；西驰木叶风沙静，南蹴大梁榛棘空。梁王已死陈王戮，饮马泉荒无苜宿；天闲十二俱下材，薄蹄秃尾空多肉。此图想是建国初，明昌以后此马无；北荒铁骑忽驰骤，山后山前草木枯。

——《椒邱文集》卷23

二十六　耶律履

耶律履，字履道，契丹人，东丹王李赞华七世孙。博学多艺，善属文，官至尚书右丞。善画鹿，有先祖遗风。

（一）

耶律履，字履道，契丹人，东丹王七世孙。官至尚书右丞。善画鹿，作人马墨竹尤工。

——夏文彦《图绘宝鉴》卷4《金朝》

右相文献公耶律履。

履，字履道，东丹王之七世孙。学通易太玄，至于阴阳历数无不精究。尝以乡赋一试有司，以露索为耻，遂不就举，荫补国史掾。兴陵朝，累迁蓟州刺史，入翰林为修撰。历直学士、待制、礼部尚书。特赐孟宗献榜进士，弟俄预淄王定册，功拜参知政事。明昌元年，进右丞，薨年六十一。

——元好问《中州集》壬集第9

耶律履，字履道，东丹王七世孙也。善画鹿，绰有祖风，人马亦佳，墨竹尤妙，历官尚书右丞。

画之传世者：《文囿鹿鸣图》一、《高冈鹿鸣图》一、《白鹿图》四、《斗鹿图》二、《荼首图》一。

——王毓贤《绘事备考》卷7《金朝》

（二）

双鹿图

题移剌右丞画双鹿二首

赵秉文

忘言老人写双鹿，笔力不减东丹王；右相丹青乃余事，向来勋业扶明昌。

又

当年扈从直长杨，想见秋山槲叶黄；沙外小滩园似月，眼明双鹿噍斜阳。

——《闲闲老人滏水文集》卷9

右丞文献公《着色鹿图》

元好问

野鹿标枝气象闲，老皇频岁赦秋山；不妨右相丹青笔，时到霜林紫翠间。

——《遗山先生文集》13

《双鹿图》

朱让栩

古涧潺湲日晷斜，呦呦野鹿傍闲花；莫言灵囿兴亡事，已向西池服绛霞。

——《长春竞辰稿》卷 7

二十七　黄谒

黄谒，善画蕃骑，传世作品很少。文献著录有《雪猎图》，上题“大金国御前应奉黄谒”，高士奇所谓《寒原猎骑图》盖即《雪猎图》。

（一）

黄谒，精蕃骑。尝见《雪猎图》，题“大金国御前应奉黄谒”。

——夏文彦《图绘宝鉴》卷 4《金朝》

金画传世绝少，有黄谒《雪猎图》一卷，金粟牋本，款“大金国御前应奉黄谒画”，与《画史会要》所载合。〔一〕

——阮元《石渠随笔》卷 4《金朝》

〔一〕按《画史会要》卷 3《金朝》云：“黄谒，精蕃骑。尝见《雪猎图》，题‘大金国御前应奉黄谒’。”

黄谒，精于蕃骑。欧阳学士家藏有《雪猎图》，上题“大金御前应奉黄谒”。

——王毓贤《绘事备考》卷 7《金朝》

（二）

寒原猎骑图

题大金御前应奉黄谒《寒原猎骑图》

高士奇

塞上风高秋气凉，葭菼露白山苍苍；行围较猎奋徒旅，回飙掣电纷翱翔。马驰萧薄越灌莽，虎韝鹤箻金衔黄；驾鹅惊飞百兽骇，羽箭欲发雕弓张。平原草枯望空阔，大漠隐约连崇冈；白日将颓榆塞紫，归鞍闲雅捎雉獐。练素当年擅图绘，御前应奉笔力强；流传庙市埒彝鼎，锦标钿束鸾绫装。我时乞休苦未遂，杜门长夏聊徜徉；客斋展玩恣眠卧，帘栊爽飒添新凉。畴昔扈从适春夏，记长十八开花房；〔一〕短衣跨马随豹尾，亲见七校腾龙骧。滦河汤汤松亭北，至今景物犹微茫；炉香椀茗说旧事，恍同毳幙烧黄羊。

〔一〕“记长十八开花房”下小注云：“塞外草花有名长十八者。”

——《高士奇集·苑西集》卷9

二十八 李早

李早，金朝著名画家，明昌间人。善画人物、蕃马。其作品有《三马图》《金人射鹿图》。

（一）

李早，工画人物，甚佳，树石不称。明昌间人。张翰林翥尝题其《三马图》，云："金原六叶全盛年，明昌政似宣和前；宝书玉轴充内府，时以李早方龙眠。"

——夏文彦《图绘宝鉴》卷4《宋南渡后》

李早，画人物甚佳，而树石不称。明昌中，有盛名。翰林张翥题其《三马图》，云："金源六叶全盛年，明昌政似宣和前；宝书玉轴充内府，时以李早方龙眠。"其推重如此。

——王毓贤《绘事备考》卷7《金朝》

（二）

蕃马图

题李早画女真三马扇头

张　翥

金源六叶全盛年，明昌正似宣和前；宝书玉轴充内府，时以李早当龙眠。想当画院供奉日，饱阅天闲万奇骨；等闲游墨落宫扇，骏气凌风欲超忽。

雾鬣风鬃剪剔新，郎君马上玉为人；〔一〕四带纱巾绣方领，醉鞭踏尽燕台春。一声白雁黄河暮，岂料征蹄竟南渡；回首西风障战尘，女仙空抱琵琶去。

〔一〕郎君马上玉为人："马上"二字原阙，今据《草堂雅集》卷6引《题李早画女真三马图》补。

——《蜕庵诗》卷2

题李早三马扇面图金季时人画

李　存

溪官熟闲秋马健，秋草青青河练练；谁知万里欲风尘，写入时人手中扇。只今但赏画者谁，锦标玉轴皆名题；空令林下老韦布，似听塞长烟雨嘶。

——《番易仲公先生文集》卷1

李早《蕃马图》

王　恽

群奔角壮任郊坰，已入竿头莫力争；惜取蹄间三丈逸，望云秋计铁山程。

——《秋涧先生大全文集》卷30

题李早画马

黄　溍

平沙如雪草如烟，想见春风士马闲；玉勒锦鞯尘土化，画图流落向人间。

——《金华黄先生文集》卷6续稿三

李早马图

郑元祐

外甥似舅明昌帝，取法宣和尚工伎；李早画马供奉时，画院森森严品第。冀之北土马所生，早也想见房星精；遂令龙媒出毫素，侧胸注目疑嘶鸣。纨扇画三骑，郎君峭鞍辔；窄衫绣襻四带巾，靴尖曾踢中州碎。紫绒军败祁连山，金钿玉轴仍南还；好事空余扇头马，至今拂拭尘埃间。〔一〕

——《侨吴集》卷3

〔一〕《元诗选》庚集引《侨吴集·李早马图》曰："金章宗母，宋徽宗某公主之女也，故明昌书画，悉效宣和。"

金人射鹿图

李早画金人射鹿

王　沂

故家鞍马亦豪雄，弦箭如夸数助工；只恐平原麋鹿尽，角弓原不耐霜风。

——《伊滨集》卷 11

二十九　赵伯驹

赵伯驹，字千里。善画山水、花禽、竹石，尤长于人物，精神清润，能别状貌，使人望而知其详也。高宗极爱重之，仕至浙东兵马钤辖。

——夏文彦《图绘宝鉴》卷4《宋南渡后》

赵伯驹，字千里，宋太祖七世孙。建炎随驾南渡，流寓钱唐。善青绿山水，图写人物似其为人，雅洁异常。予与其曾孙学士交游颇稔，备道千里尝与士友画一扇头，偶流入厢士之手，适为中官张太尉所见，奏呈高宗。时高宗虽天下俶扰，犹孜孜于书画间，一见大喜，访画人姓名，则千里也。上怜其为太祖诸孙，幸逃北迁之难，遂并其弟晞远召见，每称为“皇侄”。仕至浙东兵马钤辖，而享寿不永，终于是官，故其遗迹于世绝少。予尝见高宗题其横卷《长江六月图》，其有董北苑、王都尉气格。

——庄肃《画继补遗》卷上

新安太学吴嗣先处，见大李将军《栈道图》，上有“宣和”印；赵千里《秋高牧马图》、子昂《马》，鲜于伯机、柯敬仲题跋；李成老柳繁藤，有“米元章审定印”，又有“大原珍玩”“王良史章”。又有大李将军《宫殿雪景》。

——袁中道《珂雪斋外集·游居柿录》卷4

三十　王木

王木，画蕃马。

——夏文彦《图绘宝鉴》卷 4《宋南渡后》

王木，工画马，尤长于蕃骑，权奇蹀躞，咸出毫端。

画之传世者：《华山归马图》一、《穆王八骏图》一、《西极天马图》三、《舞马衔杯图》二、《春郊牧放图》二、《蕃马图》十二、《紫骝图》一、《青骊图》一、《猎骑图》一。

——王毓贤《绘事备考》卷 6《宋朝》

三十一　陈居中

陈居中，嘉泰年，担任画院待诏。最擅长人物、蕃马，布景着色稍逊于黄宗道。其作品有《蕃马图》《猎骑图》《羌胡出猎图》《文姬观猎图》《五马图》等。

（一）

陈居中，嘉泰年，画院待诏。专工人物、蕃马，布景着色可亚黄宗道。

——夏文彦《图绘宝鉴》卷 4《宋南渡后》

陈居中，亦工画番骑、人物，可亚宗道。

——庄肃《画继补遗》卷下

陈居中画二首

翁方纲

嘉泰宣和近百年，东丹遗思复谁传；宝谟待制诗虽好，筋骨新丰一概然。

樊榭曾题《职贡图》，柘轩得见九方无；商量比兴和之义，未必箴规告仆夫。

——《复初斋诗集》卷 50《苏斋小草六》

（二）

番马图

陈居中羌胡蓢马

柯九思

陈居中，嘉泰年，供奉画院待诏。善画人物，又工蕃马。设色精妍，布置清旷。评者比之黄宗道，吾恐宗道未易方驾也。

——辑本《丹邱生集》卷 2 引《宝绘录三》

居中《番马图》，皆南京人家藏。

——都穆《寓意编》

猎骑图

《历代名笔集胜册》，绢本，凡十二帧，每幅以纸签标题作者姓氏，图名粘于画左，中有三帧对题，尺寸同画。

第七帧，纨扇，设色，人马。高七寸二分、阔七寸八，分无款。“安印元忠”白文。

陈居中《猎骑图》。

——庞元济《虚斋名画录》卷 11《册页类》

凯园将出都以其尊人晴溪吏郎所藏陈居中《猎骑图》属题

翁方纲

居中院直嘉泰年，岂见绝塞人鸣弦；萧疏数笔淡草棘，亦若钩叶写柳绵。西昆诗格作衣折，南渡几个追龙眠；但余半幅不尽处，咫尺万里论云烟。中有待诏艺谏语，苍芒沙路驰远天；蕉林旧缄观大略，惜无小印钤绢边。张公宝此甫壮岁，赙装对案嗟群贤；东江朱溯东山董〔一〕，师友几辈相差肩。绢昏倏又六十载，公子捧檄增拳拳；一坡一渚想法秘，追风掣电非神全。贯经堂东帘月上，目光动宕缣丝穿；诒尔子孙记此段，不虚墨补苏斋缘。

〔一〕“东江朱溯东山董”下注释云：“二公皆晴溪师。”

——《复初斋诗集》卷60《石画轩草三》

陈居中《较猎图》，一轴。

《秋原较猎》，一轴。

《番人图》，一轴。

刻丝《番马图》，一轴。

以上古今名画、手卷、册页，共计三千二百零一轴卷册。

——佚名《天水冰山录》

宋元名人画册。绢本，十开。

第一帧，宋尺高八寸七分，阔九寸五分。画两番骑下坂疾驰，前骑腰弓矢，翻身仰射，镞中飞鸿，昔人称其笔意可亚黄宗道，良不虚也。钤印三方，均不可识，款分书四字。

陈居中画。

——方濬颐《梦园书画录》卷4

出猎图

宋陈居中《羌胡出猎图》卷。藏经纸本，对接。设色，八人八骑，中杂鹰犬，余无布景。高九寸四分，长七尺六寸八分。居中。

“陈”白文，钤点字上；“柯庭家传神品”朱文；“屐研斋”白文，“汪季青珍藏书画之印”朱文、“汪氏柯庭秘玩”朱文，钤接缝处；“古香楼”白文；“休阳汪季青审定墨宝”朱文两用；“瘦仙审定真迹”朱文；“彭城观澜阁藏”朱文。

跋纸高九寸四分，长一尺七寸三分。

汉时画家皆工人物，故论画者以人物为上乘，山水次之。陈待诏，嘉泰时画院中人，工人物、番马。往常见其《射熊图》，纸墨稍逊。此更完善。余得之吴江沈氏，昔前人曾未有跋耳，后之宝之者，其果以余言为然耶。乾隆丁丑年浣花日，静山汪绳煐跋。“静山书画鉴赏之章”白文。

——庞元济《虚斋名画录》卷1《卷子类》

分宜严氏画品挂轴目：嘉靖四十四年籍没，先是陆完籍没，神品画至千卷。

陈居中《较猎图》。

——汪砢玉《汪氏珊瑚网名画题跋》卷23

文姬观猎图

宋陈居中《文姬观猎图》一卷，次等列一。素绢本，着色画，无款。姓氏见跋中。拖尾有邓文原、杨泰二跋。

——《石渠宝笈》卷 25《贮·重华宫六》

登云浦书楼，阅赵子昂泥金书《道德经》，为刑部尚书不忽木公作，有子敬并虞伯生跋；陈居中《文姬观猎图》，柯九思跋；刘松年《四皓图》，有萨天锡、看云老人吴全节跋；赵文敏小篆千文，有元人汝南任子苊臣及蔡和并本朝商太师跋，其中《四皓图》甚佳。

——袁中道《珂雪斋外集》卷 8《游居柿录》

题《文姬观猎图》

赵执信

天山霜草白于雪，金勒明驼行复歇；贤王前行屡停鞭，顾笑欲得车中怜。车中美人色赪玉，汉日边风摧鬓绿；旃裘奶酪镇相亲，寒束芳心羞不瞩。健儿身手如犬鹰，争倚雕弓驰射生；忽闻鸣镝云间响，何似焦桐弦上声。

——《因园集》卷 3《还山集·题文姬观猎图》

陈居中《女猎图》

凌云翰

猎事应难属女工，院人名尽说居中；蛾眉狐媚唐家妇，逐鹿何曾用角弓。

——《柘轩集》卷 1

五马图

陈居中《五马图》。

——都穆《寓意编》

八骏图

陈居中《八骏图》，绢画，一大幅。丹墨鲜明，气色如新。画六人乘于马上，一人将上踏凳，一人立于马之旁。内有乘红缨白马者为穆王，然则服色无别，岂为穆王哉？上有一株梅花盛开；有二株枯树冲霄而上；有栖鸟及其飞者，十有九只；下有一株夹叶小树。山石、地坡皆设青绿。人物精工，马匹神骏，与夫树木山石。用笔秀劲拔俗，精彩动人，逼似唐画，系临于史道硕、韩幹之辈，为两宋《人马图》第一神品画也。

四图观于嘉兴秋水庵张起生手。余购其马远、方方壶、陈居中三图而归，时乙卯四月五日。

——吴其贞《书画记》卷 6

进马图

陈居中《进马图》

凌云翰

明王慎德蛮夷宾，尺天寸地皆王臣；远人重译贡龙马，流沙万里来麒麟。金丸声动佛郎国，宝剑气接明河津；不知何年离榆塞，但见此日朝枫宸。毛骟生来玉琢鼻，钱骢隐起花攒鳞；最后赭白信无敌，如此丹青疑有神。腾骧欲飞使者喜，控制不得奚奴嗔；我闻陈阅善匠意，无乃韩幹为前身。按之图中得所似，借哉世上遗其真；骊黄牝牡不易索，九方率后知何人。

——《柘轩集》卷 3

百马图

南宋陈居中《百马图》卷。纸本。高八寸五分，长九尺六寸三分。不着款。纸凡三接。压缝用“笔华”“燕喜堂”“孝修图书”“□□赏鉴”及不可辨者，共十六印。写塞外郊原百里，时向平坡浅涧中点缀杂树半丛，百马散置其间，各色咸备。由近而远，自大至小，立者、卧者、蹲者、伏者、缓行者、戏逐者、交驰者、返顾者、滚尘者、饮泉者、涉水者、啮草者、昂首嘶鸣者、三五为群者，种种形神，靡不酷肖。后幅有牧马兵三人，皆执套竿，一人据鞍停骑，二人勒辔疾驰。其傍山处有穹庐二，外竖大旗二，旁张帐房六。另有两兵，挟弓矢同立营前，一人伸臂，若指说状。

考牧百群。道光己酉夏闰，朱昌颐。“朱昌颐印”“吉求别号朵山”。楷书题引首。

“振”“高”“朱印宗吉”。

“朱印宗吉”“直批道人”“君山鉴赏”“耕我砚田”“季彤曾观”“国祯之印”“陈居中印”。径九分，朱文，在卷尾下角。

“希世之宝”“黎简”。

余向见三赵合璧《三马图》卷，又见赵、任合璧《三马图》卷，松雪画马一，月山画马二，皆系真迹。以为尽画马之能，几使观止之叹。及得此卷，始知古今人不相及，虽松雪不免有画肉不画骨之讥，何论月山及二赵乎？图中马以百计，马之情态意状，直与工部诸诗同得其神。又系纸本，远胜前二卷。独恨失跋耳！然与其赝增，又不如无之为快也。吾知有九方皋，必能相赏于牝牡骊黄之外。霜青老人缪颐识。“半耕半读人家”。

此卷马以百计，而马之意态无一雷同，风入蹄轻，绘声绘影，此写生之神品也。卷尾有陈居中印，想即宋陈居中所作。予藏有赵仲穆《八骏图》册，仇十洲《饲马图》轴，俱称合作，然细校，俱拜下风矣。卷为吾友易君山所藏，今归于斋，展玩之余，能不增风雨鸡鸣之感耶？戊申八月，潘正炜书。“季彤”。

陈居中，为南宋画院待诏，宁宗恩遇最深，善画马。此卷远近、大细、位置皆宜，斯绘马之技尽，状马之态穷，宝之者不当如伯乐之爱良骥哉！守朴主人识于十二研斋。

嘉泰时推老画师，曲将形态绘蜗骊；可知万骑甘南渡，多少英雄伏枥思。渡江跃化有真龙，似此何曾冀北空；若果按图能索骥，盐车肯困太行中？咸丰庚申初夏，孔广陶题。

——孔广陶《岳雪楼书画录》卷2

骑犊图

陈居中《骑犊图》，小绢画，一幅。气色颇佳。画一牧童骑犊，手执一竹梢而行。笔法精俊，丰韵动人。有王叔明等图书。

——吴其贞《书画记》卷2

三十二　李迪

李迪，河阳人。他历事三朝，绍兴间，进画院副使。工画花鸟、竹石，生动秀拔。其作品有《牧羝图》。

（一）

李迪，河阳人。宣和莅职画院，授成忠郎。绍兴间，复职画院副使，赐金带，历事孝、光朝。工画花鸟、竹石，颇有生意，山水小景不逮。

——夏文彦《图绘宝鉴》卷4《宋南渡后》

（二）

牧羝图

李迪《牧羝图》卷，绢本，浅设色。画阴山风雪，天如穹庐，四野一色。苏武藉地坐，群羊散布沙碛，马五匹，橐驼二头。无款印。

——胡敬《西清札记》卷 4“嘉庆乙亥八月初一日”条

跋《牧羝图》

陈　旅

右汉典属国苏子卿《牧羝图》也。曷为牧羝？子卿使单于不降，役之北海上。言羝乳乃得归也。抱子卿而泣者谁？降将李陵也。陵来，从三人马五者何？单于使陵说子卿而邀之也。子卿所执者何？汉节也。夫人情至于不能堪忍者，烈丈夫或亦卒动其心而变其所守。子卿饥饿困苦，在荒绝无人之地十九年，母死妻嫁，兄弟在汉皆以罪死，此又情之至不能堪忍者。而子卿则揆以大义，强忍以全其节。若陵则战败力屈而遂降矣，母死遂不复归汉矣。虞常、张胜谋劫单于母，更杀卫律，子卿实与其谋。是子卿得罪单于，其情甚于陵，而单于终不忍害之。使陵败时特能忍不降，未必见杀，何至羞见子卿，泣下沾襟乎？传曰：“必有忍，其乃有济。”有志之士，未尝不三复于斯言也。虽然，犹怀生死之心以事其上，君子不为也。予直就陵言之，亦念如陵才武而不能强忍以全其节，为可惜也。

——《安雅堂集》卷 13

《牧羝图》

黄　溍

属国归驰旧使车，披图仍是牧羝奴；不知它日麒麟画，如此风埃满面无。

——《金华黄先生文集》卷 6 续稿 3

题《苏子卿牧羝图》

刘　炳

穹庐十九年，坐卧持汉节；归来满鬓斑，疑带天山雪。

——《御定历代题画诗类》卷 35《故实类》

题四景画

程敏政

天山雪花大如席，瀚海东头绝人迹；群羊散落沙碛间，啮尽寒毡岁云夕。塞垣孤月十九冬，手持旄节归汉封；不知麟阁丹青手，曾写当时憔悴容。右《苏武冬牧》。

——《篁墩程先生文集》卷 77

《牧羝图》

李东阳

仗节驱羊不自怜，白头归国意茫然；陵亡律死须臾事，谁更能消十九年。

——《李东阳集》卷 20《七言绝句》

《子卿图》

徐伯龄

浙阃公子王景声尝出《子卿牧羝图》，笔力精劲，用墨浓淡适宜，诚宋人之绝笔也。诗凡数十首，皆宣德正统间缙绅手翰。卷终一绝，乃东吴夏问所作，卷中之咏无能出其右。其诗云："不将汉节涴沙尘，十九年来万里身；谁道白沙黄草外，牧羊原是牧麒麟。"彼循常踪而蹈故辙者，奚可以语此耶。

——《蟫精雋》卷 14

题《苏子卿牧羝图》

华　嵒

圆灵函凄阴，霄气郁已结；复块荡晨飙，赴声溧且冽。游队出苍垠，飞鹜扰流雪；佳人何其悲，自来国音绝。感慨河梁诗，整缨奉汉节；守一不荣邀，寸丹矩冰铁。投足非所方，枉处曷可折；自慰澄中肠，茕影吊白月。岁运固有移，文字无销灭；缅垂千载名，清芬播贤哲。

——《离垢集》卷3

《苏武牧羝图》

梦　麟

似烟非烟霜冻须，欲雪不雪云塞涂；西海北海冰胶舻，钓耆鱳得阴飙嘘。麏麚茧足鹜鸧呼，貆猪黄獐潜伏墟；有羦其首来于于，非羥非羍亦非羭。曰羒羳羯厥壮殊，矜矜濈濈谁谓无；长肱不麾十指瘏，阴冈断坂遨以娱。或群或友亦步趋，寝讹降饮朋与俱；散坡啮草草则枯，凌兢帖耳侪厥徒。何人重戴毡里襦，短棰不假招蕃奴；高搴玉节持不孤，翠旄历落纡丹朱。未央建章黄云徂，酸飙猎猎翻干旃；哀哉子卿今牧刍，绝食大窖神女扶。皲瘃惨栗愁弗舒，羝乳则归归或诬；鼪鼯营蒯甘不荼，有雪为啮旃为茹。阿谁写真充顾厨，铅黄粉墨生态纡；麒麟漫漶丹青渝，毕欢效死真丈夫。少卿卫律嗟哉都，拜恩赐号封新除；两甄驰逐形魁梧，骊騊蕃硕来余吾。祁连猎罢休毡庐，湩浆鹿脯封驼酥；寒笳按拍声呜呜，红罗绮组排妙姝。地垆兽爇红氍毹，君独胡为拘橛株；子卿善觌千金躯，缴檠弓弩良可图。上林雁帛来神书。

——《大谷山堂集》卷2

题《子卿牧羝图》

彭孙贻

属国归来后，麒麟貌已高；当时困沙碛，大漠在秋毫。冰柱悬羝角，天花坠节旄；李陵台下雪，潼乳没黄羔。

——《茗斋集》卷 11

题《苏武牧羝图》

钱陈群

鹅毛乱点雪片粗，射人朔风金仆姑；官属别置绝叫呼，悲哉子卿为人俘。受羊三百司牧事，鞭就水草草则枯；八尺之节六尺躯，啮毡不死真壮夫。地用既无生角马，飞者更无头白鸟；羝不乳兮不可图，野鼠作食延须臾。于靬爱弟新单于，小队自领千龙驹；明朝会猎其来乎？

——《香树斋诗集》卷 11

题《苏子卿牧羝图》

裘曰修

黄沙漠漠天苍苍，群羊猬缩难成行；岂真执棰效驱策，百折不死来此场。餐毡啮雪易事耳，誓与汉节同存亡；千年绢素宛可识，一再拂拭增慨慷。当时听得单于语，分不生还汉家土；谁言射雁上林中，帛书姓字题苏武。两家和好归使臣，属国居然列樽俎；是知冥漠通精诚，何必羝羊不生乳。何必羝羊不生乳，呜呼！李陵计拙心独苦。

——《裘文达公诗集》卷 5

《苏武牧羝图》

赵文哲

赵文哲，字升之，号璞函，上海人。乾隆二十七年，召试，赐内阁中书。殉金川难，恤赠光禄寺少卿。有《媕雅堂》《娵隅》等集。

白日欲没黄云徂，海气直撼医巫闾；乌头不白马角无，牧羝求乳何为乎。咄咄子卿意良瘏，汤镬甘之非堇荼；手持秃节六载余，上林雁断无来书。传闻故园久荒芜，保宫老母愁桑榆；争船触柱兄弟诛，飘零何处求妻孥。同来吏士各羁孤，相逢不敢鼓咙胡；丁年匆匆雪鬓须，兜离窃停难久居。人生到此谁不渝，君独奚为抱区区；阴山八月雪载途，朔风如刀摧肌肤。野鼠掘尽百草枯，羊饥人饥声泪俱；仰天一恸云模糊，羁禽离兽为叫呼。陇西将种亦丈夫，曹柯之盟岂尽诬；哀哉椎髻穹庐趋，草间苟活群羊如。河梁置酒空尔娱，刀环余语何其愚；不有子卿全厥躯，将使夷狄轻中都。呜呼！

自昔保泰资庙谟，四夷为守言非虚；汉家边患惟匈奴，奔狼突豕兼封狐。犁庭绝幕计已疏，和亲况复金缯输；譬诸朽索御渥驹，安能俯首驯薪刍。嗟彼使者亦何辜，云中区脱经崎岖；骄虏睢睢更盱盱，片言立使肝脑涂。宛王悬头南越屠，穷荒难拯冤魂苏；生绡惨淡谁所摹，决眦恍惚驰伊吾。题诗勿用相叹吁，君不见，麒麟阁上悬新图。

——王昶编《湖海诗传》卷 26

武功题《苏武牧羝图》

吴省钦

海云压天堕鸧鸹，冰窖萧条赭流沫；误落羊群十九年，峥嵘偏向草间活。中朝虎节脱牛旄，拜命无忘卧起操；肯为穷荒生马角，怕教性命付鸿毛。牧羝令下转凄紧，比似关门禁游牝；单于解爱汉孤臣，纵使乳成归未准。或龁或寝或施鞭，不学降人袒左牵；五口无聊长饮酪，三生有数免吞毡。终堂老母迟羔跪，沙幕茫茫信迁徙；折棰难令异种驯，传书忽诘穹庐宄。刀环熟视更何人，相对沾衣双鬓循；只道触藩作胡鬼，谁知取犊送王臣。甲帐楼台路非昨，特牢告庙空冥漠；属国长縻窦窳乡，真形高上麒麟阁。忠信由来蛮貊孚，试从州里订顽愚；丹青要表贞魂苦，耻作河梁泣别图。

——《白华前稿》卷 42

宋李迪《牧羝图》一卷，上等。素绢本，淡着色画，无款。前有“梁清标印”一印，后有“曹深”半印一。前隔水押缝有“蕉林书屋”一印，后隔水押缝有“蕉林秘玩”“棠村”“观其大略”三印。卷高七寸五分，广二尺三寸。

卷中御题云：“碛雪风沙大窖凉，毳衣非暖酪非香；李卿知己休多语，试看垂垂汉节长。”乾隆御题，下有“乾隆宸翰”一玺。

拖尾梁诗正题云：“苍茫牧野龙沙宽，腥毡奶酪充飧餐；贞心许国冰雪寒，十九年来只一般。鬓须白去节旄残，穷荒犹感大义难；归来博典属国官，汉家恩泽轻羽翰。千秋史论同三叹，即今流传图画看；不殊麟阁标衣冠，载披恍见心血丹。凛然臣节良不刊。”乾隆丙寅春正月，臣梁诗正奉敕敬题。

又汪由敦题云：“子卿使匈奴，矫矫杖汉节；羝乳夫何时，卧咽旃毛雪。惨持旄尽落，头白十九春；神惊上林雁，归来画麒麟。零缣尺幅中，千载凛生气；悲歌余慨慷，河梁李都尉。”臣汪由敦。

又励宗万题云：“风雪满天透骨凉，汉家天使姓名香；节旄落尽归何日，目断横空雁字长。”臣励宗万恭和敬题。

又张若霭题云："白沙里雪乱如雨，寒烟边笳作人语；万草僵黄不见春，世上羝羊未闻语。海枯石烂坚惨持，肝脑涂地诚甘之；苑土千乘固不屑，节旄落尽心无移。旌旗千里临朔甸，天子自将夸能战；徒教构衅逞干戈，耀威讵使氛霾晏。中郎奉诏不矜锋，乃幽大窖鸣悲风；当时倘得命师去，利器岂让兰于功。陵降何惜武存幸，尺土无封名实炳；功臣聊得图麒麟，千年血泪留霜影。何时粉本落人间，毳帐旃毛老塞山；出使丁年归皓首。英雄无梦到刀环。"臣张若霭敬题。

又裘曰修题云："寒雪堕地天茫茫，群羊猬缩难成行；岂真执棰效驱策，百折不死来此场。餐旃啮雪易事耳，誓与汉节同存亡；千年绢素宛可识，一再拂拭增慨慷。当时听得单于语，分不生还汉家土；谁云射雁上林中，帛书姓氏题苏武。两家和好归使臣，典属居然列樽俎；是知冥漠通精诚，何必羝羊不生乳。何必羝羊不生乳，呜呼！李陵计拙心独苦。"臣裘曰修敬题。

又陈邦彦题云："塞草边尘表孤忠，一枝汉节海东头；羝羊生乳盟词决绝，富贵不淫威不屈。刚肠要把天骄折，十九年啮雪共吞毡，心如铁□生死别。休言说君亲，念常营结任；惊沙迷眼，酸风刺骨。朔漠羊群伴哀咽，他年烟阁，标丹阙倩，南飞雁足上封章，千行血调满江红。"臣陈邦彦敬题。

又董邦达题云："雪凝毳帐深寒积，汉节孤光照天赤；牧羝羝乳心不移，十九年中如一夕。属图生还意外耳，何假雁书上林泽；丹青写貌难写神，衹余沙草连空碧。"臣董邦达敬题。

引首，御书"冰天汉节"四大字。后署乾隆御笔，前有"乾隆御书之宝""读书依竹静"二玺。后有"清心抒妙""理含毫邈然""乾隆宸翰"三玺。御笔题签，签上有"神品""乾隆宸翰"二玺。

——《石渠宝笈》卷 44《贮·翠云馆》

三十三　朱锐

朱锐，河北人。宣和画院待诏。绍兴间，复职，授迪功郎，赐金带。工画山水人物，师王维。尤好写《骡纲》《雪猎》《盘车》等图。形容布置，曲尽其妙，笔法类张敦礼。

——夏文彦《图绘宝鉴》卷4《宋南渡后》

朱锐，画院衹候。工山水、人物、驼马、杂色。好写《罗网图》《猎雪图》，形容布置，曲尽其巧。

——庄肃《画继补遗》卷下

朱锐，河北人。山水、人物，师王维。尤好写《骡纲》《雪猎》《盘车》等图。形容布置，曲尽其妙，笔法类张敦礼。弟森，学于兄而不逮。

——朱谋垔《画史会要》卷3《都钱塘》

朱锐，河北人。工山水、人物，专师王维，亦善杂画。笔法布置，有似张敦礼。官画院待诏。

画之传世者：《溪山秋霁图》一、《雪猎图》二、《水阁晓寒图》一、《骡纲图》二、《溪山雪霁图》二、《盘车图》一、《运粮图》二。

——王毓贤《绘事备考》卷6《宋朝》

三十四　武克温

武克温，上京人。绍兴间，工蕃马。

——夏文彦《图绘宝鉴》卷4《宋南渡后》

三十五　陆琮

陆琮，工山水、蕃马，学田宗源。[一]

——夏文彦《图绘宝鉴》卷 4《宋南渡后》

〔一〕《图绘宝鉴·宋南渡后》曰：“田宗源，字子济，东京人。习范宽山水，尤工杂画。后居金陵。”

陆琮，工画山水，学田宗源，兼善蕃马。

画之传世者：《春山图》五、《秋山图》一、《山雨图》二、《猎骑图》三、《呈马图》二。

——王毓贤《绘事备考》卷 6《宋朝》

三十六　马兴祖

马兴祖，河中人，贲之后。绍兴间，待诏。工花鸟杂画。高宗每获名踪卷轴，多令辨验。

——夏文彦《图绘宝鉴》卷4《宋南渡后》

马兴祖，河中人，贲之裔孙。绍兴间，随朝画手，工花鸟杂画。高宗驻跸钱唐，每获名踪卷轴，多令辨验。

——庄肃《画继补遗》卷下

马兴祖，河中人，贲之后。绍兴间，待诏。工花鸟、人物、山水。高宗每获名踪卷轴，多令辨验。子公显、世荣，能世其传。绍兴间，承务郎，画院待诏，赐金带。

——朱谋垔《画史会要》卷3《都钱塘》

余家自高祖南山翁以来，好蓄名画，闻之，家君云：妙品有吴道子《鱼篮观音像》、王摩诘《辋川图》，范宽《袁安卧雪图》。惜今不存。今近所收，有唐人《画牛图》、滕玉霄、白廷玉诗，李升画《杨通老移居图》，马兴祖《胡人击球图》《胡人雪猎图》……皆往往为好事者所得，不留意也。

——都穆《寓意编》

三十七　颜辉

颜辉，字秋月，庐陵永和人。他善长画水墨、道释、人物。其作品有《沙漠出猎图》。

（一）

颜辉，字秋月，江右人。善画道释、人物。

——夏文彦《图绘宝鉴》卷5《元朝》

颜辉，字秋月，庐陵人。宋末时，能画山水、人物、鬼神。士大夫皆敬爱之。

——庄肃《画继补遗》卷下

颜　辉新增

元颜辉，字秋月，庐陵永和人。善水墨、道释、人物。亦入妙品。

——曹昭、王佐《新增格古要论》卷5《古画论》

（二）

沙漠出猎图

题颜辉《沙漠出猎图》

胡　俨

朔风卷地吹白草，阴山八月霜信早；塞外马肥弓力强，什什伍伍游沙场。沙场迢递千万里，白雁高飞天似水；翻身满引乌角弓，须臾血洒榆林里。猘子交驰疾若风，马蹄踣铁如游龙；嵩岳高高双眼碧，狐裘蒙茸鬓毛赤。不睹沙场画里真，岂知秋月笔通神；只今塞上烟尘绝，群部俱来贡金阙。买缣欲写王会图，几度临风忆秋月。

——《颐庵文选》卷下

三十八　朱德润

朱德润，字泽民，吴郡人。官至征东儒学提举。画山水，学郭熙，其合作者甚佳。

——夏文彦《图绘宝鉴》卷5《元朝》

朱德润，字泽民，昆山人。幼诵读一过能记，壮攻诗文，间得许道宁画，试加涂抹，遂臻其妙。延祐末，游燕京，赵孟𫖯荐之，召见，命为编修。明年，授镇东儒学提举，以归。康里巎、袁桷皆与友善。至正中，浙省辟为参谋，后摄守长兴，招徕流离，寻以病免。卒。有《存复斋稿》十卷。

——正德《姑苏志》卷51《人物九·名臣》

《雪猎赋》并序

朱德润

至治二年春二月既望，时雪初霁，天子大搜于柳林。还幸寿安山，命集贤大学士臣泰思都、学士臣𩔗哥识律、功德副使臣三旦班，召小臣朱德润图而赋之。因考礼经，谓：乾豆宾客充庖三田之义，汉儒雄词丽藻，可谓形容尽之。至于偃武修文之说，亦略见于篇中。皇元受命，四海来格，游猎之盛，武备粲然，所以明国家之制大备矣。臣德润：谨援笔墨，图成《雪猎》，而并陈其赋曰：

颛顼司序，玄冥驾冬。屏翳扇飙，冯夷洒冻。霜坚冰于沍泽之底，霰急雪乎苍冥之中。迷漫六合，飘飖太空。混玄黄而暴白，始胚腪于鸿蒙。忽焉山川，不夜之境；盎然草木，长春之丛。化瑶瑰不瑳之巧，布珠琲莫撷之工。有自强者，奋然而啃曰：天地既肃，风云已凉。兽哉獭而毕祭，士弓矢胡未张。可以振威警于下土，阅武备于非常。乃选车徒，淬精砺刚，陋萧君之不出，壮桓虔之高骧。旄孤麾而骑集，韝乍脱而鹰扬。旗纛翩翻，铃鸾铿锵。铦矛大槊，钩戟长枪。乌号繁弱，莫邪干将。兵气含辉，伟列其旁。于是，雷师挝鼓，山灵棒鞬。王良执御，羿氏控弦。封豕中机，贪狼就刳。纵离朱之明睫，步章亥之宏跧。穷罅捣穴，络野经原。饮羽则飞将视石，调矢则由基号猿。箭双雕于一镞，殪两兕于孤鞭。卢令令而狐踣，鹗皎皎而鸳颠。至若鸿雁鵁鶄，鹓鸴鹜鹳，麋麋豣婏，猗羊肆狟。伯益之所未录，《尔雅》之所未刊。飞走之属，并坠其前。血颔其濡，贯翎其联。数实登载，振旅告旋。又何止易堂下之一牛，窥管中之一班哉？故相如夸猎于上林，子云校猎于甘泉。以至长杨五柞，渭水黄山，皆前人辙迹之所蹈，文辞之所传。得则为敬天顺时之义，失则有纵乐从禽之愆。东吴小臣，渡江溯河，过鲁适燕。瞻两都京阙之巨丽，揖中州士子之多贤。曩曾逐公子王孙之后尘，而闻诸塞上之翁曰：我圣朝神武之师，常以虎贲之众，际八埏而大围，驱兽蹄鸟迹之道，为烝民粒食之基。燎火田于既蛰，入山林而不麋。胎不殀夭，巢不覆枝。讲春搜秋狝之举，临夏苗冬狩之期。效成汤祝网之三面，思文王搜田之以时。所以丰稼而除害，所以致敬而受厘。收其齿革羽毛，咸工需于民用。洁其牺牲腊脯，盛礼筵于宾仪。论功赐脤，锡胙临墀。太常荐新于庙祀，太官供味于庖腼。捄棘匕其膏膋，馕篕飨其肉麋。侑以元醴，享以醇醽。宰臣调其鹹甘，学士和其雍熙。皇恩浃上泽，施武事、讲文教，驰遂乃四方鼓舞，万里梯航。邠人祝粟，无远弗届；玄菟黑獠，致礼其邦。斥候尽职贡之道，象胥讲献纳之方。故众姓之人，间钟鼓管钥；虽三尺之童，携箪食壶浆。然后知旷百王天人之盛事，启亿万年大元之方昌。今圣天子砺精图治，宽裕有容。绍祖宗鸿熙之运，体上帝好生之功。将以仁义为基，道德为宗，诗书礼乐为治，政刑法度为公。正以网罗俊乂，驾驭英雄。则凤凰鷟鷟，不足以为贵；驺虞白泽，不足以为祟；岂特西旅之獒，太宛之龙，芝房赤雁之歌，宝鼎白麟之诵，盖将息牧野之如虎如貔，获渭滨之非罴非熊。闻一善以为训，明一艺无不庸。国家有基命宥密，君臣有同寅协恭。跻生民仁寿之脉，回太古淳厖之风。臣愚戆猥材，草莱陋质。愧不足以润色皇猷，宣扬盛世。裁前贤锦绣之文，镌大经金石之字，仿雅颂之作兴，表德泽之流泄。他日庶几河图洛书，龟龙负瑞。先以写臣方寸丹衷，诣寿安献赋之意。

——《存复斋文集》卷3

三十九　赵孟頫

赵孟頫，字子昂，自号松雪道人，谥号文敏。宋赵氏宗室，徙居吴兴。元世祖朝入仕，官至翰林学士承旨。博学多才，能诗善文，书画精绝。善画山水、木石、花竹、人马，尤为精致。相关作品有：《牧马图》《射鹿图》《蕃马图》《猎骑图》《秋原较猎》《胡羊图》。

（一）

赵孟頫，字子昂，号松雪道人。宋宗室，居吴兴，官至翰林学士承旨，赠江浙行省平章政事。封魏国公，谥“文敏”。荣际五朝，名满四海。书法二王，画法晋唐，俱入神品。

——夏文彦《图绘宝鉴》卷5《元朝》

元翰林学士承旨荣禄大夫知制诰
兼修国史赠江浙等处行中书省平章政事
魏国赵文敏公神道碑

至元二十三年，世祖皇帝遣使求贤江南，得赵宋昌陵十一世孙孟頫。入见奏对，称旨，起家为郎，由是被遇累朝，扬历中外。仁宗皇帝圣眷优渥，擢长词垣，致位一品。文宗之世，有司举行赠典，进秩辨章，驰爵上公，仍议节惠。至正五年春三月，今上皇帝以集贤大学士腆哈等特赐墓道之碑，敕翰林学士欧阳玄为文，集贤侍讲学士苏天爵书丹，翰林学士承旨张起岩篆额。臣玄奉命，谨考行状次第而铭之。

叙曰：公讳孟頫，字子昂，姓赵氏。系出秦王德芳，五世祖为秀安僖王，实生阜陵，赐第湖州。曾祖考师垂，故宋定江军节度使、开府仪同三司、万寿观使，累赠太师，追封新兴郡王，谥忠襄；妣庄氏，卫国大夫人。祖考希永，故宋赠朝奉大夫、直华文阁致仕，累赠通议大夫；妣郑氏，封硕人。考与訔，故宋正议大夫、尚书户部侍郎，知临安府、浙西安抚使、临安县开国子，累赠银青光禄大夫；妣李氏，封硕人。及公入仕我元，推恩三代，曾祖考改赠集贤侍讲学士、中奉大夫、护军，追封吴兴郡公；祖考改赠资善大夫、太常礼仪院使、上护军，追封吴兴郡公；考改赠集贤大学士、荣禄大夫、柱国，追封魏国公；曾祖妣、祖妣并吴兴郡夫人；妣及生母，并魏国夫人。初，太常公蚤世，无子，郑夫人选同宗子为之后，集贤公本兰溪房，侍兄与应通判湖州，郑夫人一见奇之，遂请以为嗣，内降许之。初娶李氏，续娶丘氏。公丘出，行盖集贤公之第七子也。生十有一岁，集贤卒，丘夫人贤，能勖其子学。公资禀俊迈，读书一目五行俱下。弱冠中胄监，试调真州司户参军。皇元混一后，涪湛乡社间，丘夫人尝语之曰："天下既定，圣朝必偃武修文，收四方才士用之。汝非多读书，何以自异齐民？"公闻，益加讲贯，每从里中老儒敖继公质正，数岁大进。尚书夹谷奇之，以翰林编修荐，不就；江南侍御史程公钜夫出访江南遗逸，得二十余人以应诏，公在首选。初授奉训大夫、兵部郎中，转集贤直学士、奉议大夫，迁朝列大夫、同知济南路总管府事兼管诸军奥鲁，以修《世祖实录》召入。书成，谒归，改知汾州，未上，以集贤直学士行江浙等处儒学提举，除扬州路泰州尹，进阶中顺大夫，需次于家。仁庙在东宫，闻公名，召入，拜翰林侍读学士、知制诰同修国史，改集贤侍讲学士、中奉大夫，复入翰林为侍讲学士、知制诰同修国史，俄迁集贤侍读学士、正奉大夫，进集贤学士、资德大夫，拜翰林学士承旨、荣禄大夫、知制诰兼修国史。延祐六年五月，告老还湖州。是冬，召入朝，以疾不果行。至元［治］元年，上章乞致仕，不报。二年春，遣使存问，夏六月辛巳，薨于私第。至顺三年，赠荣禄大夫、江浙等处行中书省平章政事、柱国，追封魏国公，谥曰文敏。

……公治尚书，有书注于礼乐度数甚明，知音律幽眇，有《琴原》《乐原》各一篇，号松雪道人，有《松雪斋文集》若干卷，《谈录》一卷。为文清约典要，诸体诗造次天成，不为奇崛，格律高古不可及，尺牍能以数语曲畅事情，鉴定古器物、名书画，望而知之，百不失一。精篆、隶、小楷、行、草书，惟其意所欲为，皆能伯仲古人。画入逸品，高者诣神，四方贵游及方外士，远而天竺、日本诸外国，咸知宝藏，公翰墨为贵，故世知之，浅者好称公书画，识者论公，则其该洽之学，经济之才，与夫妙解绝艺，自当并附古人，人多有之，何至相掩也？仁庙汇公及管夫人及子雍所书，藏中秘书，曰："使后人知今朝人臣中，一家书学有如此者。"适新太庙成，君相欲讲禘祫，定庙乐，求习礼乐者，公如已鲜，今上修《宋史》，思士大夫熟宋事者，亦何可得哉？玄初以礼部奏名，召奉大对，公为读卷官，擢置前列。

——欧阳玄《圭斋文集》卷 9

孟頫所著，有《尚书注》，有《琴原》《乐原》，得律吕不传之妙；诗文清邃奇逸，读之，使人有飘飘出尘之想。篆、籀、分、隶、真、行、草书，无不冠绝古今，遂以书名天下。天竺有僧，数万里来求其书归，国中宝之。其画山水、木石、花竹、人马，尤精致。前史官杨载称孟頫之才颇为书画所掩，知其书画者，不知其文章，知其文章者，不知其经济之学。人以为知言云。子雍、奕，并以书画知名。

——《元史》卷172《赵孟頫传》

赵孟頫，字子昂，自号松雪道人。本宋宗室，寓居吴兴，仕元为翰林学士承旨，封魏国公。荣遇五朝，名满四海。书法魏晋，画法晋唐，俱入神品。卒，谥文敏。

画之传世者：《八骏图》一、《衮尘图》三、《舞马图》二、《玉骢图》一、《神马图》一、《洗马图》一、《刷马图》二、《调马图》四、《习马图》二、《牧马图》五、《饮马图》三、《解鞍图》二、《衔勒图》一、《踏花图》一、《踖柳图》一、《蕃马图》十。

——王毓贤《绘事备考》卷7《元朝》

（二）

牧马图

题赵子昂所画《牧马图》

贡　奎

雾鬣云鬃出帝闲，谁将图画落人间；奚官饱牧无余事，独立春风忆华山。

——《贡文靖公云林诗集》卷6

赵松雪画牧马

柯九思

骏骨雄姿产渥洼，霜蹄蹀躞势堪夸；从来不受奚官系，要向天池饮月华。隶书。按墨迹，今藏继莲溪昌方伯处。

——辑本《丹邱生集》卷5

子昂《风林牧马图》

袁　桷

驷马不受人间龁，春入川原草如发；老髯背面心已知，眼底玄黄总凡骨。相亲柳下那作疏，泯默此意今为图；竹林之贤固奇士，晚岁绝交真可吁。

——《清容居士集》卷6

题赵学士画《牧马图》

朱德润

紫烟凝沙日色薄，奚官挽缰行躩跞；五马追风振鬣高，逸态飞腾珠汗落。方瞳紫焰耳卓锥，昂头顾前行且嘶；骅骝真种忽殿后，独立棹尾犹清奇。君不闻，路州别驾征西河，于阗晓贡拳毛䯄；曹韩画图李杜赞，神物久去空文华。吴兴学士非画师，剡藤绘出真龙姿；金鞍游客争快睹，千金博取求新诗。

——《存复斋文集》卷10

题枫林《牧马图》

贡　奎

春莎碧草如云起，厮官牧马垂杨底；赵侯落笔有天机，神光只尺藏千里。渥洼龙媒空复奇，至性却受人间羁；呜呼伯乐亦已往，凄凉自足传真赏。

——《贡文靖公云林诗集》卷 3

松雪画马

永乐中，黄方伯公泽题松雪《胡人牧马图》云："黑发王孙旧宋人，汴京回首已成尘；伤心忍见胡儿马，何事临池又写真。"沈石田亦有诗云："两目晶荧耳竹披，江南流落乘黄姿；千金千里真龙种，可惜胡儿买去骑。"

——徐𤊹《榕阴新检》卷 16 引《竹窗杂录》

赵文敏画马，虽以伯时为师，而其古淡浑成，若无意标奇处，实得物态之自然。昔人谓图鬼魅者易奇，写狗马者难巧，然狗马之中，亦有出奇取异者，是亦鬼趣也。元人画马，任月山太庸，龚翠岩太奇，惟子昂得马之真，盖其性喜画马，少时遇片纸辄画，而后弃去，精能之极，合乎自然，非浅造者可窥也。丁卯八月，汤慧珠携公《天马图》来玩，平立颙视，绝无顿掣之意，而神气雄岸，屹然如山，奚官长身武姿，与马并高，如献轩墀时也。题者数人：

一马形躯百法全，生时灵气取山川；英雄正用同生死，那忍无声立仗前。海粟。

京口郭畀天锡，敬观松雪翁《天马图》。

神驹初堕地，雷电飞海水；三岁不敢骑，万里献天子。翰林直学士虞集题。

奎章阁鉴书博士丹丘柯九思敬仲审定。

曲江洗刷云满身，雄姿逸态何超群；眼中但觉肉胜骨，幹也合让曹将军。嗟哉今人画唐马，艺精亦出曹韩下；玉堂学士重名誉，一纸千金不当价。山窗拥雪观画图，据鞍便欲擒于菟；天厩真龙有时有，老杜歌行绝代无。史官察伋士安。

竹懒曰：察级意似嫌子昂此马稍肥，故谓在曹韩之下，横以时名取重耳。求其如杜老所歌“扫空万马”者，则绝代未有也。何物胡奴，强作解事如此？

——李日华《六研斋二笔》卷1

赵吴兴《秋原牧马图》。浅着色，在绢素上，马凡有五。

健马奔泉如渴虹，活马浴水如游龙；竦身作势蹴厚地，仰首喷沫生长风。倦思滚尘痒磨树，似是马身通马语；莫将意态问丹青，天机正在忘形处。西涯。

——汪砢玉《汪氏珊瑚网名画题跋》卷8

《画马》二首

李东阳

健马奔泉如渴虹，活马浴水如游龙；竦身作势蹴厚地，仰首喷沫生长风。倦思滚尘痒磨树，似是马身逼马语；莫将意态问丹青，天机正在忘言处。

又

前马奔腾后马逐，沙苑东来曲江曲；相遭意气两不平，踏尽长堤春草绿。奚官一骑高如山，金环玉勒声珊珊；会呼群骏出云雾，同立春风十二栏。

——《怀麓堂集·诗后稿》卷3

射鹿图

题赵子昂《射鹿图》

李东阳

高秋出猎长城下，碧眼胡儿骑划马；弓如月满箭星流，已似千山毛血洒。马前逸兔或可脱，山下老麋身欲赭；彼贪但为口腹谋，不见巴西放麑者。吴兴王孙燕蓟客，酒酣兴发时泼墨；极知纨绮足风流，忘却河山限南北。噫吁嚱！薛郎未挂天山弓，披图仰面来天风。

——《怀麓堂集》卷53

子昂《射鹿图》

刘　墉

吴兴山水何清远，不见塞北云沙长；笔端朔气何飒飒，割鲜便拟燔炮香。金仆姑捻晓霜滑，惊麏跳越青石梁；猎余校获被原野，明日炳蔚看施床。图中写意不形似，想见白羽生风凉；天水王孙甚都雅，高冠玉佩青霞裳。丹青绮丽不可忘，东丹二妙留千霜。

——《刘文清公遗集》卷5

百骏图

元赵孟頫《百骏图》，一轴。次等盈一。

宋笺本，著色画。诗塘款题云：

沙树历历沙草荒，江上谁开刍牧场；马群所聚凡一百，饮秣而俯嘶而昂。寝讹浴涉踶且骧，或乳或驻或轧疮；三纵五横不成行，若龙若騏青紫黄。乌骓赤兔照夜白，连钱桃花斗文章；牝兮牡兮未可辨，亦莫可识驽与良。相骨相肉俱已矣，老夫两眼徒茫茫；但爱各各无羁缰，自纵自得肥而駉。肥哉肥哉空老死，未试何以知尔长；我知马亦待驾御，人马两得气始扬。请看沟汗流血浆，争前欲逐左贤王；追风掣电一般走，一百之中当有强。

百马余，十年前所画，仲时秀才近得于钱唐市上，归而持以示余。余因作歌以寄意。大德元年二月，孟頫识。

——《石渠宝笈》卷8《贮·乾清宫八》

内府收藏书画，余在内廷，曾经眼见者不计其数，今录其尤妙者，共三十五种，以备遗忘。……赵子昂《百骏图》卷。

——查慎行《人海记》卷下《内府书画》

番马图

赵承旨《番马图》。至大三年九月廿一日，子昂。

一马形躯百法全，生时灵气取山川；英雄正用同生死，那忍无声立仗前。海粟。"怪怪道人"朱文印。

京口郭畀天锡，敬观松雪翁《唐番马图》。

神驹初堕地，雷电飞海水；三岁不敢骑，万里献天子。翰林直学士虞集题。

奎章阁鉴书博士丹丘柯九思敬仲审定。

曲江洗刷云满身，雄姿逸态何超群；眼中但觉肉胜骨，幹也合让曹将军。嗟哉今人画唐马，艺精亦出曹韩下；玉堂学士重名誉，一纸千金不当价。山窗拥雪观画图，据鞍便欲擒于菟；天厩真龙有时有，老杜歌行绝代无。史官察伋士安。

——郁逢庆《书画题跋记》卷 6

元赵文敏《神驹图》立轴。绢本，宋尺高四尺八寸，阔一尺九寸七分。绿缛平坡，上标铜柱，系马二，一班一白，俯仰，神骏作啮蹄追风之势。

至大三年九月望日，子昂。“赵氏子昂”。

神驹初堕地，雷电飞海水；三岁不敢骑，万里献天子。翰林直学士虞集题。“虞集”。

奎章阁鉴书博士丹邱柯九思敬仲审定。“臣九思”。

曲江洗刷云满身，雄姿逸态何超群；眼中但觉肉胜骨，幹也合让曹将军；嗟哉今人画唐马，艺精亦出曹幹下；玉堂学士重名誉，一纸千金不当价；山窗拥雪观画图，据鞍便欲擒于菟；天厩真龙有时有，老杜歌行绝代无。史官察伋士安。“□山清玩”。

赵子昂画马，于体会入微时，其身几与马合，可谓入乎其中者矣。然余往往借观赏鉴家所藏子昂画马，不下数十，百事无一当意者，惟于毕制府秋帆处得见赵画山水一帧，内缀一马尾鬣如生，真神物也，方悟前此所见皆属赝鼎。昨岁移抚豫章，有同年子来持此见，遗云是家藏旧物，其神似处直，写至泼泼欲活，证诸毕制府处所见实出一手。古人之得重名，要自有真知者，在用弁数语质诸解人。乾隆五十九年十二月十四日商邱陈淮识于西江节署。“药”“洲”。

——方濬颐《梦园书画录》卷 5《元赵文敏神驹图》

赵孟頫画马，轴。纸，水墨画。马三匹，奚官并控之一，马作仰鸣状。款“至大三年九月八日，子昂”。

——胡敬《西清札记》卷 3“嘉庆乙亥七月十六日己亥”

题赵子马图

刘仁本

番奴毳帽赭衣新，万里牵来覆锦裀；华萼楼前呈御榻，翻身曾见衮边尘。原注：宁王为明皇帝画《六马滚尘图》于华萼楼壁上。

——《羽庭集》卷4

题子昂《蕃马图》

刘定之

定之，字主静，永新人，举人髦子。正统丙辰第三人及第，授编修。迁春坊、洗马，再迁右庶子。英宗复辟，改通政司参议，寻改翰林学士，进太常少卿。成化初，兼侍讲学士，入内阁，预机务，擢工部侍郎，改礼部。卒，赠尚书，谥文安。有《呆斋集》四十五卷。

乌骓赤骝皆龙种，对立春风耳双耸；踣铁高蹄疑削成，垂项长鬣欲飞动。圉官牵来意态闲，老髯侧立何苍颜；攘袂并语乃年少，红衫黑靴面如盘。气象本自阴山北，人马俱带风霜色；相将雄跨入九军，便欲长驱周八极。想当有元乘运时，天闲育此神骏姿；振策南驰御宇内，降王万里皆系累。赵公王孙目所睹，含毫挥染心宜苦；固知名笔掩曹韩，可惜祼将来黼冔。百年缣素人珍藏，锦囊玉轴相辉煌；乾旋坤转须臾事，单于来献真飞黄。

——陈田《明诗纪事》乙签卷16

题赵承旨《蕃马图》

闵　华

红羊劫后易销魂，惨淡风沙白日昏；忍把丹青画蕃马，低回无限赵王孙。

——《澄秋阁二集》卷1

《胡马图》

有人题赵子昂《胡马图》曰：“塞马肥时苜蓿枯，奚官早已着貂狐；可怜松雪当年笔，不识檀溪写的卢。”诗亦有嘲诮之意，可怪近来器用多画胡俗，如屏围看灯之类，多画猎马胡乐，岂非中华之耻，而宜禁者乎！

——叶廷秀编《诗谭》卷 6

次韵赵松雪《胡马图》

赵完璧

俊逸风流帝室人，素衣无计染燕尘；画来胡马千年在，遗恨中原要认真。

——《海壑吟稿》卷 6

五月晦日，集荣木轩观赵承旨画番马。联句。

溽暑如蒸炊。张世进 月令当庌马，尺幅展虚堂。陈章 万里见朔野，顾此渥洼姿。姚世钰 审是魏公写，传神形权奇。闵华 落笔势豁閜，飘萧风鬣披。张四科 惨淡汗血洒，连钱散满身。世进 踢雪没半踝，低头受羁络。章 逸足反踦跨，天厩群已空。世钰 龙种世本寡，一匹意已足。华 千金价谁舍，奚官磔髯须。四科 胡服饰带銙，凌兢面色黧。世进 蒙茸裘缘赭，丰貂护耳垂。章 短策裹袖把，冰坚长城窟。世钰 草白阴山下，冲寒欲何之。华 适远任牵者，遭逢哀王孙。四科 劫运屋宋社，豪素托深情。世进 钤印记大雅，画杀事或真。章 形化语岂假，伯时其庶乎。世钰 圣予非敌也，拂拭揞玉乂。华 赏玩行翠罣，移曝向西廊。四科 涑雨忽鸣瓦。世进

——张世进《著老书堂集》卷 2

猎骑图

赵承旨《猎骑图》

朱景英

健儿身手五花嘶，白草黄云日色低；一自阴山歌敕勒，早从渥水濯障泥。带禽归路风沙薄，饮马长城雪窖迷；不解鸥波亭上客，也传此景到吴西。

——《畬经堂诗集》卷 1

较猎图

分宜严氏画品挂轴目：嘉靖四十四年籍没，先是陆完籍没，神品画至千卷。

元赵子昂《秋原较猎》。

——汪砢玉《汪氏珊瑚网名画题跋》卷 23

题赵子昂摹龙眠《飞骑习射图》

戴表元

右赵子昂摹李龙眠《飞骑习射图》一卷。子昂故诸王孙，家无画种，其艺之至此，盖天机所激，一学便似，非如他人疲精竭力而能者也。每画成，子昂亦自爱重。张景亮是其外甥，人欲得之者，多从景亮索觅。故亮虽朝暮见画，而未尝得留。此卷初本龙眠，元丰间试院所作，子昂摹时，犹未涉世，故学问之气可掬。开玩数四，令人洒然。

——《剡源戴先生集》卷 19

题曹来殷所藏赵文敏《天山射猎图》

严长明

有足不跨追风驹，有手不挽射日弧；谁何貎此跨壮图，置我身到狼居胥。狼居胥出天山涂，俗缘水草安厥居；下者当户长骨都，率以弓矢为耰锄。秋交八月沙草枯，因山作橹河作陆；前茅后劲烝其徒，黄云陇畔争传呼。在师中想为单于，后有从者苍虬须；东头西头队各殊，左射右射矢不拘。长绦野鹰重环卢，封狼生罴罴生貙；阚如虓虎攸鹿麌，来逢交义去入罘。风毛雨血相模糊，幻成雪海红涛粗；四边伐鼓鼓咙胡，中军顿辔趋穹庐。地衣红作流霞铺，琵琶小伎清而姝；长裾半辨貂襜褕，金铛细点封驼酥。挽须醉倒愁难扶，乐哉此乐真丈夫；王孙点笔工描摹，鸥波池馆当明湖。陆梁状此何为乎，人生有志诚难渝；北人射猎南诗书，嗟君与我皆东吴。山有蕨薇园有蔬，隰有凫雁水有鱼；有经可畋史可渔，网罗放逸搜藏储。称心弋获佳有余，图中之原将何需；他年纵复如相如，上林左右随三驱。再赋狸首歌驺虞，用效子墨夸子虚。

——《归求草堂诗集》卷 2

胡羊图

赵松雪墨羊二：一作匀描形段，白质赭文；一作批毳，满体如乱麻，宛颈俯嗅地，极有生韵。公行书自题云："余尝画马，未尝画羊，因仲信求画，余故戏为写生，虽不能逼近古人，颇于气韵有得。"

余尝读杜工部《画马赞》云："良工惆怅，落笔雄才。"未尝不叹世之画者，鲜其人也。晋唐而下，姑未暇论，至如近代赵文敏公，书画俱造神妙。今观此图，后复题曰：

虽未能逼近古人，气韵有得，非公夸言，真妙品也。好事者其慎保诸。吴龙门山樵良琦，寓玉峰远绿轩题，时为洪武十有七年秋七月十九日也。

赵文敏公为仲信写二羊，展卷间，如行河湟道中，与旃裘索带之牧羝奴，逐水草而栖止。昔称廊庙材器，稽古入妙者，信矣！汝阳袁华书于鳌峰寓舍。

昔李伯时好画马，遇大比丘戒堕马胎，乃画一切佛，得三昧。松雪翁亦善画马。今披此图，又善画羊，观龙门所题，想亦含此意。又惜其丹青之笔，不写苏武执节之容，青海牧羝之景也，为之三叹。东郭牧者张大本，寓昆山客馆，与琦龙门同观。书此。

王孙长忆使乌桓，因念苏卿牧雪寒。落尽节旄无复见，写生传得两羝看。义阳偶武孟。

水晶宫中松雪翁，玉堂归来金盖峰。楼船如屋载珍绘，四壁展玩青芙蓉。江都之马滕王蝶，彩笔临摹最亲切。如何此纸意更新，不写骅骝写羝羯。昔余游宦滦河东，大群濈濈晴沙中。长髯巨尾悦人意，几回立马当春风。只今抚卷头如雪，复为王孙画愁绝。也知临笔感先朝，不写中郎持汉节。戒得人。

吴兴毫素妙如神，暂写柔毛便逼真。沙漠已空人去远，春风塞草几回新。东竺山人至暾。

居延岁晚朔风寒，荒草茫茫木叶干。山羖自肥羝自老，也知曾屈子卿看。昆丘遗老。

松雪翁胸中妙夺造化，故戏笔写羊，即得其真，宛如敕勒川上，风吹草低而见之也。石城居士为友橘金先生题。

——李日华《六研斋三笔》卷 2

赵松雪作二胡羊，逸笔。题跋已刻《六研斋三笔》，反遗其自跋，因补此。

子昂肖物之妙，无所不造极。此二瓶乃其偶作，而宛然，置人于黄沙白草间。评者纷纷征苏卿事，我恐此妙趣正复当面蹉过也，吾深叹其亡羊。春波竹懒李日华。

——汪砢玉《汪氏珊瑚网名画题跋》卷 8

四十　刘贯道

刘贯道，字仲贤，中山人。善画道释、人物、鸟兽、花竹。至元十六年，写裕宗御容。其作品有《元世祖出猎图》，左下角有题款云："至元十七年二月御衣局使臣刘贯道恭画。"

（一）

刘贯道，字仲贤，中山人。工画道释、人物、鸟兽、花竹，一一师古，集诸家之长，故尤高出时辈。亦善山水，宗郭熙，佳处逼真。至元十六年写裕宗御容，称旨，补御衣局使。

——夏文彦《图绘宝鉴》卷5《元朝》

刘贯道，字仲贤，中山人。工画道释、人物、鸟兽、花竹，取法诸家，铨衡众妙。山水宗郭熙，有极佳处。亦善写真，至大中为御衣局使。

画之传世者：延寿真人像一、玉局真人像一、纯阳大士像三、《海上三山图》一、《阿耨池莲图》一、《嘉陵江水图》一、《珍禽集木图》一、《芙蓉秋雁图》一、《竹雀图》二、《丛竹图》一、《写成宗御容》一。

——王毓贤《绘事备考》卷七《元朝》

（二）

元世祖出猎图

题《藩王出猎图》

钱　宰

燕山八月秋草黄，秋高马肥弓力强；藩王朝辞诈马宴，羽猎不敢齐长杨。西风猎猎边城戍，小队旌旗打围去；英姿飒爽思奋扬，面如玉盘身倚树。金羁朱缨玉腕骝，紫貂兜鍪银鼠裘；燕姬如花向前骑，从官绮列春云浮。猛士先驱仗金钺，胡笳一声鼓齐咽；骢驹并载双歇骄，海青翻臂思超越。黄须健儿勇且骁，虎纹交韔悬在腰；翻身控弦响若掣，一箭射落双飞雕。马上双雕驰献捷，凯歌向王王击节；金杯进酒饭黄羊，马湩淋漓手新捩。穹庐张天落日黄，醉拥婵娟马前歇；百年富贵空画图，桑田茫茫海水枯。画中豪杰八尺躯，昔何勇锐今何愚；悲风萧萧渺绝漠，漠南千里王庭无。

——《临安诗集》卷3

明安驿道中

陈　孚

貂鼠红袍金盘陀，仰天一箭双天鹅；雕弓放下笑归去，急鼓数声鸣骆驼。

——《陈刚中诗集》卷3

刘贯道，字仲贤，中山人。元裕宗御容，阔绢幅。帝披银鼠裘，满身黑鼠尾，跨骏马，观射雁。人物不盈尺，神气勃勃。傍骑一胡女相从，艳而古。有款。

——《平生壮观》卷9《刘贯道》

题《元世祖出猎图》

纳兰揆叙

至元天子英武姿，校猎每以秋冬期；我今展图如见之，沙漠惨淡移于斯。星游蔽野虹作旗，厩马既秣车既脂；至尊前行后阏氏，茸帽压顶裘反披。名王部长络绎随，臂弓腰箭千夫驰；北风似弩雪似筛，踆乌匿影顽云痴。鸿鹄纷拏苍隼饥，雉飞入草鹰在枝；银獐缟鹿熊豹麋，狡兔封豕狐与狸。洞胸饮羽血淋漓，焚林捣穴靡孑遗；就中射虎者为谁，引满一发穿其颐。目光礳硉怒未弛，懦怯乍睹犹惊疑；归来穹庐帟幕施，酪浆湩乳倾金卮。燎毛燔肉土锉炊，琵琶发声羌苗吹；酒酣耳热欢融怡，寒气忽转春迟迟。厥初穷兵辟坤维，乘胜直抵西海湄；于阗乞降迨龟兹，角端示警殊不知。从畋已寓阵法奇，止齐步伐皆得宜；月来日往绵岁时，此画完整无缺亏。偶然浏览浑忘疲，便觉满室生凉飔；壮观咫尺慰所思，何待振策游边陲。

——《益戒堂诗后集》卷8《题元世祖出猎图》

四十一　赵仲穆

赵雍，字仲穆，赵孟頫之子。尝任淮南知州，官至集贤待制。师从董源，画山水，尤其善人马，书篆皆精妙。相关作品有：《沙苑牧马图》《番人牵骢马》《番骑射雁图》《单于出猎图》《题赵仲穆射猎图》。

（一）

赵雍，字仲穆，文敏子。官至集贤待制，同知湖州路总管府事。画山水，师董源，尤善人马，书篆皆精妙。

——夏文彦《图绘宝鉴》卷5《元朝》

赵仲穆雍，松雪之子。善书画。尝任淮南知州，有一玉带，时廉访某官欲得之，不从，竟以事蔑之，而罢其职。至正中，被召入朝，旨下淮安，取往来案牍焚之。仕至翰林侍制。晚年典郡，为吴兴太守。

——长谷真逸《农田余话》卷上

（二）

牧马图

赵仲穆《沙苑牧马图》。着色，小横卷。

沙树历历沙草荒，江上谁开刍牧场；群马所聚何劻攘，饮秣而俯嘶而昂。讹踶浴滚逐且骧，或乳或卧或轧疮；三纵五横不成行，五花杂沓驳而黄。乌骓赤兔照夜白，连钱桃花斗文章；牝兮牡兮未可辨，亦莫可识驽与良。相肉相骨信已矣，老夫两眼徒茫茫；但爱各各无羁缰，自纵自得肥更光。肥哉肥哉空老死，未试何以知尔长；我知马亦待驾御，人马两得气始扬。请看沟污流血浆，争前欲缚左贤王；追风逐电一般走，五十之中当有强。

右马五十匹，画者各极其态。余鉴为赵仲穆亲笔，而题其上如此。成化岁在乙酉十月望，沈周。

仙骥凡骀久混同，伊谁能使冀群空；拳奇独有青龙骨，合作观风御史骢。甲子仲吕之月，吴瑄题奉全卿宪副，是月既望日。

——郁逢庆《书画题跋记》卷9

五十匹马图

沙树历历沙草荒，江上谁开刍牧场；马群所聚凡五十，饮秣而俯嘶而昂。寐讹浴涉踶且骧，或乳或驻或轧疮；三纵五横不成行，若騮若驥青紫黄。乌骓赤兔照夜白，连钱桃花斗文章；牝兮牡兮未可辩，亦莫可识驽与良。相骨相肉俱已矣，老夫两眼徒茫茫；但爱各各无羁缰，自纵自得肥而驷。肥哉肥哉空老死，未试何以知尔长；我知马亦待驾御，人马两得气始扬。请看沟汗流血浆，争前欲逐左贤王；追风掣电一般走，五十之中当有强。

——沈周《石田诗选》卷8

赵仲穆《沙漠牧马图》，绢画，一幅。马数十匹，皆长不过寸。识“仲穆”二字。沈石田题跋。

——吴其贞《书画记》卷3

《春郊牧马图》，或曰赵王孙子昂，或云仲穆，余定以为五代人笔。

——董其昌《画禅室随笔》卷2

番人牵骢马

赵氏三世作《人马图》长卷。在楮上最精。

至正十九年己亥秋八月，余寓武林，一日韩介石过，余道松江同知谢伯理雅意，俾介石持所藏先平章所画人马见示，求余于卷尾亦作人马以继之。拜观之余，悲喜交集，不能去手。余虽未识伯理，嘉其高致，故慨然为作，以授介石归之伯理云。赵雍书。

右第二帧仲穆画《番人牵骢马》，西向。

——汪砢玉《汪氏珊瑚网名画题跋》卷8

番骑射雁图

宋元人小画图册子，一本，计十八张：

赵仲穆《番骑射雁图》，绢画，斗方一页。画一番人，乘马张盖而行，看隔岸飞骑射雁。

……此册购于竹墩沈基玉令侄家，时乙卯十月廿日。

——吴其贞《书画记》卷6

出猎图

赵仲穆《单于出猎图》卷。收藏有“忠彻”朱文方印，“袁氏珍玩子孙宝之”白文方印。画幅：纸本高一尺，长二丈八尺九寸五分，纸八接。墨笔白描，工笔。画羽葆、幢盖、车马、旌旗、士卒出猎之状。

“仲穆”朱文、“赵雍之印”白文。

——端方《壬寅销夏录》

赵仲穆《羽猎图》卷：瓶麓斋旧藏。绢本设色，工笔，高九寸，长四尺六寸三分，山坡平旷，林木萧骚，数壮者乘骑出猎，一人搴旗先行，一骑背剑随后，一人挟猎犬，一人臂鹰，一人带弓矢应辔而行，后一骑策马追蹑作欲前不进状，最后一骑始出树间，尚有三五骑在林坡后，隐约微露。人则状儿雄伟，马则毛鬣如生。绢身颇为蠹蚀，精神尚未大损。卷尾有“仲穆”二字印，无款。前有“卢芸翘鉴赏书画”，“即子孙宝之”二印，后有“麓堂”“项子京藏书画”印二，无题跋。

——邵松年《澄兰室古缘萃录》卷2《赵仲穆羽猎图》

赵仲穆《秋郊行骑图》，绢画，一幅。气色佳。识十字，曰：“至正六年春三月仲穆写。”以上二图于绍兴张维之处得观，时辛卯八月二十六日。

——吴其贞《书画记》卷3

题赵仲穆《出猎图》

郑文康

骏马胡鹰万里天，飞尘一道暗如烟；清平正好调弓马，莫为从禽学少年。

——《平桥稿》卷3

题赵仲穆《射猎图》

胡承珙

吾爱李北平，短衣射虎南山行；又爱曹景宗，鼻端生火耳后风。披图陡觉神为王，浅草平原剧辽旷；朔方健儿好身手，五骑联翩试飞放。结束蛮靴红袴袜，跃马弯弧重一发；仰观雕鷸各有神，风毛雨血纷出没。集贤公子吴兴居，何由貌此雄俊徒；当时国故重田事，近郊岁岁张周阹。从兹打捕遍天下，鹰房猎户无地无；却思故国定愁绝，五坊南渡从来歇。换劫红羊行复休，渡江白雁谁能射；王孙家世空凄凉，艺苑风流那堪说。我因爱此丹青工，题成笔底生长风；读书射猎堪终老，一卷韬钤两石弓。

——《求是堂诗集》卷4《授经集·题赵仲穆射猎图》

游骑挟弹图

题赵仲穆画《游骑挟弹图》

吕　诚

白马王孙红锦鞯，平明按辔百花前；金丸迸入他人宅，却把苍头打玉鞭。

——《来鹤亭诗》卷5

题赵仲穆《挟弹图》二首

李东阳

东风挟弹小城春，游骑飞缰不动尘；道上相逢休借问，卫家兄弟霍家亲。

落尽金丸万鸟空，花间立马傍东风；王孙醉笔飞扬甚，人说风流似魏公。

——《怀麓堂诗稿》卷 19

题赵仲穆《马上挟弹图》

郑　真

宋李伯时画马，人谓其洞入马腹。若吴兴赵氏仲穆所画，生动意态，尤为神品，伯时不专美于前矣！今观《马上挟弹图》，偃仰步骤，殆寓畋游之戒，观者当于意外求之，毋徒以画言也。后学荥阳生郑某书。

——《荥阳外史集》卷 39

题赵仲穆《马上挟弹图》

郑　真

王孙骑马过林西，何事金莺不住啼；高嶂重重云不暗，春风吹送一丸泥。

——《荥阳外史集》卷 90

赵仲穆《游骑挟弹图》

袁　华

开元少年意气雄，任侠不数陈孟公；文犀束带鹄袍小，骄马飒沓如游龙。侧身仰望目瞿瞿，为有流莺在高树；两骑联翩未敢前，看送金丸落飞羽。白头乌啄延秋门，渔阳尘起天地昏；珊瑚宝玦散原野，空令野客哀王孙。平原公子五色笔，俗史庸工俱辟易；写成图画鉴兴衰，未必奢淫不亡国。

——《耕学斋诗集》卷5

题《游骑挟弹图》

龚　敩

平明挟弹出新丰，驰过宜春小苑东；百啭流莺深树晓，一番新雨落花风。路迷禁草连天碧，衣染宫桃照日红；欲识平原公子意，岂无遗恨五陵中。

——《鹅湖集》卷3

元赵雍《秋原骏马图》，一轴。次等宇一。

——《石渠宝笈》卷26《贮·重华宫七》

四十二　王振鹏

王振鹏，字朋梅，永嘉人。工界画，极为精绝，深受元仁宗喜爱和推崇，遂赐号“孤云处士”。其作品有《雪猎图》。

（一）

王振鹏，字朋梅，永嘉人。官至漕运千户，界画极工致，仁宗眷爱之，赐号“孤云处士”。

——夏文彦《图绘宝鉴》卷5《元朝》

盖上于绘事天纵神识，是以一时名艺，莫不见知。而永嘉王振鹏，其一人也。振鹏之学，妙在界画，运笔和墨，毫分缕析，左右高下，俯仰曲折，方圆平直，曲尽其体，而神气飞动，不为法拘。尝为《大明宫图》以献，世称为绝。

——虞集《道园学古录》卷19《王知州墓志铭》

孤云处士王振鹏

王振鹏，永嘉人。工画山水人物，尤精界画。文宗诏画殿壁，称旨，欲官之，不受，赐号“孤云居士”。时人重其品，争购其画，以币交者，屦错户外，而苟非其人，未尝轻点一笔。近世所传《春明夺标图》，极精，与《清明上河图》同价。尝奉诏作《十妃》册，藏之内府。杨文正公忽于燕市中得之，以为一段奇事，什袭而题其后，以为子孙世宝。其为钜公所重如此。

——徐象梅《两浙名贤录》卷 48《方技》

（二）

雪猎图

元人山水集册，绢本，计三开，俱方式：

第三开，高一尺六寸二分，宽一尺五寸。工细，墨笔，楼阁微着色。下段孤峰戴雪，落木寒林。峰右悬瀑垂绅，下注石桥。峰右崇台累级，石栏曲折，台上楼高四照。界画精微，对岸回廊别馆，临水方亭。上段两峰开处，复现楼阁，殆类仙居。平冈上一人乘骑，追一野兽，人马仅三四，分许而神情毕现。正中雪山高耸，石骨坚瘦。无欵。有旧签题。右下，白文“张”“□”联珠方印。王孤云《雪猎图》。楷书签

——李佐贤《书画鉴影》卷 13《册类》

四十三　任仁发

任仁发，字子明，号月山，松江人。他精通水利，官至都水庸田副司。以画马得名。其作品有《胡骑图》。

（一）

任仁发，字子明，号月山，松江人。官至都水庸田副使。以画马得名，中年后方专意学李北海书，即得其法。

——陶宗仪《书史会要》卷7

任仁发，字子明，号月山道人，世居青龙。年十八中乡试。元兵南下，平章游公见而器之，委招安海岛，引为青龙水路警官，累迁贰都水监，府境开江置闸，凡水议皆仁发主之。大都通惠河杨隐闸奔覆，会通河浅涩，汴梁黄河浸归德府，杭之盐官海塘崩陷，仁发皆尝治之，具有迹效。任守宰，民多立祠祀之。尤善绘事，尝奉旨入内，画渥洼天马图，宠赉甚厚。后以中宪大夫、浙东道宣慰副使致仕。所著《水利书》十卷，行于世。

子三：贤材考城令，贤能泾令，贤佐南陵令。今人称画马，曰“任水监盖以艺掩其能”云。

——正德《松江府志》卷28《人物二·名宦》

(二)

番骑图

唐宋元横板大画册，廿一张。

任月山《胡骑图》，绢画一页。气色尚佳，画法精俊圆健，逼似唐人，为之神品。上有赵松雪题咏，副纸上有三题跋，忘其名姓。

——吴其贞《书画记》卷5

任仁发，月山，字子明。

《人骑图》，前自题云："师韩幹，日就月将，颇得三昧，视近世画手，优劣为何如？"其自负不浅如此。张简、妙声、赵肃、杨诚、松泉、程立本、王征皆题七绝。

《五骏图》，绢卷。人马法唐人，着色甚妙。

《肥瘦二马》，绢卷。自题甚长，柯九思跋，云间徐济长歌再三，纸写丈余。《人马图》，白纸阔条短幅。白衣人牵四明黑马。

曹霸画马，画骨最胜；韩幹画马，画肉马多。月山不师霸而师幹，吾恐骅骝气凋丧也。虽然，子昂之后，其在斯人欤。

——顾复《平生壮观》卷9

任子明《人马图》卷。绢本，设色。高九寸四分，长二尺五寸八分。

平坡草绿春正肥，圉人放牧除衔羁；刍饱忽作骧尘势，霜蹄四仰黄埃飞。紫鬣摇摇拂莎碛，回头真有千钧力；驽钝空居十二闲，骐骥裹骝俱辟易。此画未逊韩与李，出奇变态笔锋里；安得王良为尔鞭，逐电追风日千里。

月山道人并题。“任氏子明”白文。

——陆心源《穰梨馆过眼续录》卷 4

元任月山《人马图》卷。绢本，设色。一马作滚势，圉官两人，立而对语。高九寸三分，长二尺五寸三分。

平坡草绿春正肥，圉人放牧除衔羁；刍饱忽作骧尘势，霜蹄四仰黄埃飞。紫鬣摇摇拂莎碛，回头真有千钧力；驽钝空居十二闲，骐骥裹骝俱辟易。此画未逊韩与李，出奇变态笔锋里；安得王良为尔鞭，逐电追风日千里。

月山道人并题。“任氏子明”白文。“汪蕉林清玩记”朱文，钤隔水线。

——庞元济《虚斋名画录》卷 2《卷子类》

题任少监《百马图》

释大圭

炖煌水涸龙驹伏，未央厩前秋草绿；驴驼负石玉门关，旧苑空余三十六。忆昔高皇马百疋，騊駼车府无监牧；只留太仆掌天闲，不许田驽食民谷。古来贵良不贵多，须信俭余奢不足；任监手画百骅骝，五色如云散平陆。八月风高水草甘，饮啮舒闲肆驰逐；骓駓骊黄莫复辩，水叶风花乱人目。任公生遭太平世，结思驱毫逞神速；四海无虞百将闲，无乃图形华山麓。吾闻善相东门京，坐阅群龙眼如烛；帛家口齿谢家鬃，皎皎那容在空谷。争如下乘得休安，骨相虽凡好毛肉；杏花烟外柳阴中，鞲络无加饱刍粟。呜呼此画世已稀，徒有千金未轻鬻；老矣支郎俊气销，抚卷空歌天马曲。

——曹学佺编《石仓历代诗选》卷 366

四十四　仇英

仇英，字实甫，号十洲，太仓人。善画山水人物，师周臣工。喜善临摹。相关作品有：《射雁图》《回纥游猎图》《秋原游骑》《羽猎图》《上林图》。

（一）

仇英者，号十洲。其所出微，常执事丹青，周臣异而教之。于唐宋名人画无所不摹写，皆有稿本，其临笔能夺真，米襄阳所不足道也。尝为周六观作《上林图》，人物、鸟兽、山林、台观、旗辇、军容皆臆写古贤名笔，斟酌而成，可谓绘事之绝境，艺林之胜事也。使仇少能以己意发之，凡所挥洒，何必古人。

——《弇州山人四部稿》卷155《说部》

仇英，字实甫，号十洲，太仓人。山水、人物，师周臣工。临摹落笔乱真，至于发翠豪金，丝丹缕素，精丽艳逸，无惭古人。曾写四大幅在弇州家，一《西园雅集》、一《清夜游西园》、一《独乐园》、一《金谷园》，而《独乐园图》则恢张龙眠之稿，皆一丈有余。人物位置皆古伟。余家藏有《种玉》长卷，笔法精研，但以绢素损坏弃去。

——朱谋垔《画史会要》卷4《大明》

（二）

射雁图

仇英单于《射雁图》

顾景星

海天冥冥带双雁，碧眼霜驼若流电；弓强箭尽且奈何，目送入云看不见。十洲老手画似真，百年粉墨开如新；期偲雕瞩不嫌误，莫误汉家宫里人。

——《白茅堂集》卷11

回纥游猎图

明仇实父《回纥游猎图》卷。绢本。高一尺六分，长九尺一寸四分。设色工笔，写番人十有七，婴孩一，马十八，橐驼三，猎犬一。不著款。

“万字瓦铛”“渊北秘玩”“乙未生”“余乐堂珍藏印”“渊北父”“吴氏珍玩”“浪用春光”、白文不辨、朱文不辨、白文不辨、不辨、“宝华”“庶田珍玩”“集虚”“渊北”“南昌万氏珍藏”“实父”“仇英”。

回鹘种落不一，历代称名各异，而莫强盛于唐。其国随水草畜牧，多产骏马、橐驼，故日以游猎为事。昔人已有《番部》《按鹰》《猎骑》《牧马》等图，实父此卷，皆臆仿古贤名笔，玄宰谓其伯驹后身，于此信然。卷中建旗者、挟矢者、仰视者、睨弦者、返射铁环者、疾驰以应者、抱头著矢者、抚掌相嬉者、有困伏驒驼而鼾者、有披裘停辔以观者、有臂鹰顾盼以自得者，皆虬髯虎颔，钩鼻凹睛，群相驰骋于平芜朔漠之中，每一开卷，想见当时慓悍践踏中原景状，抚今思昔，能毋掩卷而吁也。

咸丰己未清和月，南海孔广陶识。

——孔广陶《岳雪楼书画录》卷 4

秋原猎骑图

仇英画《秋原游骑》卷，纸本，设色。画平原，浅草乔木、清泉、晴宇秋高，停骖小憩。图中凡马十，圉人十九，或施鞍，或执策，或调鹰犬，或意钱。隶书，款“仇英实父制”。

后幅题跋：仇实甫画。师周舜卿，而能上宗赵千里、刘松年，皆深得其奥。吴中人得其片楮，争相宝爱。此图更觉精工妍雅，真不易得也。彭年子加。

天启丁卯三月七日，春雨初霁，松窗寂然，焚香展阅仇实父此图。精妙绝伦，不下赵松雪，非近世丹青之士所能梦见也。付之装池，因书其尾。松陵顾定九记。

——胡敬《西清札记》卷 4“嘉庆乙亥九月十三日乙未”条

仇十洲《秋原猎骑图》，白绢本。高约四尺一，阔尺六寸。笔势疏放，殊类唐人胡瓌。草书法，而设色清润，人骑俱有生气，能品也。仇英制。

仇十洲先生画，实赵吴兴后一人。讨论余先大父墨林公帏幕中者三四十年，所览宋元名画千有余矣。又得性天之授，餐霞吸露，无烟火气习，遂为独绝之品，声重南金，流传于外十有九赝，肉眼遇丹青炫耀，辄遽赞叹，此繇未睹真龙之故也。余家藏自伯叔兄弟清秘库中约有百幅，然皆未离色相莫若。是图以行草为楷隶，极摸拟之神情，纵幻化于毫端，六马安舒，驰骤曲尽，诸人伎俩称第一神品。项声表题识率书。

——吴升辑《大观录》卷20《沈唐文仇四家名画》

《秋原猎骑图》，绢本，中挂幅，着色。人马落墨处，用笔如草书，似不经意。内有破旗，用泼墨为之。诗塘有项声书长题。

——安歧《墨缘汇观录》卷4《名画续录》

明仇十州《羽猎图》卷

杜瑞联

绢本，今尺长五尺五寸，宽八寸，着青绿色。文武像凡四十一，马凡二十匹。卷尾"仇英制"，小真字一行。押尾方印一，不可辨。

论曰：仇十洲尝为周六观作《子虚上林图》，其布局与此卷略同。但彼卷长几五丈，此卷仅有十分之一，即人物、鸟兽、山林、台观、旗辇、军容亦不逮其半，或十洲既成前图，此殆其缩画粉本欤。昔小李将军尝画《秦王独猎图》，龙眠居士尝画《李广出猎图》，孤云处士尝画《长杨羽猎图》，俱见《历代名人画跋》，仅有全图俱无副本。若十洲前后两图层出不穷，各有意境，昔人尝评诗文云："不可无一，不能有二。"若十洲者真二，而无一也。

赞曰：风劲弓鸣，于田纵猎；电弹星飑，风毛雨血。十洲两图，各臻奇绝；如闻鼓声，再三不竭。

——《古芬阁书画记》卷15

题《秋原游骑图》

顾梦圭

萧条关陇秋风起，白马闲行碧山里；少年曾逐霍嫖姚，长驱漠北氛尘消。功成不恋肘间印，征歌选伎黄金尽；种瓜谁复识东陵，麒麟未画鬓犹青。闻道南原有狐兔，霜蹄且试长楸路；青丝玉鞭锦障泥，寒云踈树何离离。醉中射石石饮羽，九兕双雕应弦取；早晚君王赐剑行，尚能亲捣月氏营。

——《疣赘录》卷 7

沙苑图

仇十洲《沙苑图》。嘉靖丙午秋日，摹松雪《沙苑图》，吴门仇英。

沙树历历沙草荒，江上谁开刍牧场；群马所聚何劻勷，饮余而俯嘶而昂。讹踶浴瀼逐且骧，或乳或卧或轧疮；三纵五横不成行，五花杂沓驳而黄。〔一〕乌骓赤兔照夜白，连钱桃花斗文章；牝兮牡兮未可辩，亦莫可识驽与良。相骨相肉俱已矣，老夫两眼徒茫茫；但爱各各无拘缰，自纵自得肥更光。肥哉肥哉空老死，未试何以知尔长；我知马亦待驾御，人马两得气始扬。请看沟汗流血浆，争前欲缚左贤王；追风逐电一般走，数匹之中当有强。

余尝见赵松雪所画《唐马》一卷，纵观之，其态有立者、伏者、走者、饮者、浴者、蹄者、嘶者、奔者、逸者、戏而骈者，或寝或喝，奋发而生，精细而密，各能穷其状。今阅十洲此卷，其运墨设色，风韵气骨，断断乎自一手者。不然，何天闲之若是邪？时嘉靖丁未仲春之望，许初。真迹。

评吴书画一绝，精妙能神逸，仇唐文沈刘。祝王真俊峭，书画七贤优。

——张丑《清河书画舫》皱字号第十二

〔一〕“不成行五花杂沓驳而黄”，此十字原脱，今据《书画题跋记》卷九《赵仲穆沙苑牧马图》题跋补。

上林图

仇实父画《子虚上林图》，长五丈。穷态极妍，盖天孙锦手也。余见其《胡笳十八拍图》《汴桥会盟图》《赤壁赋图》，皆属能品，而不若此卷，为第一。

——陈继儒《妮古录》卷2

仇十洲《上林较猎图》卷，绢本。长四丈，高一尺三寸余。青绿，大设色。上林较猎，千乘万骑，位置精严，不失赋中一语，六法兼到。真画苑钜观。“桃花坞里人家”。

款书“嘉靖庚戌秋日，吴门仇英实父制”。隶书图后。“十洲”朱文、“仇英之印”白文。

《上林赋》，隶书，绢本，原文不录。嘉靖辛亥岁孟春既望，雁门文徵明书于玉兰堂之东轩。

乌丝格，绢本装。画后。“文徵明印”“悟言室印”二印白文、“衡山”朱文。

——卞永誉编《式古堂书画汇考·画考》卷27《仇英》

《上林图》，绢，高头五丈。嘉兴岳子仪所见粉本真迹，未傅色，而气格已见，笔变无穷。闻正本犹在中州，衡山楷书赋。拟求望气者决之，于何宿分野以物色之清。

——顾复《平生壮观》卷10《仇英·上林图》

仇十洲《上林图》一卷，临赵千里笔也。予在京兆曾见之，工细之极，非周岁之力不能也。汪文石以善价得之一老兵，今于燕市更见二卷，工细相等，笔力稍逊，神采遂异，盖赝作耳。其一卷又增写“伯驹”二字为款，刘太史以五十金购去，公勇尝过，予称之，予笑曰：“十洲卷可彷佛千里，千里卷乃不及十洲。”公勇问故，汪卷适在予所，因出视之，公勇为爽肰。

——王弘《山志》卷1《上林图》

仇实父《上林图》

乐　钧

国家富强衰之征，君王雄武骄之萌；秦皇威尊德亦盛，丞相颂扬天下惊。汉家文景意狭小，特以恭俭希承平；圣子神孙笑田舍，雄才大略包公卿。求书兴学任文武，初政何必非英明；规模忽谓过尧舜，大辟宫苑娱心情。当时谀臣应运出，上林一赋传西京；可怜万乘事游畋。区区犹与齐楚争。虽托子虚对乌有，天子知尔能逢迎；仇生画此意何取，拈豪八载劳经营。离宫别馆拟崑阆，神池灵沼欺蓬瀛；属车夹道拥鸾辂，仗马泛驾追霓旌。弓刀所及麟凤死，轻禽狡兽空纵横；嫔御如花倚台殿，归来饮酒吹瑶笙。图中摹写特万一，九重欢乐洵难名；相如此时乃谏猎，为虑衔橛输忠诚。君心侈泰那能遏，开边未已求长生；帝王似此实罕比，宁知天道偏恶盈。天下虚耗民力竭，轮台下诏徒哀鸣；驰骋发狂忘国恤，古语至痛今闻声。不然校猎亦细故，其机乃以同亡嬴；平生足迹极燕蓟，吊古未入长安城。想见土花蚀金碧，昆明水涸甘泉倾；土木千年作妖异，犹凭缣素腾光精。吁嗟汉武亦已矣，陈牒往事休讥评；雨窗读画苦幽暗，何日双鸠啼晓晴。

——《青芝山馆诗集》卷16

仇十洲《上林图》

刘嗣绾

汉家典册相如才，封禅乃有遗书开；诗成未入柏梁宴，表上不诉通天哀。一篇谏猎事非偶，讽谕深深托乌有；楚地波吞云梦胸，齐封石刻之罘手。仇生妙笔世所无，怀古邈在昆明湖；特从元狩纪年代，来向上林规画图。斯时文景承平后，别纵游观夸苑囿；地上黄金尽可成，露台合笑先朝陋。离宫百五排碧城，羽林十二连绿营；舍人好逐投壶队，臣朔羞随执戟行。公卿几辈围场列，侍从如云四山入；千骑纵横抑兕呼，六宫缥缈当熊立。翼翼飞楼出建章，迢迢驰道接长杨；何人许射苏卿雁，此地曾牵卜式羊。风禽雨兽互飘洒，威名不独蜚狐野；芝草房深颂白麟，蒲桃塞远歌天马。万里珠崖纵罢兵，可怜徭役已疲氓；旌旗惨淡桐乡色，战鼓销沉瓠子声。开图指点生萧瑟，雄心一往嗟何及；警跸犹看豹尾尘，遗弓莫下龙髯泣。甲帐风云殿角收，人间一种茂陵秋；当时惜未成仙去，留画麟洲与凤洲。

——《尚絅堂诗集》卷 36《五甲集上》

仇实父《上林图》卷文征仲书二赋

翁方纲

上林仇画不一本，如临昭道兼龙眠；海天落照西园集，故家款识阙与全。此图绢本及四丈，意匠略许弇州传；崑山名迹诧三绝，赋追司马书衡山。玉蚪之六张揖说，庇轸尺四规而圆；汉制弓橑证贾疏，达常可以审量权。武梁鲁峻画亦尔，仇也意到千载前；古今名笔此斟酌，艺林绝境非侈观。兰馆连延上兰并，通谷巘锜周平原；八川分驰亘西极，四校殷起凌紫渊。奔星宛虹写不得，断霞斜照生晚寒；苍然远势文句外，恍如相对主客言。亡是神光静以摄，齐楚得失然不然；昔者相如二赋就，萧然百日卧起间。孰与悟言一室客，妙莹骊颗余三千；巨丽之中寓规讽，变态乃极于神完。仇生昔师东村法，全力构此犹壮年；渤海戈波镂金错，令人慨想凡将篇。试仿瓦文跋古隶，鹄头科斗芝英联；此意从何觅临本，长生益寿题甘泉。

——《复初斋诗集》卷44《小石帆亭稿下》

跋《上林图》卷

翁方纲

仇实父画，师周东村，所临小李将军《海天落照图》，及临李龙眠《西园雅集图》，世间皆有数本，况《上林》卷，是其尤著名之作邪！三十年前，山阴吴水云持来一卷，属为赋长歌。今见此卷，乃知前所见者尚非其真也。王弇州《艺苑卮言》云：“仇实甫壮岁于崑山作《子虚上林图》卷，长几五丈，累年始就，所画人物、鸟兽、山林、台观、旗辇、军容皆臆写古贤名笔，斟酌而成，可谓图画之绝境，艺林之胜事也。”兼有文征仲小楷、相如二赋在卷内。崑山人称为“三绝”，岂过许耶！今见此卷，所绘车制正合与陈祥道礼书所考程，盖达常之制与寻常画史之作迥乎不同。愚尝见六朝人画车制皆如此，与汉画武梁鲁峻祠墓诸石刻可资印证，乃知弇州所云“以古贤名笔斟酌而成者”，非虚语也。卷前画三人对坐，其正坐拱听者乌有先生也，左坐者亡是公也。右坐有所指属者子虚也。奉使之节，候于门外，齐楚对论之境宛然，而全图则专绘上林也，赋则必兼写二赋也。文衡山生于成化六年庚寅，至嘉靖二十二年癸卯正七十四岁，小楷遒媚，兼虞、欧、褚、薛之能，虽有讹字可勿计已。予昔于粤东药洲得“上林”二字古瓦，手拓其文，势兼篆隶，尝用其笔法，以题《上林图》卷。今复得见此卷，因捡得前稿，并为复作一篇，系录于后。

——《复初斋文集》卷33

四十五　无名氏书画作品

出猎图、校猎图及射猎图

题《辽人射猎图》

陈　旅

美人貂帽玉骢马，谁其从之臂鹰者。〔一〕沙寒草白天雨霜，落日驰猎辽城下。塞南健妇方把锄，丈夫边戍官索租。

——《安雅堂集》卷3

〔一〕原文作“谁其从臂鹰者……丈夫边戍官索租之”，“之”字原置于“租”字下，今据文渊阁《四库全书》本改。

金人《出塞图》

虞　集

此诗《学古录》失传，《翰林珠玉》已有脱句。

海风吹沙如卷涛，高为陀碛深为壕；筑垒其上严周遭，名王专居气振豪。肉食湩饮田为遨，八月草白风飕飕；马食草实轻骨毛，加弦试弓复置櫜。今日不乐心慅慅，什什伍伍呼其曹；银黄兔鹘明绣袍，鹧鸪小管随鸣鞘。背孤向虚出北皋，海东之鸷王不骄；锦韝金镞红绒绦，按习久蓄思一超。是时晶清天翳绝，驾鹅东来云帖帖；去地万仞天一瞥，离娄属望目力竭。微如闻音鸷一掣，束身直上不回折；遂使孤飞一片雪，顷刻平芜洒毛血。争夸得隽顿足悦，挂兔悬狼何足说；旌旗先归向城阙，落日悲风起萧屑。烟尘满城鼓微咽，大酋要王具甘歠；王亦欣然沃焦热，阏支出迎骑小蹴。琵琶两姬红齱颊，歌舞迭进醉烛灭，穹庐斜转氍毹月。

——《道园遗稿》卷 3

《金人出猎图》

沈梦麟

燕然山前沙草黄，天垂四野秋风凉；当时金人意气扬，马上为家弓矢强。中原鹿走秦之失，臂鹰牵犬争先得；风毛雨血洒穹庐，杀气腾腾日无色。忆昔经界分中边，百年化为犬羊天；只今舆地复故步，我愿开荒种禾黍。千秋万岁供王赋，吁嗟诸羌孰敢侮。

——《花溪集》卷 2

题《金人出塞图》

李　祁

穹林立乔松，峭壁插平地；苍茫绝飞鸟，倏忽见群骑。杂袭衣与裘，蒙茸间毡毳；差池鞭弭间，孰识谁贱贵。忆昔从北征，驱车出幽蓟；天时大雨雪，道远恐遂泥。牛马俱阻寒，驴骡缩如猬；所见人物殊，适与此图类。当时皇风淳，声教浃遐裔；雕题与被发，商贾罔不至。自从烟尘生，河海隔氛翳；舟车断往来，榛莽极荒秽。邂逅见此图，俯仰今昔异；矫首欲无言，长空正迢递。

——《云阳李先生集》卷1

《金人射猎图》

王　沂

惊沙猎猎北风寒，马上呼鹰塞草干；壮士还家散如雾，只今余得画图看。

——《伊滨集》卷12

题《金人校猎图》

袁　华

朔风吹惊沙，桦林叶斓斒；兽肥马骁雄，校猎出天山。晓逾黄龙塞，暮过居庸关；骍弓金仆姑，宝刀龙爵环。驾鹅云际落，小队碛边还；披图重兴感，缅想明昌间。〔一〕

——《耕学斋诗集》卷3

〔一〕“披图重兴感，缅想明昌间”二句原脱，今据《草堂雅集》卷15引袁华题《金人校猎图》增补。

题《金人射猎图》

陈　旅

肃慎川原尽海隅，秋风枭骑日驰驱；空闻陈国铭金楛，竟向梁园用石砮。

——《安雅堂集》卷1

《金人出猎图》

张　雨

小队鸣笳晓出围，地椒狼籍兽应肥；上皇久厌猩羊粉，故遣萧郎击豕归。

——顾瑛编《草堂雅集》卷 7

题《金人出猎图》

何乔新

阴山寒飙卷晴雪，白草萧萧冻欲折；戎王校猎晓合围，万骑蹴水如蹴铁。狐裘狐帽紫绒条，上凌大碛下深濠；虏骑咆哮声震地，毛群无计可潜逃。驾鹅戛戛来何许，一片晴云蔽天宇；海青直上鸷且雄，顷刻平芜洒红雨。纷飞鹍鹳与鹙鸧，雨血风毛堕猎场；群酋献获戎王笑，割鲜野食驼蹄香。金轮半坠西山缺，铙管嘲轰向区脱；解鞍絷马未肯眠，笑击黄獐饮其血。白旗忽动斡难河，猛士更比金源多，柴潭已涸蔡州破，狡兔虽肥奈尔何。

——《椒邱文集》卷 23

为何重容题《金人出猎图》

刘永之

八月滦河校猎还，名鹰细火簇彫鞍；忽闻新雁云中□，□□关弓驻马看。

——《刘仲修先生诗集》卷 6

《金人校猎图》为韦同知润题

梁　寅

韦侯示我校猎图，五马迅若云中凫；远青撤幕山露嵎，坡陀突起霜草枯。黄如旌旆森葭芦，马上短衣虬髯胡；金环贯耳大秦珠，腰插羽箭弦檿弧。三马回走忘崎岖，二马傍出斗疾徐；东来驾鹅苍间雏，才四五六噤不呼。海青一点劲气殊，勇士趫捷坚勍无；骇兽何由避于菟，华峰秋隼胡为乎。岱北豪鹰直厮奴，耎毛堕絮血洒芜；胡乃仰笑马竞趋，何劳千骑万骑俱。楼烦射杀心胆粗，寒沙兼云认归途；卸鞍营门月模糊，向夕行乐朝驰驱。拜官那羡执金吾，肉充糇粮席氍毹；饮醪啜酪多欢娱，君侯玩图日怡愉。树勋明时真壮夫，明年五马守名都；不独海青夸健躯，麒麟在郊凤出篨。飘飘快意天之衢。

——钱谦益编《列朝诗集》甲集第15

《金人出猎图》

吴　节

当年秣马更调弓，欲立吴山第一峰；自谓山河堪席卷，不知南国有飞龙。

——《吴竹坡先生诗集》卷25

《胡儿出猎图》一首

杨仲深

边风吹寒沙石走，居延河冰脆蒲柳；鬈须高鼻动成群，跨鞍控弦夸好手。天娇之子毡为房，秋高射猎阴山傍；阴山万里狐兔尽，但见日落沙尘黄。混同冈头谁走马，想象当时阿骨打；只缘一个海东青，引得胡尘满天下。

——嘉靖《温州府志》卷7《诗·元朝》

《元人大猎图》

曾　燠

斡难河上大戈壁，杀气如云惨风色；怯薛传呼昔宝赤，今日头鹅看谁得。连营列幕人无哗，惟闻万马争踏沙；或从两狼或五豝，马后捆载纷如麻。是时海东青在人拳上架，寂然不动神闲暇；倏忽掀身腾向天，一团飞雪从空下。

头鹅已得人欢呼，吹笳击鼓还上都；明日御筵供玉食，贵于鹿尾牛羊酥。祖宗开国臂鹰始，家法相传固如此；中原逐鹿何骁腾，马上治之终未能。

——《赏雨茅屋诗集》卷 20

《元人上林校猎图》

《元人上林校猎图》，卷。绢本，青绿。画洪波巨浸，层峦叠嶂，瑶林琪树，杰阁飞楼，其间士卒、车旗。分写校猎上林，始终次第。首写岩松涧屋，中坐子虚、乌有、亡是公三人，为斯赋缘起。次写紫渊丹水，跳沫腾波，鳞族则蛟龙赤螭，羽族则驾鹅属玉之伦游翔乎。上下次写离宫别馆，弥山跨谷，紫茎翠叶，绿陂丛生。次写蜺旌云旗，天子校猎，奉辔参乘，千官景从。次写七校纷陈，易舆而骑，骑射之士撞钟伐鼓，角走射飞。次写张乐层台，青琴宓妃之徒，靓妆便嬛，更侍迭奏。次写解酒罢猎，返旆平皋，农郊耕牧，方兴原隰，龙鳞方田，如罫白云回合，红檐碧榭，缥缈在溪山烟霭之闲。无款印。

谨案此卷无款印，签题元人。细审绢色尚新，设色如甫脱手。考张丑《清河书画》跋载：仇英为崑山周六观作《子虚上林图》卷，历年始就，所画人物、鸟兽、山林、台观、旗辇、军容皆臆写古贤名笔，斟酌而成，兼有文征仲小楷、相如二赋在后。又

《式古堂书画汇考》：仇十洲《上林校猎图》卷，绢本，青绿，大设色。上林校猎千乘，万骑位置精严，不失赋中一语。款："嘉靖庚戌秋日，吴门仇英实父制。"二书所载布景与此卷均同，疑即仇英所图，不知何时割去文徵明书并卷尾款字。

——胡敬《西清札记》卷2"嘉庆乙亥六月十九日癸酉"条

题《元人塞外校猎图》

张　謇

苍莽愁金气，风烟拂玉题；谁曾过蒲类，疑与接撑犁。沈紫材官弩，涂红贵种鞮；毡庐山远近，锦旆树高低。范犬周羉罜，宣螺节鼓击；炮创牦逸突，箭落雉惊啼。消渴凭獐血，归功有鹿脔；就绦鹰尚怒，盘埒马还嘶。此日防瓯脱，连兵战谷蠡；直须规故事，勤猕木兰西。

——《张季子诗录》卷2

唐韩幹《呈马图》卷

庞元济

游猎郊原意自闲，相驰相逐纵金鞍；风高明月滦河去，千里龙沙雪未干。句吴周砥。"周砥私印"朱文、"匀溜生"白文。

木落燕山似雪飞，金鞍赢得几分肥；圉人不是闲驰骤，要逐戎王小队归。东吴张本。"敬初"白文。

远夷骋猎络金羁，龙种翩翩汗血恣；光耀晴晖疑白练，尾垂秋草拂银丝。风生阊阖声嘶处，水泛昆明浴罢时；四海正逢无事日，三边何用习驱驰。句曲外史张雨题。"贞□"白文、"句曲外史"朱文、"虚朗斋"朱文、"项墨林鉴赏章"白文、"查昇私印"朱文、"娄东毕沅鉴藏"朱文、"寄敖"朱文、"□□所藏"白文。

——《虚斋名画录》卷1《卷子类》

《较猎图》

贡性之

黑河流绕李陵台，边使蕃王日往来；共说汉家天子盛，贡将骐骥敢凡材。

——《南湖集》卷下

《出猎图》

杨维桢

燕支花开春日晖，从官游骑去如飞；分明一段龙沙景，白雁黄羊好打围。

——顾嗣立编《元诗选初集》辛集

《出猎图》

李继本

大漠阴风起，煌煌猎骑来；关弓霜月满，吹角塞云开。射虎惭无术，呼鹰谩有台；萧条空见画，粉墨乱尘埃。

——《一山文集》卷2

题《射猎图》

卢　琦

满目西风塞上尘，五花骢马转精神；凭君莫射双飞燕，恐有音书寄远人。

——《圭峰卢先生集》卷下

《射猎图》

虞　集

羽猎长年从翠华，合围八月度龙沙；萧萧徒御图中见，犹想君庖赐满车。日莫推车力已疲，道逢猛虎快馋饥；负嵎何待要冯妇，弱妇婴儿未可欺。

——《道园学古录》卷30

《射猎图》为王临宣作

张符升

太原公子气吐虹，驰骋艺苑推文雄；腰如束素撑玉骨，深衣缓带含雍容。牙签玉轴一万卷，冥搜幽讨涂鱼虫；赤文绿字充秘笈，阳冰李斯称书佣。尊罍敦彝光射眼，奇踪径欲窥鸿蒙；阿谁位置图画中，黄骢直跨东原东。锦衣绣帽鸣雕弓，发矢命中腥血风；鹰未掣韝犬未放，已令狐兔藏余踪。平沙衬草软茸茸，树根艳艳山花红；喜君逸气罗心胸，俊迈不与占毕同。读书射猎两快意，谁能束缚穷秋冬；丈夫有志须用世，弓矢要当铭鼎钟。钻研故纸久无功，我亦三十嗟途穷；诗囊砚匣尘久封，为君作歌惊顽聋。

——《苏门山人诗钞》卷2

题《射猎图》

顾于观

禽荒何必不清狂，玉雪精神万里长；石路马蹄秋雨迸，一声弦响贯双狼。

——《澥陆诗钞》卷9

题《射猎图》

汪由敦

苍鹰掠地马跑空，想见当场意气雄；忆得景宗豪快语，鼻尖出火耳生风。不羡长杨作赋才，明驼骏马蹴氛埃；横行合具封侯相，底向如皋射雉来。

——《松泉集》卷 7

《射猎图》

梅　庚

梅庚，字耦长，一字子长，号雪坪，一号听山居士，宣城人。康熙辛酉举人，官泰顺知县。有《天逸阁集》。

高鲁瞻通守豪逸强饮，席罢以挟诸孙《射猎图》乞题，乘醉书二十八韵与之：

一骑前导龁且嘶，一骑臂隼控不驰；后骑绿山山蔽亏，奔腾似欲大合围。中有健者骑指挥，不老非少美鬓髭；耳后鸣镝如饿鸱，草间狐兔潜狉狉。淮阴登坛一钓师，不闻射生能丽龟；腰弧插羽俨交绥，借问何如幽并儿。丱而从禽翳为谁，渥洼之驹精权奇；兽肥草浅同遨嬉，有张无弛非所宜。秋冬射猎春唔咿，逐坐肯索栗与梨；文人托兴聊尔为，少年何必不军麾。彦升三事了无期，骑兵往往登台司；健儿恶马供鞭箠，云台麟阁图须眉。人生快意当若斯，还君卷轴心嗟咨；燕市酒徒今已稀，和歌且就高渐离。

——徐世昌编《晚晴簃诗汇》卷 47

杂题射猎画册

王诒寿

王诒寿，字眉叔。山阴廪贡官，金华训导。著《缦雅堂诗》十卷。

白榆风逼铁胎凉，猎猎红旗出射场；马上胡姬貌如玉，手挝银鼓唱黄獐。红灯一骑走如云，虎血犹腥旧战裙；十里寒烟灞陵树，秋风愁杀故将军。

——潘衍桐编《两浙輶轩续录》卷 47

《雪山观猎图》

张时风

张时风，字虞琴，号桐谷，仁和人。乾隆庚辰举人，己丑中正榜。内阁中书，转典籍，升刑部主事。

天山洗兵翔飙靖，将军会猎云龙岭；长杨薄索遗周陆，羽骑青林魈魅警。翔蓬之榦燕角弓，批毫踤爪纷氄毦；太平不许弛武备，眼前射虎谁英雄。软裘快马鸢肩客，气贯蒙鸿雌霓赤；梦倚长剑淬蛟光，廓宇驰情落空碛。雪花如掌饥鸱号，碎蹴银椀凌嶅嶆；冬珑辔缓少趫悍，指顾健儿驱周遭。草眸右掠厘睫左，月兔沦精星雁堕；应弦霹雳冻云飞，屼铲芙蓉出摇朵。驼羹挏酒醉归来，拍歌敕勒延高台；即此已足破寒搣，耳风鼻火何为哉。知君待敛落雕手，斗大黄金印悬肘；燕赵盱睢侠士豪，相逢直欲轻屠狗。吁嗟旗弊自有时，从狩合奏车攻诗；棱威震慴效远略，凌烟连踪天神姿。

——阮元编《两浙輶轩录》卷 31

《雪山捕猎图》

张之翰

水满深溪雪满冈，猎人休笑捕鱼郎；粟肤龟手寒如许，总为区区口腹忙。

——《西岩集》卷10

题《出射图》

戴 良

玉门关南百草腓，玉门关北斗兵稀；边头无事马秋肥，将军出射沙尘弥。一胡据鞍执大旗，翩然前导疾若飞；一胡引弰如附枝，一胡放箭箭不知。后有两胡蹙骑追，侧身拔镞恐镞遗；玉门关城迥且巍，一时士马何神奇。我来塞外按边陲，曾挥此马看君骑；为君取酒尽千卮，醉里争夸战胜归。到今已是十年期，画家所写是耶非；却忆当初亲见时。

——《九灵山房集》卷16

《将军出猎图》

郑允端

八月霜风野草枯，将军较猎过滦都；短衣匹马非吾事，坐对晴窗看画图。

——《肃雝集》

题《戎王出猎图》

程敏政

黑山之北青海头，草木摇落风飕飕；平原一望渺无际，猎骑四踏黄云秋。戎王小年面如玉，彷佛当时李存勖；锦袍白马弯琱弧，一箭真应倒苍鹿。苍鹿却走青羊奔，沙碛霜中余血痕；相随两两奉驱策，毡裘辫发皆羌浑。一犬腾身逐惊兔，后骑韝鹰笑相顾；大家贾勇各忘疲，倒载争多不知暮。健儿独往先着鞭，自期百发无虚弦；何物霜蹄忽星迸，脱手落地仍欣然。几辆毡车驻山口，应待归来劝胡酒；共焫熊掌炙驼峰，敕勒歌长出林薮。歌长昼短乐未央，皂旗闪烁天苍凉；明朝移帐定何所，择地还开新猎场。方今圣人居大宝，烽燧无烟罢天讨；胡雏长作画中看，莫近飞狐塞垣道。

——《篁墩程先生文集》卷 91

题《戎王出猎图》

傅起岩

起岩，初名洪，字晋卿，更名后字梦求，无锡人。有《正峰集》。

九月西风草木黄，燕山飞兔白于霜；阏支小队穹庐出，更向天边射雁行。

——陈田编《明诗纪事》戊签卷 22

《戎王出猎图》

赵　汉

穷荒有生知食肉，日亲较猎相驰逐；视杀如生悍鸷心，宁论胎攫兼巢覆。寻常画图不可观，毛血遍洒腥风寒；此图一见理自□〔一〕，□其作者好手难。不张部落呼号势，但写伊酋性度闲；前徒报获微假颜，共具貌得君臣间。得非金城初属国，无乃青海休行役；汉庭唐室无上策，一再展之深省识。光摇细练风霜新，自是于今初染墨；良工之意不在戎，想见图穷意未极。欲对清朝绘无逸，笔底华风动西域。

〔一〕“此图一见理自□”下注云：“摹写逼真。”

——《渐斋诗草》卷上

题《戎王出猎图》

陈　昌

菊庄处士陈昌：昌字颖昌，号菊庄，平湖人。

寒到榆关草木凋，沙场射猎拥天骄；绒绦背日翻金鹘，羽箭穿云落皂雕。得隽未颁红叵匝，割鲜且进紫葡萄；阏氏醉倒穹庐底，回首长城月正高。

——沈季友编《沈南疑先生檇李诗系》卷9

《戎王出猎图》

涂　几

几，字守约，又字孟规，宜黄人。有《涂子类稿》十卷。

九月辽阳草正黄，天山飞兔白如霜；骁腾已合三军势，猛锐犹思百战场。金鼎割鲜供上将，玉瓯和血饮名王；燕支小队穹庐出，也向天边猎雁行。

——陈田编《明诗纪事》甲签卷13

为吴舍人题《匈奴出猎图》

王世贞

谁为舍人画此图，高堂日落秋汹汹；细看乃是单于猎，白草黄云骨俱悚。马如游龙戏溟渤，人即饥乌暗霜垄；无论众马姿态雄，饮龁虽异骄心同。嘶鸣欲追青海日，蹴踏乱起祁连风；魋结健儿鞭寒空，中间画纛摩双熊。一矢奔传号令出，霹雳尽响乌号弓；苍鹰脱韝乍有神，撇捩羊角盘车轮。迥如流星渐不辨，白羽散坠飘红尘；小胡拍马呼声频，夺将头鹅任众嗔。臂鹰瞅目逞绝叫，百鸟骨折颠高旻；草中狐兔眠难稳，卢鹊何甘让秋隼。一线光衔尾初及，千林越遍心逾紧；岂无狡捷胜东郭，年命今衰气力尽。哀魄黯翳归荒烟，肩稍袒割太剧颠；橐声小击万马敛，群胡笑立穹庐前。黄金犀比上功赏，妻子改色欢相延；此时单于醉何有，极目茫茫失飞走。鹍弦教上叱拨调，酡酥列捧阏氏手；天留大卤任长驱，莫作欃枪犯南斗。汉家天子猎甘泉，头白扬雄罢草玄；烦君好手图王会，为是呼韩款塞年。

——《弇州山人四部稿》卷17《诗部》

《出猎图》

詹　同

同，字同文，婺源人。元末为郴州路学正，遇乱，家黄州，仕陈友谅，为翰林学士承旨。归附后，授国子博士，累官吏部尚书，改翰林学士承旨，卒，谥文宪。

朔风凛凛吹龙沙，年年马上长为家；阴山大漠百草死，猎遍青海濒天涯。旌旗裂尽霜华湿，万骑貔貅似云集；苍鹰欻起若飞电，四尺神獒作人立。什围五攻兵法存，发踪指示知何人；岂无诡遇获禽者，谁能为尔枭鸾分！直将勇气饱所欲，寝虎之皮食虎肉；生擒山下九青兕，射杀岩前双白鹿。日暮归来雪洗箭，血洒腥风满河曲；穹庐散野如繁星，凉月萧萧照平陆。酪浆跪进玛瑙盘，黄面奚奴眼睛绿；明朝满马驮斓斑，蕃王喜生红玉颜。焉知祝网三驱意，但醉氍毹紫塞间；君不见，暴殄天物焚咸丘，画师之笔学《春秋》。还君此图三太息，使我忽忆比蒲搜。

——沈德潜编《明诗别裁集》卷1

题《胡人出猎图》

唐文凤

塞北天高风蚤寒，将军出猎原野宽；皂旗半卷鹰未放，忍使潜逃狐兔残。左鞬右橐意气满，骏马翩翩嘶顾影；酒酣梦熟氍毹春，月转穹庐夜初永。驾鹅东飞天宇高，马鸣旷野风潇潇；将军自是射雕手，凭陵志气何太骄。一骏乌云一骏雪，四蹄踏遍天山月；酒酣时听刺刺歌，蒲萄杯深和琼屑。骄骢旋转如惊龙，手挽一石琱胡弓，笑撚银箭遥指点，背身射落孤飞鸿。骏龙前行犹返顾，日暮归来足狐兔，醉中慢拨琵琶春，汉月流光湿寒露。青丝手控拳毛䯄，胡天雪冷多风沙，锦袍绣鞍貂帽暖，女姬晕酒颜如花。塞下雪飞大于席，掣电追风去无迹，明朝献获单于欢，炙肉行觞酪浆碧。

——程敏政编《唐氏三先生集·梧冈诗稿》卷22

题《胡人出猎图》

谢肇淛

北风猎猎吹平野，胡儿校猎天山下；日淡天空一片尘，惊沙乱簇千蹄马。谁为图此意飞扬？尺素万里开风霜；黄榆白草惨无色，形势汹汹列我之高堂。名王貂裘红叱拨，健儿角弓彀欲发；桔槔原头兔正肥，苜蓿桥边雁初没。锦韝乍解海东青，细腰走狗摇金铃；欻若流星飞一点，飘毛洒血川原腥。飞穷走尽白日晚，鸧雁獐麋载俱满；割鲜歃血须尽殷，马乳驼酥行碧椀。蒲萄新凝琥珀碎，胡姬琵琶催人醉；单于含笑拥阏氏，月华半照穹庐内。青海城西画角鸣，控弦十万夜移营；好向玉门来款塞，汉家正筑受降城。

——《小草斋集》卷11

《出猎图》

朱孟德

孟德，字维新，海盐人。寓籍陕西宁夏卫中，永乐戊戌进士，任广东兴宁知县。

秋高绝塞苜蓿死，飒飒西风吹马耳；山前猎骑耀戎装，布列沙场平似砥。草苦食实马膘肥，风折筋胶劲弧矢；旌旄斜卷断霞明，战袍乱簇团花紫。揽辔峩然意且闲，导前顾后遥相指；勒马回头审视余，雕弓满引双鸿起。

——沈季友编《沈南疑先生檇李诗系》卷 8

《胡人出猎图》

谢承举

秋野胡奴猎斗欢，驾鹅鸿雁正号寒；边关今有韩都尉，不敢扬鞭过贺兰。

——《御定历代题画诗类》卷 57《羽猎类》

《边城出猎图》

洪　性

白草秋高塞马肥，朔风卷地黄尘飞；黄尘万里暗金微，冰天白日寒无辉。单于号令急传箭，指挥部落连长围；旌旗列绕阴山侧，身骑骏马交鸣镝。野兽成群时正饶，击狐射兔宁遑息；霜气寒严弓刀强，矪然仰落云中翼。臂上苍鹰初解绦，劲秋六翮铦如刀；钩爪金眸意气豪，横身纵击抟空高。桑乾水冷冰初合，黄云遍地层阴匝；老上急征左右王，列骑寒郊相会猎。貂鼠黄羊鞍畔悬，歹辣酥香满榫榼；昭君马上弹琵琶，声声哀怨空思家。双啼雨泪沾襟袖，愁闻处处吹边笳；毡毳往来依水草，稚驹惯识居延道。回头北斗南方看，牛酥马酪塞门老；中原边关昔脱扃，漠南近地皆龙庭。只今圣代昭文明，太平稀见塞外形；此图相传二百载，赵君妙迹今犹在。羞闻红粉去和戎，披图一见翻成慨。

——曹学佺编《石仓历代诗选》卷 361

题《出猎图》

吴寿昌

溪山久别踏尘红，我梦湖头作钓翁；输与此君多意气，呼鹰盘马朔方风。

——《虚白斋存稿·直庐集》卷5

戏题《出猎图》

孙　伟

朔风萧萧雁门道，边色寒苍动枯草；白草无边杀气高，云中射猎鸡鸣早。琱弓一声垄水闻，箭带清哀雁落云；狂卢闪袭黄龙碛，狐兔横奔血路分。解裘下马平原立，掠地苍鹰羽毛湿；燕姬一曲阴山歌，叵罗满注羊酥汁。蒲萄痛饮乐无涯，归来猎猎西风旗；明驼独峰载鲜获，他他藉藉纷追随。鞍马为家射猎田，贺兰山外焉支前；但令苍鹿黄羊壮，即是三秋大有年。

——曹学佺编《石仓历代诗选》卷470

题《出猎图》

张大受

鸟摧双翮兽穿腮，何处秋山猎骑回；知有雄心向沙碛，暮笳吹上李陵台。

——《匠门书屋文集》卷3

和鲍觉生前辈题《出猎图》

罴裘豹舄骏鸃冠，顾盼雄姿老据鞍；小队弓刀晴雪迥，平原狐兔朔风寒。虎头骨相封侯易，马革心情报国难；一剑如虹天外倚，须眉莫作少年看。

——邓廷桢《双砚斋诗钞》卷5

题席次文《出猎图》和梅村韵

尤　侗

是何年少，向长城饮马、沙场结客。台上呼鹰垆下醉，尚弄数行题墨。投笔归来，东山射虎，大羽犹能没。画图留取，黄云万里秋色。我亦蛮府参军，短衣长剑，喜逐将军猎。回首卢龙成旧梦，变作阳关三叠。仰屋看书，叩门乞食，恨少朱家侠。相逢痛饮，头颅如许堪惜。

——《西堂诗集》卷4

题《驰骑纵猎图》四首

倪　岳

清霜落尽塞草黄，群飞山鹊东南翔；飘然栖息自有适，海天一色秋茫茫。紫袍白马者谁子，玉鞭半绾青丝缰；自远望之重太息，虽有矰缴安能将。

黄沙漠漠吹西风，高原草树交深丛；嗟哉狡兔自三窟，失身何处潜其踪。猎人手挽明月弓，追逐更骋玉花骢；眼中得丧君莫讶，归来欲慰君庖充。

野阔天空云影孤，白沙浅水经霜枯；联翩何处起双雁，稻粱谋远思江湖。忽然见此蚪髯奴，雕弓满控金仆姑；何当健翮快高举，莫遣边风吹绿芜。

健儿匹马明玄霜，臂韝正立孤鹰苍；举头双影夕阳外，野鸭相呼云水乡。苍鹰欲奋鸭惊逝，披图不觉增慨慷；天生万物贵得所，同类相残徒自伤。

——《青溪漫稿》卷 2

题《狩猎图》

沈德潜

五石雕弓满月开，沙场忽听响晴雷；左贤倘欲知名姓，曾射南山猛虎来。骄马腾空并鸟飞，失林穷兽那能归；披图更忆随龙驭，万骑渔阳雪打围。乙丑正月从驾过蓟州事。

——《归愚诗钞》卷 20

敕重搜

佚　名

蕃部旌旄左右张，躬桓先已会明堂；行行队似星分野，井井条如网在纲。箭殪天狼随指嗾，芝衔银鹿见寻常。便从《羽猎图》。

——道光《承德府志》卷 55《艺文八・国朝》

《围猎图》为王云庵题

陈恭尹

万辔群飞走玉骢，数枝鸣镝响琱弓；高堂益壮三军气，四壁如吹大野风。平沙围猎合还开，踪指何常不用才；自是将军亲阅历，谁人绘得阵图来。

——《独漉堂诗集》卷 7

题《春猎图》

潘德舆

幽州莽苍古猎场，秋山髻髻秋云黄；春田百倍富景色，风软不碍琱弓强。貂裘一脱揽丝鞚，杨叶新生矢百中；万点桃花伤马来，红缀春旗露华重。牙旗舒舒狐兔逃，半空义蔟缠风毛，青骹韩卢逐回旆，酒车春色酣蒲桃。吾辈嬉春何足数，骑马京华怯沙雨，纵使携柑听早莺，何如插羽禽雕虎。将军麟孙今英儒，谓伊猗君。高词荦荦凌九衢；佗年珥笔扈秋狝，更写《天山大猎图》。

——《养一斋集》卷4

题《清秋出塞图》

申时行

生不识医无间，梦不到狼居胥；瞥然示我《出塞图》，令我目眩心神徂。忆昔筹边赞庙谟，鞭笞日逐臣休屠；扣关折矢称降奴，天闲岁致千騊駼。边氓缓带嬉含铺，弹丸辽左僻海隅；东环岛夷西孽胡，射雕跃马弯强弧。频年侵扰干天诛，磨牙吮血为猰㺄；残城破堡无宁都，桓桓司马杰丈夫。帝授节钺临玄菟，高凭熊轼佩虎符；榆关九月沙草枯，霜鹰下击秋原芜。烟荒云惨天模糊，司马申令陈师徒；指㧑铁如意，玩弄金仆姑。游龙紫电发截鹄，青萍孤，扬旌督战亲援枹；万卒超距争先驱。芟夷扫荡不须臾，奔狼突豕皆就俘；凯歌入奏天颜愉，司马逊功歆若无。伛偻拜命循墙趋，但云将士多勤劬。何以劳行役，请捐幕府租。何以恤饥疲？请发司农庾。人人挟纩齐欢呼！屹然重镇安如盂，自从司马归江湖，辽人茹苦若堇荼。荷戈不解甲，挽粟仍飞刍。前营过鸭绿，深入如渡泸。后队猝当虏，强半无头颅。羽檄征材官，络绎在道途。震邻之恐非剥肤，骚动根本何为乎？安得再起司马登戎枢，坐纡长策消隐虞，国威震叠边人苏。

——《赐闲堂集》卷2

题《清秋出塞图》

申时行

时行字汝默，吴县人。嘉靖壬戌赐进士第一，累官少师兼吏部尚书。赠太师，谥文定。

生不识医无闾，梦不到狼居胥。瞥然示我《出塞图》，令我目眩心神徂。忆昔筹边赞庙谟，桓桓司马杰丈夫。帝授节钺临玄菟，高凭熊轼佩虎符。榆关九月沙草枯，霜鹰下击秋原芜，烟荒云惨天模糊。惟兹辽左僻海隅，频年侵扰无宁都，射雕跃马弯强弧。司马申令陈师徒，指挥铁如意，玩弄金仆姑。扬旌督战亲援枹，万卒超距争先驱。奔狼突豕皆就俘，凯歌入奏天颜愉。司马让功歙若无，但云将士多勤劬。何以劳行役，请蠲幕府租。何以恤饥疲，请发司农储。人人挟纩齐欢呼！自从司马归江湖，辽人茹苦若堇荼。荷戈不解甲，挽粟仍飞刍。羽檄征材官，络绎在道途。震邻之恐非剥肤，骚动根本何为乎？安得再起司马登戎枢，坐纡长策消隐虞，国威震叠边人苏。安边之策，全在得人与转输，二者失而边事坏矣。篇内具有识力。

——沈德潜编《明诗别裁集》卷 7

题《秋猎图》

赵怀玉

凉云不飞远鸿遭，木落郊原多旷地；碧天溶溶秋气高，弓燥手柔宜纵辔。林中有鹿走且僵，更射封豕追封狼；风毛雨血满空洒，马蹄蹴起尘沙黄。一围猎罢日将夕，归去传杯恣行炙；子桓自快邺西游，此乐而今可如昔。谁欤好手作是图，农隙讲武人争趋；国家秋狝有大典，我亦上塞曾驰驱。高堂素壁重凝目，系犬呼鹰俨身逐；相如子云赋虽读，未抵丹青悬尺幅。

——《亦有生斋集》卷 29

《游猎图》二首

张　宁

金弹横捎玉勒飞，乘闲日日放鹰归；将军总爱非时猎，原野如今雉兔稀。

骏马盘回未着鞭，东门黄犬不须牵；贵游子弟春游蚤，不似岐阳大猎季。

——《张方洲先生全集》卷 11

《刘比部秉悛行猎图》

陈昌图

浅草平冈好打围，家山乐事近来稀；谁云第五惭骠骑〔一〕，看取当年短后衣。鼻端出火耳生风，射虎南山散绿发；我亦未除豪气在，从君要借铁胎弓。

〔一〕“谁云第五惭骠骑”下有小注云：“君行五，为竹轩制府令弟。”

——《南屏山房集》卷 6

《黄云皋茂材春甲校猎图》

翁心存

青霞奇气欻然作，射猎西山恣行乐；红妆玉貌马如风，飒爽英姿陋褒鄂。黄生家住荒江隈，豪情郁律兴云雷；纶巾按曲周郎顾，樽酒谭兵杜牧才。长杨奏赋空覆瓿，孰识雄文似谁某；年年低首事毛锥，孤负平生射雕手。朅来示我校猎图，素练漠漠开烟芜；围场广辟秋草枯，耳边恍听饥鹰呼。弓刀小队绝代姝，桃李绰约冰雪肤；锦靴窄袖红襜褕，玉鞍金勒鞭珊瑚。丈八蛇矛丈二殳，纤腰稳鞚汗血驹；追蹑狂兕刬封狐，云舒霞卷风霆驱。就中一人闲且都，鬑鬑三十颇有须；从容盘马弯雕弧，星流电掣金仆姑。翻身一箭坠双翼，此手何如贾大夫；吁嗟乎！子虚乌有闲嘲讽，胸中八九吞云梦。兵法何妨试妇人，部勒森然真可用；即今白日鼋鼍骄，安得强弩回江潮，草间狐兔那足数，何不径斩长桥蛟。

——《知止斋诗集》卷13

题《毕树滋塞猎图》

程晋芳

笼鹰手挽射雕弓，踏遍胭脂塞土红；此是左司年少事，异时诗句拟陶公。细马明装拥固姑，边秋唱彻小单于；晚来软语毡毹帐，药玉盏儿饮得无。

——《勉行堂诗集》卷23

《牧猎记图》丁亥

张履祥

予于物无所好，唯法书、良砚犹爱之，画虽名家作不嗜也。今欲为一图，二人：牧者居山之巅，猎者居山之半，羊五、犬三。牧者图用小雅，猎者图用齐风，羊性畏犬，作惊避状。司马迁《庄周列传》云："其文洸洋自恣，大率皆寓言也。"

——《杨园先生全集》卷17

题《出猎图》

魏时敏

时敏，字竹溪，莆田人。官无锡县丞，改宿迁。有《竹溪诗集》。

骝马骍弓意气骄，平原雪净草萧萧；西戎莫向云中过，大树将军正射雕。

——陈田编《明诗纪事》乙签卷21

题王云樵《出猎图》

姚承恩

姚承恩，字桐云，号朗山，天津人。道光癸巳进士，官承德知县。有《朗山诗草》。

裘马翩翩任指挥，琅琊世胄继前徽；披吟我欲图双照，贾勇君还杀一围。荒草寒云低大野，淡烟疏树冷斜晖；举头莫射南飞雁，恐有征人带信归。谁写丰神上素绡，书生意气直千霄；霜飞大漠苍鹰健，日落平原骏马骄。文思定能惊玉署，壮游常自戴金貂；归来刺饮黄獐血，聊作消寒酒一瓢。

——徐世昌编《晚晴簃诗汇》卷137

姚平山闭户读书，笺刻甚夥。张今涪赠诗曰："鲈香堂上白头翁，不问年朝与岁终；万卷藏书三寸管，五更鸡唱一镫红。"有《松桂读书堂集·出猎图》云："辕门千队簇弓刀，映日龙鳞绿纛高；笳鼓不喧传号令，将军初试橘红袍。平冈草浅正堪驰，中有花鬃汗血姿；游骑远从青嶂出，错金枪杆小黄旗。"

——杨钟羲《雪桥诗话续集》卷4

题《雪猎图》

王平子

平子，吴郡人。尤工小词。

烽火一息三千年，汉家将军画凌烟；胡儿不识征战事，龙沙万里今桑田。丽谯声里梅花月，云暗雪深风色恶；长嘶一骑骢蝉联，狼帽毡裘寒矍铄。鞲鹰走犬登平冈，狂狐剔眼梦飞扬；贯雕落雁真戏剧，高鸟略尽良弓藏。凤鸣居士□双碧，少年读书勇无敌；但知横行翰墨场，岂料一禽终不获。向来百非今已无，笔端有口聊自娱；故将胸中磊落事，写作人间《雪猎图》。

——厉鹗编《宋诗纪事》卷66引《吹剑录》

题《边人雪猎图》

刘仔肩

天山十月雪如席，千里平沙绝人迹；名王贵人拥骑来，较猎合围凌大碛。马驰闪电飞锦鞯，箭激流星响金镝；逐鹿驱熊势转雄，挥旄扬帜光相射。风号瓯脱凯歌还，日落穹庐尘暗息；共夸意气满边庭，孰遣形容到中国。单于犯塞彼何为，左车临阵真无敌；燕然勒石载勋名，要复公侯笑谈觅。

——《雅颂正音》卷1

题《雪猎图》

钱　宰

胡儿善骑射，出猎古战场；白雪日夜飞，萧萧朔风凉。黄草蔽沙碛，马肥弓力强；小队出汉南，十骑如龙骧。前驱逐猛虎，后骑接飞獐；翻身激羽箭，迭中两羚羊。玄熊何前却，猛气亦跳梁；南行顾长戟，北走脱飞枪。联镖愈奋捷，性命不得将；自谓足驰骋，意气何扬扬。宁思汉廷将，英勇际武皇；去年出云中，置郡定朔方。今年战高阙，夜团右贤王；小勇何足矜，万里开边疆。

——《临安诗集》卷 1

题《王总戎雪猎图》

黄叔元

黄叔元，字幼山，鄞人。候选知县。著《补梅花庐诗集》。

平原猎猎风怒吼，一夜雪积三尺厚；鹰犬飞腾狐兔走，将军射猎意气雄。身披貂裘骑花骢，两臂力劲抨雕弓；雨血风毛半空舞，饿鸱入云作人语。马足回旋郁余怒，归来大笑开画堂；梅花满树霏清香，烹鲜邀客倾春觞。醉后高歌对明月，壁上新图墨花溢；寒芒万丈生虚室。

——潘衍桐《两浙辅轩续录》卷 42

程太守梦元《雪猎图》

陈昌图

骍弓白羽下平皋，猎火初红兴最豪；蹴踏马蹄千帐外，雪花乱打鹔鹴袍。二千石是古诸侯，觱栗惊心关塞秋；知有壮怀消不得，珊瑚宝带佩吴钩。

——《南屏山房集》卷 4

宋云亭《雪猎图》二首

翁方纲

射虎南山紫电驰，呼鹰宿莽气淋漓；饿鸱箭激琱弓响，神似龙蛇落墨时。

毡笠梅花梦忆归，冻云飒瑟满征衣；乡园却笑文征仲，不见天山雪打围。

——《复初斋集外诗》卷 22

《胡人猎图》歌

何景明

边沙萧萧天北风，高林昼屯鞍马雄；胡人装束身手健，真与此图形貌同。冬寒猎傍长城窟，城下平原日将没；呼鹰放犬无不为，数骑弯弓竞驰突。月高琵琶海西城，拂庐雪干氍毹轻；金钟虏酒亦易醉，玉踠胡骝骄不行。白发老胡黄战裙，抽箭仰视天山云；众中若认射雕手，汉家谁是李将军。

——《何大复先生集》卷 14

曹兵宪《胡人大猎图》歌

赵时春

春阳无事独饮酒，有客扣门图在手；云是骠骑陶将军，近逐条侯来细柳。幕下握筹廉访君，久司属国招五部；熟胡要领得胡情，视胡犹儿胡父母。胡工自写出猎图，千队胡雏随鹰狗；坐中飒飒寒风生，壁上纷纷介马走。沙平草白毡穹高，呼韩首插汉旌旄；月如弯弓腰系刀，箭羽流星声怒号。宛转双轮下皂雕，翻身接翅洒赤标；偰狳内累虎腾跳，碧眼黄须夸最枭。两拳如杵身骑腰，阏支玉瓮来相邀；笑酌凉州新蒲萄，共拨琵琶红压槽。献腢割鲜从所招，金缕宝校双朱镖；负熊拟荐未央朝，天子不好长扬猎。此曹忠顺烽尘消，丹青想象绝嵎谷；烟云黯淡凌招摇，夫君名位等南仲。披图指点心神动，皇舆十万过唐宋；狼鹿竞入职方贡，劝君更作王会图。吾力能赓殷武颂。

——《赵浚谷诗集》卷 3

《大猎图》三首

王士禛

风高弓劲马初肥，千帐传呼大合围；新试雕窠鹰背犬，草头一点疾如飞。

天笼朔野似穹庐，雪下西楼草木枯；旋割黄羊醉挏酪，滚尘骄马乱平芜。

红妆小队蓦山来，霹雳鸣弓月样开；一笑云中飞鸟落，蠕蠕公主按雕回。

——《带经堂集》卷 64《蚕尾续诗十》

送陈郎中重使西域

胡　广

胡广，字光大，吉水人，学士。

使节重持出玉门，西行万里访河源；水泉泛处经疏勒，冰雪消时过大宛。马上看山逢汉使，帐前切字学番言；朝廷重在敷声教，好尽忠贞报国恩。短帽貂裘白雪鞯，快骑番马度胡天；山经葱岭昆仑外，路绕龙堆瀚海边。梦隔塞垣三载别，行看关月几回圆；独羡张骞为汉使，节旄归日尚依然。沙碛茫茫不计程，偶因水草即为营；黄尘赤谷乌孙国，落日寒云白棘城。歌舞多逢胡旋女，语言偏晓秋鞮声；归时远使应同到，狮子龙驹贡两京。

——陈诚《陈竹山先生文集》外篇卷 1

塞上作

柳　开

柳开，字仲涂。纂韩柳为文。

鸣鹘直上一千尺，天静无风声又乾；碧眼胡儿三百骑，尽提金勒仰云看。

——陈应行《陈学士吟窗杂录》卷 33

观　猎

王　恭

九月淮天百草枯，晓分千骑猎平芜；弯弓射杀南山豹，归醉吴姬卖酒垆。

——《闽中十子诗・王典籍诗集》卷 5

出猎词

施　武

施武，字鲁孙，别字百灵，长洲人。崇祯间，游于滇。有《楚游草西览》篇。

秋高出猎草根枯，漫纵韩卢不用呼；新袭土官夸武健，侧身马上获双狐。

——朱彝尊编《静志居诗话》卷 20

明宣宗《秋猎图》，一轴。上等闰一。宋笺本，着色画。款识云："宣德二年九月，御笔题写，赐太监金英。"上钤"广运之宝"一玺。轴高二尺一寸五分，广二尺三寸。

——《石渠宝笈》卷 8《贮・乾清宫八》

题明人画《羽猎图》

曾　燠

沙黄草白风满天，电光倏霍万马颠；蜺旌豹罕纷飘翩，何代人主兹游畋。子虚乌有不足言，往时属车从木兰；亲见纯皇御櫜鞬，四十九旗若云烟。来供指使为鹰鹯，忽看群鹿奔马前；文孙叠射倒应弦，纯皇顾之为开颜。维时上甫就傅年，名王台吉皆愕然；欢呼神武真家传，岂如胜国眈晏安。中叶以后忘戎旃，画家摹写长杨篇，以托微讽宜有焉。

——《赏雨茅屋诗集》卷18

张朗斋军门曜《贺兰小猎图》

施补华

钱唐将军挥白羽，身长九尺天人侣；濡毫晓掣碧海鲸，关弓夜射蓝田虎。嵩阳百战殄流贼，河北千军破骄虏；边风烈烈贺兰阴，三年不惜防秋苦。天围大漠沙飞扬，河绕穹庐浪掀舞；留屯已喜静烽烟，会猎无端催部伍。旌旗四合紫骝驰，云霄一点苍鹰举；小队初登麦垛山，前驱直度磁窑坞。元熊赤豹窟宅倾，狐兔纷纷那堪数；纵夸大获比邱陵，未免哀鸣向刀俎。将军行猎军士奋，冬狩秋狝意犹古；要令身手便弓刀，无忘耳目随旗鼓。如临敌阵知将略，归谱边声成乐府；即今盐泽张军锋，尚赖兰山充猎户。我观此图识师律，况有雄文如劲旅公自为序；世事还劳用斧斨，此才终合登台辅。千秋遗憾及公平，缝灌能文随陆武。

——《泽雅堂诗二集》卷4

张朗斋军门曜，为蒯士芗廉访贺荪妻昆弟之子。余与廉访同年旧好，而与军门未一谋面。光绪元年，军门曾以《贺兰小猎图》

寄浙江，介廉访索，余与彭雪琴侍郎题诗，余为题七言古诗一首，仍交廉访寄还之，未得其复书，廉访旋即下世，未知此诗得达否也。

——俞樾《春在堂随笔》卷 8

题画堂弟《射猎图》小照二首

卢　镐

田猎能令人发狂，君今安坐射围场；指挥能事归鹰犬，闲看奚奴掣马缰。

生击黄獐曹景宗，鼻头出火耳生风；男儿在世不称意，安得快马驰西东。

——《月船居士诗稿》卷 4

题沈砚畦昭兴《射猎图》

张问陶

我初识君在锦里，拍肩一笑称知己；醉后同弯两石弓，指示同辈夸英雄。兴酣直欲走天外，妄语谰言都可爱；缚袴还思作骑兵，癫狂不是书生派。前年将相征西番，从军戈马争喧阗；万人里粮向西走，天空日落风萧然。是时君年二十六，阴符一卷埋头读；逼人英气不可当，拟执番酋食其肉。幕府何人荐酒徒，不飞不跃居成都；雄心颇似升平将，遣兴聊为射猎图。今年携图过燕市，都人咄咄惊豪士；曹霸舟青亦可传，须眉不似神情似。拂纸崭然见头角，爽于九月摩天鹄；马后蛮奴结束奇，挥鞭一过山魈伏。君不见，丈夫穷达皆天意，肯将一世供游戏；颇怪寻常眼底儿，儒书满口无生气。方今四海同一天，太平不用图凌烟；君身自有封侯骨，珍重囊中宝剑篇。

——《船山诗草》卷 10

山斋坐雪稚子孙坚询雪中故事，信口答之，遂成十绝，皆兔园语也。孙坚，后名虞惇。

彩绦鹰臂只孙呼，整绘寒郊射猎图；明日马蹄轻疾处，六钧添劲草齐枯。

——严熊《严白云诗集》卷1《雪鸿集上》

昭君出猎图

题《昭君画》卷五绝

陆文圭

当时随例与黄金，不遣君王有悔心；近使来传延寿死，回思终是汉恩深。

妍丑何须问画工，美人终日侍宫中；奉春初计真堪恨，欲望单于敬外翁。

青冢千年恨不埋，琵琶马上几时回；宇文高氏争雄日，突厥柔然献女来。

已恨丹青误妾身，何须更与妾传神；那知塞北风尘貌，不似昭阳殿里人。

啮雪中郎妾不如，脱身无计谩相于。劝君莫射南飞雁，欲寄思乡万里书。画中有一人射雁。

——《墙东类稿》卷20

题古画《王昭君图》

王世贞

余睹《王昭君出塞图》，后先凡三本，颇具汉家威仪，而呼韩邪来迓，则极骑吹、驼毾、毡车、弓槊之盛。宾主初觌欢情，与肃容两称，而此图则仅导者数胡骑，亦有汉儿一，以琵琶后随，一橐驼载服装而已。虽复低眉掩抑作怯寒状，而亵御皆宽然暇逸，意是出塞以后事。跋尾当有题识，今失之，不辨何人与何代。然其用笔殊精密，而番马犹有踸踔、骄嘶之致，宛然胡瓌、张戡家风，似非南渡以后供奉手所办也。昭君以良家子困掖庭，不胜牢慅，愤郁慨然，请适虏。又用虏法配呼韩邪子，生二女。此与张元、吴昊何异，而书生弄笔，往往深怜而重与之，独渠宗介夫得其情与事，曰："汉恩自浅胡自深，人生乐在相知心。"虽然坐此二语，令人勘破其方寸，不待许冯瀛王而后恶其不纯也，则可笑已。

——《弇州山人四部续稿》卷168《文部·画跋》

《明妃出猎图》

邓　定

八月天山雪作花，合围千骑度龙沙；传呼莫射南飞雁，欲寄平安到汉家。

——彭孙贻编《明诗钞》卷7

邓定。定字子静，闽人。有《耕隐集》。

《小草斋诗话》：国初邓布衣定题《昭君出猎图》云："传呼莫射南飞雁，欲寄平安到汉家。"一时传咏，以为绝唱。然元陆子方《昭君词》云："劝君莫射南飞雁，欲寄思乡万里书。"信哉！诗不蹈袭之为难也。

——陈田编《明诗纪事》乙签卷 14

题《昭君出猎图》

风起雕高塞草黄，千群女队踏朝霜；传言莫近长城猎，南望尘头是汉疆。

——薛敬孟《击铁集》卷 8

自题《燕姬出猎图》

孔兰英

孔兰英，桐乡人，世球女，汪圣清聘室。《诗话》：兰英，工诗画，字圣清。未婚，卒。圣清诣唁其母，赠以兰英遗扇，为所缋《燕姬出猎图》，并题一绝。

霜气冷征衣，秋原雉兔肥；燕姬年十五，挟弹势如飞。

——徐世昌编《晚晴簃诗汇》卷 184

罢猎图（归猎图）

元人《平原归猎图》，△□本设色。画两猎者席地坐，一吹笛，置弓弢矢箙于侧；马二，龁草，不施鞍辔。无款印。

——胡敬《西清札记》卷 1“嘉庆乙亥四月初三日”条

《元人归猎图》轴。绢本，高五尺四寸，宽三尺八寸七分，着色，兼工带写。上作山坡古木，下作平地，一猎人乘马向左行，着绿衣，上加狐腋，半臂带弓矢、剑器并兔。人马俱奕奕有神。无款。画境笔力，非元以后人所能到也。

上左：朱文“御用监太监韦氏□□”方印。

——李佐贤《书画鉴影》卷20《轴类》

题《罴猎图》

程敏政

沙碛风高树鸣叶，马放平原人罴猎；解装散出青草间，两两胡姬映桃颊。酪浆满注金叵罗，侑饮似唱阴山歌；雪鹰离绦犬噬肉，穹庐到处皆行窝。大旆扬扬出烟表，不觉残阳过林杪；健儿自许力未疲，翻身欲射云中鸟。打围之乐乐未央，挽弓握矢心茫茫；岭阴直接贺兰道，马上终老单于乡。当今圣人制诸夏，八方无尘羽书寡；但愿胡雏似画中，莫近三边古城下。

——《篁墩程先生文集》卷91

题《胡人归猎图》二首

王　英

猎罢阴山薄暮归，绕鞍雉兔马行迟；风高不敢鸣笳鼓，只恐防秋汉将知。

驰马谩夸弓力强，斜飞白羽射黄羊；旃裘一去龙沙远，惟见西风塞草黄。

——《王文安公诗集》卷5

题《天山罴猎图》

高廷礼

雪净沙场猎骑归，解鞍相对语寒晖；左贤又猎天山道，正是天山雪片飞。

——袁表编《闽中十子诗·高待诏诗集》卷5

元颍川王父子清秋《回猎图》，为其裔孙保印卿司马题。

北庭右族，家颍阳。善韬略，复娴词章义。兵转战数千里来歙，一旦，军中亡，父死，勤王，子知政。保保其名，王乃姓。史称：扩廓帖木儿，本姓王，小字保保，察罕帖木儿之甥。此图姚鹏椿跋，谓："王者，家世王爵，保保者，尊称之词，并载河南王之言曰："世皆知吾为王保保子孙，可即以保为姓，故保氏为通州望族。"与史不合。肯逐从龙颍上儿，元运难回明革命。此图画者，知为谁裔孙，行箧携相随。想当河北贼歼尽暇侍，而翁猎一围，人皆编髪分三绺，家将前行，袍窄袖别有戎装，臂角鹰，顾姑不戴骖，而后王妻虽殉，余或留。史称：扩廓帖木儿卒，其妻毛氏亦自经死，姚氏谓：方其勤王，命妻子浮海而南，与史不合。浮海传说来通州，和林回望秋草白，无复合队腾骅骝。呜呼！纵败不降，愤非耻，子如父，亦勤王死。史称：洪武八年八月，扩廓帖木儿卒于哈拉那海之衙庭，姚氏谓遁于北漠，不知所终，与史不合。龙起云从代有人，中山未是奇男子。

——胡敬《崇雅堂诗钞》卷 9

题《元颍川王父子清秋回猎图》

鲁一同

颍川王察罕帖木儿既死，立其甥王保保为嗣，是为扩廓帖木儿。明太祖定中原，扩廓走和林，屡侵北边，虽以中山十五万之众而不能挫，所称"天下奇男子也"。扩廓死，妻毛氏从之，别一妾携幼子帆海，世居崇川。王衣冠墓在焉。裔孙保君大章出此图：二胡奴前导，扩廓继之，察罕居后，最后女奴。戎服、幞首、云髾，俨然虬髯。骑而从，盖王家姬也。此事元明两史不载。然其家乘如此，感王父子英武伟略，乐附于篇云：

君不见，颍川父子兵马雄，廓清河洛空山东；义旗一指群盗缚，电扫六合如飞蓬。北塞太行西峭潼，崎岖百战摧坚锋；推心置腹亦大度，遗恨不独诛田丰。孛罗思齐皆乳童，群狐镇恶谁能容；中朝水火日寻衅，长城自壤天无功。王昔建义声轰轰，汝颍子弟来相从；锦袍玉带照原野，小队结束明刀弓。白日惨惨天雨枫，马矢烧彻天为红；可怜孤兔猎欲尽，至尊不在琼华宫。天魔舞罢鸱鸣风，真人濠泗占飞龙；黄河一木可径渡，十五万众徒匆匆。是父是子英烈同，金华史笔存至公；崇川墓草秋萧索，万里和林一望中。

——《通父诗存》卷 2

题《雪中归猎图》

刘 嵩

鹰犬萧萧得隽回，独骑瘦马下崔嵬；南山风雪黄斑出，不见将军纵猎来。

——《槎翁诗集》卷 8

题《蕃将归猎图》

王 英

猎罢阴山暮始归，绕鞍雉兔马行迟；风高不敢鸣笳鼓，只恐防秋汉将知。

——曹学佺编《石仓历代诗选》卷 352

题《北谷平沙归猎图》二首

文 昭

金笳小队出郊坰，射虎犹闻两袖腥；云外雪消天宇阔，锦绦放出海东青；

飞控郊原赌射生，平沙雪尽马蹄轻；拈弓日暮不归去，犹向寒芦寻雁声。

——《松风麈余集》卷上

放牧图

跋《牧马图》

陆文圭

平原浅陂水草甘，美枯梢吹风日落；尘起物色祁连山，前路又似逾关渡。陇水一人解鞍枕，欲睡一人胡服手；仰指一人持辔却，回顾万马攒蹄行复止。饮者啮者各自然，驰者忽在立者前；驹而幼者随壮者，浴者出没晴陂川。风鬃雪尾不受鞭，并驱逐者如争先；须臾两骑独殿后，戎笠持兵相格斗。老羝挟乳自成群，牧羝人远傍无救；何人丹青手模写，磅礴胸中有全马。陆子作诗配駉野，千古传流好事者。

——《墙东类稿》卷16

《百马图》

贡性之

乌桓城头春雨晴，乌桓城下春草生；百灵长养少畋猎，牧马晓出乌桓城。腾骁驰突各异态，饥啮渴饮仍纵横；健儿独夸好身手，上马捷若飞鸢轻。青丝不鞚锦鞍卸，什什伍伍争先行；奚官遥望拍手笑，落日半照旌旗明。忆昔开元全盛日，四十万匹俱龙精；骕骦騄駬总神物，骏气上贯房垣星。只今四海罢征战，含哺鼓腹歌升平；英雄用武已无地，一日底用千里程。吁嗟伯乐倘一顾，尔价顿使千金增。

——《南湖集》卷上

题《百马图》为南郭诚之作

丁　复

一马百马等马尔，百马一马势态异；龙眠老李意脱神，代北宛西无不至。楼兰失国龟兹墟，玉门无关但空址；蒲萄逐月入中华，苜蓿如云覆平地。始皇长城一万里，漠雨平添窟中水；将军昔有李贰师，尺棰长驱万骐骥。当时无乃或尔遗，龁草翻沙纵眠戏；就中骁黠啮与踶，或示仁柔奔且逝。循坡屹立意度闲，下首当膺若多智；昂头振鬣彼者雄，似恐世间无猛士。轮台诏下不更求，蕃使往来知礼义；不徒嫁女事乌孙，只以金缯相赠遗。茫然圉牧不知谁，牝牡骊黄交乳字；世有伯乐不愿逢，御若王良空善技。汗血鞲珠胡尔为，无能安并驽骀视；唐家太平有天子，开元天宝周四纪。是时天下政无事，深宫每欲妃子喜；教之舞数政如此，渔阳鼙鼓动地起。禄儿见惯亦有以，可怜零落四十匹，后来值得田承嗣。

——《桧亭集》卷3

《百马图》

虞　集

杨柳生烟草色熏，川原锦绣动成群；百年海宇无征战，一幅图书有见闻。日夕吹笳归别部，天寒挏乳奉将军；当时校猎谁能赋，白发扬雄思若云。

——《道园遗稿》卷3

《百马图》

张　昱

画师画马时，心与马为一；精神各自分，萃此马百匹。起卧适马性，踶啮通马力；逸如龙在水，驰若虎而翼。游牝得群聚，风腾各相及；或滚尘沙黄，或嘶草芽碧。岂无麒麟骨，松下盐车泣；谁将朔漠大，图画归咫尺。曹韩不并世，按图为尔惜。

——《张光弼诗集》卷1

题《胡人百马图》

王　褒

沙陲庐帐服皇威，五色分群锦绣围；看牧胡儿能汉语，草场日暮不须归。

——《三山王养静先生集》卷7

牧马图

宋元人小画图册子，一本，计十八张：

赵仲穆《番骑射雁图》，绢画，斗方一页。画一番人，乘马张盖而行，看隔岸飞骑射雁。又《番人牧马图》一页，是前图之对幅也。画四马于草地间，后面山上有两人坐在树下，一弹弦索，一唱歌曲。画法皆为工细。

此册购于竹墩沈基玉令侄家，时乙卯十月廿日。

——吴其贞《书画记》卷6

题《牧马图》

王　沂

一马色若霜前草，逸气欲无千里道；一马不受青丝掣，黑云满身四蹄雪。二马欲并意态闲，石壶泻水清潺湲；三马同秣性各适，龁声汹若江声寒。就中一骢精爽紧，肉鬃碨磊蒲萄锦；龙媒岂独照夜白，赤骠青骊皆绝品。长髯奚官相顾语，检校群牧新开府；温凉宜适调御工，早晚东封禅梁父。蒺藜沙苑秋复春，得见画图犹竦神；只今岂无騕褭与麒麟，呜呼空老驽骀群。

——《伊滨集》卷 4

《胡人牧马图》

王 恭

海子桥边卸马鞍，燕山秋草色漫漫；百年王气和烟散，往事空从画里看。

——《草泽狂歌》卷 5

《牧马图》

陈 政

草细泉香野色新，五花骄气散春云；昂头似忆当年事，立仗凌云夜正分。

——曹学佺编《石仓历代诗选》卷 380

题画二首为傅右君《牧马图》

钱谦益

策星夜动王良马，车骑纷纷满郊野；幽并好马胡儿骑，回鞭蹴踏长城下。今年云中开马市，百金一马胡人喜；金缯压鞍革挏酒，齐唱吴歌度辽水。老髯奚官立道傍，伫看烙印黯悲伤；莫轻此马为胡种，曾秣天闲十二坊。东奴掠我马，汰其疲驽者，以予西虏，西虏即以入市，太仆寺烙印宛然。

——《牧斋初学集·霖雨诗集》卷 12

《胡人牧马图》

王　恭

草白阴山朔雪晴，胡儿牧马近燕城；只今犹有湾河水，日夜东流恨不平。

——《闽中十子诗·王典籍诗集》卷5

题《健儿牧马图》

倪　谦

龙河四月春始回，健儿雏牧沙场隈；坡陀草软茁新绿，腾骧风逸皆龙媒。群胡团圞藉鞍鞊，湩酪分尝红人面；四弦弹出塞外声，醉起蹁跹舞胡旋。圣皇恩露覃胡天，宴乐休养能生全；只今衔尾尽入贡，日见赤墀千万牵。

——《倪文僖公集》卷4

题　画

刘　春

谁写胡儿牧马图，一声羌笛隔烟芜；圣明清化通夷夏，款塞当时有此无。

——《东川刘文简公集》卷24

《牧马图》

桂　馥

平沙漠漠天初霜，风吹塞草秋云黄；祁连山前畜牧场，四十万马如群羊。峻耳方瞳八尺腹，飞凤三花属天育；大奴举策尽知名，卸鞍脱辔无拘束。朝洗白狼渡暮秣，黄花戍，带刀监奴孔雀翎，笑指围场射虎处，武功大定早罢兵。战马尽放出长城，太平野老日无事；骊黄牝牡归丹青，顾君画马能画骨。短鬣秃尾尤突兀，不师金牛仗下驄；却看受降城外月，吾生未出居庸关。又不从，圉人太仆窥天闲，但凭纸上索神骏；得毋笑，杀王良伯乐九方湮。

——《未谷诗集·老落賸稿》卷 2

题陈允升《塞外牧羊图》后四首

查慎行

谁护储胥峙糗粻，开边端合用陈汤；即看士马欢腾后，宴犒犹余万角羊。

鞭策曾趋万骑先，铙钲亲扈六飞旋；当初应笑移中监，雪北蒙毡十九年。

横草功名一例看，牧羊何似牧民难；郎潜此日怜头白，辛苦边州两政官。

春草如秧际绿芜，驱群何日首归途；一蓑烟雨村南北，添写巾箱考牧图。

——《敬业堂诗集·直庐集》卷 31

蕃马图（猎骑图）

题《蕃骑图》

韩　驹

塞上漠漠黄云秋，黄须胡儿骑紫骝；一马挽前弄风走，胡儿掣辔空骧首。回鞭值莫向南驰，汉家将军方打围；夺弓射汝犹可脱，夺汝善马何由归。

——孙绍远编《声画集》卷 2

题《蕃骑图》

韩　驹

塞上一作沙场漠漠黄云秋，黄须健儿骑紫骝；一一作白马搀前弄风走，胡儿掣辔空骧首。回鞭慎莫向南驰，汉家将军方打围；夺弓射汝犹可脱，夺汝善马何由归。

——《陵阳集》卷 2

赋蒋甥若水《番马图》

楼　钥

何处驱来良马六，骝黄参错如花簇；胡为不作腾骧去，各有游缰絷前足。胡人下马俱少休，背倚毡裘眠正熟；酋豪拣箭奚奴撚，意欲射獐不遗镞。琵琶横倚续续弹，一夫坐听胡中曲；卧拥提壶将引饮，英气虬须皆贵族。沙碛坡陀高复低，天寒不见寸草绿；我行燕蓟颇见之，狼帽乌靴乃其俗。勿云恃勇不知义，要以赤心置其腹。呜呼！安得壮士健马咸作使，坐令戎虏为臣仆。

——《攻媿集》卷 4

题《藩骑图》

朱　熹

传闻姑狚欲南侵，愁破雄边老将心；却是燕姬能捍虏，不教行到杀胡林。

——《晦庵先生文集》卷 10

《金人马图》

高　启

名王爱游猎，初试射雕弓；白草秋原旷，黄沙晚塞空。琵琶应汉女，骠裹是胡骢；归醉葡萄绿，穹庐在月中。

——《高太史大全集》卷 12

题《金人猎骑图》

刘永之

昔者金源起东北，万马南驰蹴中国；青盖趋燕艮岳摧，杀气如云暗吴越。天旋日转息战争，裹革包兵交玉帛；翔南无事号太平，颇习华风变蛮貊。既尊儒术尚文事，立进画图供玩阅；是时张戡画鞭马，尺素流传擅声价。此图彷佛戡所作，似貌燕山驰猎者；秋高露白葭苇黄，隐约寒山接平野。虎韅崔辔赤茸鞧，骑影联翩意闲雅；龙媒振鬣望空阔，足若奔暑汗流赭。前驱后逐争豪雄，左旋右转若回风；驾鹅惊飞百兽骇，苍鹰脱臂腾高空。策马数获落日紫，金盘行炙餍奴僮；当时观者徒叹息，写入丹青真国工。古愚先生最好事，锦标细束纡鸾龙；郡斋展玩当清画，惊飙飒飒吹帘栊。白头书生幽蓟客，不觉涕泪沾膺胸；百年兴废恍如梦，苜蓿萧萧迷古宫。

——《刘仲修先生诗集》卷 4

题《女真调马图》

吴　澄

此是女真调马图，百年盛气豪中区；后来更有精强者，览图无事增嘻吁。上古神龙负图出，岂必驱除须此物；谁其却之服粪车，欲画此时无此笔。

——《临川吴文正公集》卷48

题《五马猎归图》

何　中

秋野肃肃，秋草萋萋，天空雁度呼鹰时；一马前行四马随，前者回顾相指挥。最后两人俱下马，一人拱手俯听之；一人挐獐毛色肥，角弓在弢箭在房。人马意态何迟迟，知从底处射猎归；莫是营州少年并州儿，闲中貌此知为谁。笔力精劲妙莫窥，我疑此画有似汲冢古书出，蠹简残逸有缺遗，不须完足自可宝，古人日远何由追。呜呼！古人日远何由追。

——《知非堂稿》卷4

《猎骑图》秋景

商　辂

蓟门霜落悲秋草，叶飞满地无人扫；銮舆晓出明光宫，扬鞭走马关东道。天闲十二分雁行，虎蹲豹踯争低昂；戎袂吹风日杲杲，阵云横塞天茫茫。兔奔鹿驰何迫速，长剑短戟相追逐；萧萧响彻云影寒，呦呦鸣透空山绿。野雉戛戛原头飞，锦毛五色光陆离；翻身抽矢将欲射，巧力恐逐冰弦移。丹青一幅监前代，几度桑田变沧海；灵囿灵沼尚可征，金城汤池将安在。东龙行日西龙雨，乾坤已属大明主；当今偃武更修文，世际雍熙侔舜禹。

——曹学佺编《石仓历代诗选》卷379

《天骄子歌》题胡人驱马图

史　鉴

天骄子，自矜剽勇无与比，龙沙茫茫千万里，随畜转移无定止，草尽水枯行复徙。

天骄子，繁有徒，朝姑衍，莫狐奴，彂弓箙矢气甚都，前超駚騠后騊駼，什什伍伍驻且驱。群中五明骨相殊，银蹄玉鼻玄龙躯；番王示闲暇，揽辔野踟蹰，黄金比余裘白狐。呼鹰贾勇决云起，驾鹅垂翅声哀呼；胡姬之装非汉姝，双椎压肩编贝珠。茜红韦襦下过膝，并马笑语相邪揄。

天骄子，人识尔形，谁测尔情？赞华已死，胡瓌不生。斗帐起尘久寂寂，忽见此图双眼明；双眼明，长叹息，谁能驱之归漠北，迅扫腥膻净区域，戍卒番休事耕植。

——钱谦益编《列朝诗集》丙集卷8

题张彦升省掾所藏《胡马图》

王　逢

绿睛鬖发黄须儿，翠裘锦帽当轩墀；紫丝游缰玉花马，意气八极同驱驰。浮云满身雪满足，阿母瑶池向曾浴；霜风萧萧八尺影，在野犹自空天育。吾闻真龙非豢牧，一食或尽一石粟；天寒日暮长楸闲，钝质驽材当俯伏。为君三叹三祝之，慎勿轻授黄金羁。

——《梧溪集》卷1

题《胡马图》

解　缙

破衲自风沙，兼天压雪花；草间狐兔尽，归去帝王家。

——《解文毅公集》卷5

题《胡马图》赠杨都宪应宁

李东阳

国初以来重戎马，分曹置官牧于野；平原极目沙草青，中有长槽连大厦。二十四监参差开，数百万匹联翩来；风鬐雾鬣起平地，一一尽是凌云才。诸番况复开茶市，玉篆金碑作符契；官茶价重番马肥，不遣公家有遗利。公家利去归私门，地力尽弃天无恩；圉人不死死道路，纵有马至空名存。去年铁骑闻深入，我士虽强马不给；破敌摧锋不要论，飞尘绝漠何嗟及。圣皇西顾垂宵衣，都宪承恩入帝畿；由来考牧在经济，亦有官兵劳指挥。极知君命如山重，复道公才似泉涌；三千騋牝数非多，百万貔貅气增勇。西藩风纪称师模，南郡礼乐归文儒；眼前时事有至急，马政虽一非其粗。世间万事无终极，抚卷为公三叹息；他日功成献马图，因公更问平胡策。

——《怀麓堂文后稿》卷3

题《猎骑图》

张凤翼

秋风拂地起边尘，何事长杨校猎频；可惜龙驹千里足，解鞍间逐臂鹰人。

——《处实堂后集》卷3

题《边马图》

倪　岳

大碛飞沙白于雪，北风怒号海冰裂；奚官把控正愁寒，地上骐骣汗成血。骐骣元出洼水中，朝刷天河暮崆峒；飘飘四骏尽龙种，风神各异筋骨同。紫燕飞兔思腾踏，走狗苍鹰气萧飒；雄姿自足画图传，奇材岂与驽骀合。一匹虽瘦标格存，试出还空冀北群；伏枥谁能保终惠，行边犹解策高勋。可怜共饱沙场草，无由一骋千里道；天涯霜露莽萧条，只恐骅骝易衰老。奚官姿髯不敢骑，好从重译献彤墀；玉台阊阖阅清峻，怯看黄帕盖鞍时。

——《青溪漫稿》卷 2

《胡骑图》

张　羽

弓剑随身带，阏支细马驮；天寒水草远，更过白狼河。陈火照红云，龙廷战未分；金兜上马去，应避李将军。

——《静居集》卷 6

《胡马图》

朱应登

堕地非凡种，房星已动天；千金辞大宛，万里刷幽燕。苜蓿花初满，关山月屡圆；将军功未建，辛苦四蹄穿。

——《凌溪先生集》卷 7

《胡马图》

祝允明

骏骨千金产，名王万里归；风烟辞大漠，云电赴皇畿。立仗容陪舞，从龙敢假威；此来空地类，苜蓿近郊肥。

——《祝枝山怀星堂全集》卷 8

《唐人写胡骑图》

祝允明

天山一夜雪，北风吹复干；胡儿骑马出，踏碎白琅玕。鬈胡拥膻项，旃毳不知寒；季冬飞鸟绝，虚弦控不弹。焉知北海雁，高翥入长安；帛书天上度，何功报可汗。

——《祝枝山怀星堂全集》卷 4

为张元礼题《番骑图》

董元度

射虎雄心老未空，谁能俛首事雕虫；与君办取封侯具，千里骅骝两石弓。

——《旧雨草堂诗》卷 1

题《番骑图》

商　盘

商盘，字宝意，号苍雨，会稽人。雍正八年进士，官至顺宁府知府。有《质园诗集》。

边城吹角黄云起，番马番儿见猎喜；幽燕不作画图看，逐电追风俨千里。一马昂藏如欲鸣，数马勃窣骄不行；就中怒马忽奔逸，能使突兀高原平。云锦成堆谁第一，骁腾都入曹韩笔；合围临阵两纵横，人马同心势无敌。圣朝驾驭尽英雄，缮塞年年奏武功；已见助绥番部顺，岂徒举手射夫同。赤狄乌桓连大漠，书生愧少平羌略；惟将老眼相骅骝，一过空群同伯乐。呜呼！健儿慎勿夸身手，苜蓿蒲萄中国有；乐府争传俶傥歌，阙氏且酌屠苏酒。

——王昶编《湖海诗传》卷 4

题关山《雪骑图》扇

钱大昕

老矣登山怯，山居但掩关；看人骑瘦马，踏雪度重山。

——《潜研堂诗续集》卷 8

题钱选临曹将军《燕脂骢图》

王　恽

涪翁醉草丹青引，秘省珍藏猎骑图；老眼再观知有数〔一〕，喜从唐本玩临摹。龙种中来见异姿，春风舞影下瑶池；马中岳湛钱郎笔，写尽坡仙七字诗。刻烙天全固可悲，不应顾影自惊嘶；君看惨淡经营意，重为庄生解马蹄。首脱金羁籍帝闲，春风沙苑草芊绵；承恩幸在休闲地，谁与争鸣八骏先。良骥初非以力闻，丹青传写画图新；超超说是千金骏，踶啮何曾到圉人。

〔一〕小注云："第三句'书入昭陵那复得'。"

——《秋涧先生大全文集》卷33

《骏马图》

释大欣

世无伯乐亦久矣，骏马何由千里至；披图犹似得权奇，岂伊画师知马意。何人致此铁色骊，旋毛绕腹新凿蹄；帝闲远谪天驷下，驰来月窟浮云低。古王有土数千里，八极周游宁用尔；方今万国效奔命，合遣龙媒献天子。飙驰电没争辟易，万里所向无前敌；男儿马上定乾坤，腐儒诗书果何益。几愁骨折青海烟，黄沙野雪穹庐前；幸逢好事写真传，似向长鸣谁与怜。嗟我身如倦飞鸟，十年茧足愁山川；安得千金购神骏，揽辔欲尽东南天。

——《蒲室集》卷2

题《厩马图》

王　恽

前年扈从猎长杨，偶杂髯驺宿野庄；一纡玉华三百匹，老人垂泪说先皇。

——《秋涧先生大全文集》卷33

《猎骑图》春夏秋冬四首

商　辂

林松湿露翠华重，仙桃醉日凝香梦；芳草丛生绿树阴，落花尽补苍苔空。完颜跃马当青年，戎袍照日何鲜妍；玉鞍锦鞯黄金勒，红缨紫鞚珊瑚鞭。雕弓满张面如赭，气卷黄河掌中泻；仰天一箭中飞禽，委翅欲逐回风下。角鹰钩爪目如电，利吻淬若龙泉剑；番鞴掣断绿丝缰，狡兔妖狐胆惊颤。群驼露出紫茸峰，金铃系犬奔长风；旌纛摇红日光薄，雁门金鼓声鼕鼕。君臣演武饱韬略，范我驰驱在猎较；要知见者举欣欣，庶几与民能同乐。

远山近山翠欲滴，溪柳沙柳青如织；薰风扇凉自南来，旌旄遥撼边云湿。羽林征马鸣萧萧，角弓在手箭在腰；画戟煌煌辉白日，黄沙漠漠连青霄。海东之青偏豪爽，铁作毛衣金作掌；耸身跨雾转招摇，驾鹅洒血随草莽。紫衣控著白玉鞭，万骑驰突相后先；貔貅仰视复拍掌，欢呼动地声骈闻。香腾鸡舌烟缥缈，飞入鲛绡轻袅袅；紫塞关头日欲晡，贺兰山下天还晓。胡笳一曲兴未足，帐里葡萄酒新熟；齐宣邈矣不可追，推恩始自牛觳觫。

蓟门霜落悲秋草，叶飞满地无人埽；銮舆晓出明光宫，扬鞭走马关东道。天闲十二分雁行，虎蹲豹踯争低昂；戎袂吹风日杲杲，阵云横塞天茫茫。兔奔鹿驰何迫速，长剑短戟相追逐；肃肃响彻云影寒，呦呦鸣透空山绿。野雉嘎嘎原头飞，锦毛五色光陆离；翻身抽矢将欲射，巧力恐逐冰弦移。丹青一幅监前代，几度桑田变沧海；灵囿灵沼尚可征，金城汤池将安在。东龙行日西龙雨，乾坤已属大明主；当今偃武更修文，世际雍熙侔舜禹。

连日同云阴匝地，阳乌湿翅飞不起；翠华遥指太行山，猎骑悉渡漳江水。君王独控玉花骢，欲动不动偏豪雄；冰弦雕弓白羽箭，精神炯炯明双瞳。将军呼獒踯躅来，左右咆声阚如雷；山羊野鹿纷交驰，俛首落胆鸣悲哀。勇士持挺击奔兔，壮气如山力如虎；扶桑树折玉关开，宇宙飒飒寒风度。貂裘斜拥半酣醺，辕门挝鼓声殷殷；笳吹遥翻瀚海波，旌旗远蔽天山云。嗟哉成汤恩浩荡，仁爱及物见祝网；赢得芳名照汗青，至今千古令人仰。

——《御定历代题画诗类》卷57《羽猎类》

历城殷棠川相国士儋，嘉靖丁未进士。是时李于鳞以诗主盟海内，公其同里，著有《金舆山房集》。金舆，历下山名也。论者谓体齐鲁之雅驯，兼燕赵之悲壮，采吴越之婉丽，是吾乡一巨手。予观其《题蕃马图》云："玉塞无声夜有霜，橐驼五万入渔阳；平沙落日悲风起，马上横捎四白狼。"气概雄伟，音节宏亮，实堪与沧溟树旗鼓。

公武英殿大学士，赠太保，谥文庄，《明诗综》以为谥"文通"，误也。蒲柳泉《志异》纪公遇狐娶妇事甚奇，公固贵人，为鬼狐所畏，即以诗论，亦足辟易千人。初谥"文通"，后改。

——王培荀《乡园忆旧录》卷3

戊子春，余为人题《蕃骑射猎图》，曰："白草粘天野兽肥，弯弧爱尔马如飞；何当快饮黄羊血，一上天山雪打围。"

——纪昀《阅微草堂笔记》卷1

题《番使进呈三马》

张　昱

殿中得名画番马，笔力不在陈闳下；方其番使引进时，诏许当轩对描写。近前一匹白鼻蜗，咫尺天威生惧怕；第二匹马青连钱，矫首嘶鸣意闲暇。向后赭白马最雄，雾鬣风鬃劳握把；三马既出瀚海空，天厩真龙此其亚。画师貌此良苦心，惨淡精神入夷夏；冥冥雷雨晦大河，漠漠风沙连钜野。诸番服饰本华靡，不独丹青侈图画；百年绢素霜雪新，拂拭徒为发悲咤。莫言世有真乘黄，只此按图谁识者。

——《张光弼诗集》卷 2

射雁图

《晋王射雁图》

胡祗遹

虎搏龙拏盖世雄，铁翎鸣镝六钧弓；锦囊三箭傅家了，立马西风数过鸿。

——《紫山大全集》卷 7

书《王孙射雁图》

王　恭

锦袍朱帽绿弓弦，却射飞鸿灞水边；不识柳林关外路，白狼黄鼠满秋田。

——《闽中十子诗·王典籍诗集》卷 5

元人《射雁图》，一轴。次等荒一。

——《石渠宝笈》卷26《贮·重华宫七》

《射雁图》为李文石亭作

王文治

平生不解弯竹弓，一言射猎却心喜；秋天高高塞马肥，恨不驰驱古原裏。披图素练风霜生，金铁彷佛闻鈲铮；画师有意逞笔力，马蹄直踏虚空行。乌号之弓赤羽箭，游缰瞥转惊飞电；控弦不发发无虚，迟速中间争一线。雁飞远与青旻傍，弓满浑如月初上；雨血风毛未堕时，金镞神光已相向。公之治行众所推，越东燕北俱春台；岂知李广射雕手，即是文翁作郡才。放衙无事琴弦静，莎厅绿暗飞花影；偶然一写胸中奇，塞草边风眼前骋。千里骅骝不动尘，穿杨饮羽信有神；寄言游侠邯郸子，莫漫相轻儒服人。

——《梦楼诗集》卷6《丁香馆下集》

射雕图

《射雕图》

王　沂

元旌猎猎摇清秋，将军醉拥乌貂裘；双飞点破暮天碧，弯弓欲射仍迟留。奔星一发马前堕，惊看玉爪黄金眸；归来快饮软臂酒，呼鹰却笑刘荆州。

——《伊滨集》卷4

沈清文《射雕图》

顾宗泰

山高水落天始风，寒云惨淡平原空；双雕欲下不肯下，金眸睆碧摩秋穹。东阳少年好身手，锦衣玉貌出郊薮；满引雕弓箭不发，发必叠双更谁偶。昔人校猎夸长扬，猿吟雁落南山苍；子云直上射熊馆，当年文藻临风翔。图画知非好骋武，凌云奇气胸中吐；落雕都尉一军惊，少年笑试千钧弩。

——《月满楼诗集》卷2《东游集》

《题沈童子射雕图》归愚尚书之孙

钱陈群

万里扶摇上碧霄，生来闲雅属垂髫；他年扈从秋郊外，中使传宣命射雕。家事吴兴是赋诗，偶然游艺亦称奇；挽强岂少穿杨技，要养持弓未发时。

——《香树斋诗续集》卷17

海青图

《白鹘图》

司马光

白鹘日边来，一息万里遥；横飞碧海晴，六翮寒萧萧。轻如朔雪花，迥与长风飘；倾身叠绀爪，吟啸何哓哮。瞥来疾惊电，欻起先扶摇；遂令狐与狸，不敢矜凶妖。罻罗不可取，灭影还云霄；世人莫得见，粉绘图轻绡。凛然堂牖间，霜气生春朝；风雨夜如墨，古木无鸣枭。

——《温国文正公文集》卷3

宋人《海青天鹅图》，一轴。次等洪一。

——《石渠宝笈》卷9《贮·乾清宫九》

题《白海青图》

刘敏中

雪羽朱鞲下紫垣，洒然英气在腾骞；空中凡鸟寻常有，抟击终期报主恩。

——《中庵先生刘文简公文集》卷19

题笃御史《海鹘图》

傅若金

空庭海鹘谁所状，海气初高鹘神王；云脚西腾弱水涯，潮头东出飞霞上。此时扶桑色始分，下视百鸷空其群；日中金乌侧相避，篱下凡禽何足论。

——《傅与砺诗集》卷3

某丞相出示御赐《白海青马图》

王　旭

剑翮星眸百鸟雄，九天擎出赐元功；神姿净刷阴山雪，逸气寒吹碧海风。掣电惊看千里速，下鞲宁许一拳空；江湖不隔长杨梦，如在君王指顾中。

——《兰轩集》卷8

题《天鹅海青图》

边　贡

云暗胡〔一〕天雪满衣，驾鹅声乱海青飞；李陵台下阴山北，正是单于〔二〕夜打围。

——《边华泉集》卷7

〔一〕“胡”字原阙，今据李攀龙编《古今诗删》卷33引边贡《海青图》补。文渊阁四库全书本《华泉集》作“霜”。

〔二〕“单于”二字原阙，今据李攀龙编《古今诗删》卷33引边贡《海青图》及文渊阁四库全书本《华泉集》补。

题《白海青图》

李昌祺

有鸟有鸟海东青，羽仪成削心性灵；奋身晴滚半空雪，举翮秋摩层汉星。皇仁诞敷被冰壑，物类随应逾沧溟；九霄振翼逐流电，千里转瞬追奔霆。饥来那暇闯林薮，宿处正欲投岩扃；神恬意定色鲜洁，麾之不去亦不惊。初疑稍迫必翔翥，徐呼亟下尤安宁；野夫耕耨岂庸此，时将奉馈亲藩庭。王虽甚爱弗敢蓄，荐诸丹扆输忱诚；想当胚腪潜孕秀，氤氲翕聚川原精。阴升阳降亭毒运，铅旋汞转英华凝；山都护巢雾气滃，木怪守树风威停。琼丸迸裂皭然出，月光灏采同晶荧；银河晃漾濯奇质，玉露厌浥溥修翎。坚刚劲爪铁铦利，蒙茸浅毳霜轻盈；体排疏花墨痕淡，目灿悬镜金睛明。皂雕固当逊豪逸，苍隼孰与争凭陵；耻擒狐兔猎梁苑，荣厕鸾鹄朝神京。绒绦絷足锦韝臂，韦笼冒首朱衣擎；三司寅送拥冠盖，百骑肃导扬旃旌。岳祇祛尘敛氛祲，渎鬼挽舫浮清泠；在途扰驯态闲暇，入觐竦惕心屏营。窥觇未许贵官睹，哺饲先得虞人矜；至尊含笑锡盼顾，词臣献颂歌祥祯。上稀游畋既罕用，尔纵猛鸷何由呈；惟叨豢养毕微命，更辱卷轴留遗形。老拳谩夸潏水鹘，真骨徒诧绵州鹰；作诗纪瑞拜且祝，天子万寿王千龄。

——《运甓漫稿》卷 2

题《白海青朝日图》

朱有炖

金轮清晓出波澜，一片琼瑶露未干；劲翮半开银作缕，老拳深握铁成团。应同瑞雪迷沧海，暂逐晴云下翠峦；志在九霄非为食，驾鹅空自胆常寒。

——《诚斋录》卷 2

题《彭宪佥白海青图》

杨士奇

由来搏击威，云鸿不敢即；伫睇极青冥，群飞皆戢翼；柏府坐看时，重有秋霜色。

——《东里续集》卷 54

题吴希贵为徐将军画《海青图》

林　弼

黑风吹海海水立，银山万丈高巀岌；天吴簸浪天为湿，蛟龙掀舞出复入。羲和着鞭六龙急，扶桑曙色光烨熠；金乌飞上百怪蛰，一碧万顷秋可挹。海东之鸷怒翔集，片雪飘萧双翅戢；浪花滚滚石溅溅，掀身向日思远及。锦韝金镟不可絷，忆我挂席东海东；海云海水浮空濛，神鸷时来休雪羽。玉立苍石吹刚风，吴君此画将无同；奇气矫矫横秋空，将军屏帐宁久容。便当飞入天九重，驾鹅奋击层云中；四野狐兔无留踪。

——《林登州集》卷3

题画海东青歌

倪　谦

有鸟横绝来海东，白日片雪飘天风；决云万里过榆塞，敛翮误投虞网中。三韩五岛渺何许，此地胡为遭绁笼；将军得之不敢畜，爱护献入明光宫。神姿娇娇托缣素，特立似与银瓶同；剑锋新淬劲翎整，玉花细缕奇毛丰。星眸琼吻水晶距，英气满鞲真俊雄；常思霜鹅上霄汉，肯争腐鼠趋蒿蓬。圣明端拱罢游猎，虽有长技谁能穷；何当为尔解绦镟，看击凡禽摩碧空。海东青鹘，属鸟之鸷者，中国所不产，出辽海之北，东海之西，乞列迷之地，夷人往往以之入贡。武定侯郭公镇宣府时，军校有举网得之者，公乃献之于朝，而命工画者图肖其状，其子聪请题于予，故为赋短歌如右云。

——《倪文僖公集》卷3

海东青

解　缙

万里飞来渡海西，灵禽玉爪不沾泥；掇身欲抉群鹅队，展翅能追天马蹄。万里纵横嫌地窄，千层冲突觉天低；何须更结鸾凰友，应与云鹏力量齐。

——《解文毅公集》卷5

猎鹰图

题赵希远《案鹰图》

范成大

学射春山万岁湖，牙门列骑卷平芜；如今黄土原边梦，犹识呼鹰嗾犬图。

——《范石湖集》卷 28

画　鹰

揭傒斯

文梁五色绦，秋高意气豪。怒张两目直霄汉，岂与短翮翔蓬蒿。妖狐昼作猛虎嗥，驺虞并与神麟逃。嗟尔饱食心空劳。

——《揭文安公集》卷 3

《宣和白鹰图》

谢肇淛

白鹰之白孰与俦，谁为貌此娱清秋；霜毛玉爪飒欲动，炯炯一点金星眸。是何意态雄且异，目侧愁胡视天地；向人乍欲下金韝，竦翮犹疑盘远势。蚤来拂素开中堂，西风瑟瑟高天仓；咫尺扶摇九万里，檐前鸟雀无飞翔。此是宣和供奉笔，神色飞扬世无敌；茫茫浅草碧云寒，一洗千古迥独立。当年艮岳蓄珍禽，好手临摹直到今；可怜五国边城路，狐兔纵横落日阴。

——《小草斋集》卷 11

《群鹘古柏图》

王　恽

振翮苍巅控老拳，霜空利不隔秋烟；料应攫裂修蛇后，相与朋来一砉然。

——《秋涧先生大全文集》卷 26

恭题画鹰

申时行

何处苍鹰掣锦绦，霜林飒飒洒风毛；掀身万里层霄迥，侧翅三秋杀气高。狡兔还应愁窟穴，鸴鸠那敢决蓬蒿；圣朝祝网开三面，抟击何须借尔曹。

——《赐闲堂集》卷 1

《鹰搏兔图》

张邦奇

鹰飞薄天眼顾地，群鸟望影须早避；兔能明视有心计，每叹鹰飞空自厉。秋高风劲天无色，怒而一击势叵测；万仞捷下不瞬息，割如飙惊楛矢激。仓皇急投思伏匿，如锥利永已在春；须臾毛骨当碎磔，狡狯便儇竟何益。

——《张文定公四友亭集》卷 18

《鹰逐鹭图》

张邦奇

我观群鸟中，除却苍鹰尽凡羽；君不见，黄金眸，白玉距，凌空一下急于雨。鹭丝胡不早窜伏，到此惊奔向何许？忆昔在林皋，翻飞矜羽毛。羽毛虽好不中用，凭君识取真英豪。

——《张文定公四友亭集》卷 18

射鹿图

题《雪中射鹿图》

顾宗泰

一奚飞按苍鹰呼，一奚鱼箙垂雕弧；一奚衩衣马前去，搜原剔野争先驱。少年玉面裘貂狐，花骢躞蹀摇环瑜；控鞍晓出平陵道，射猎身手辟万夫。是时林皋秋草枯，北风凛凛寒裂肤；天高旷野雪片粗，千山万山云模糊。雄狸狡兔皆窜伏，扬鞭突羽追逃逋；丽龟生致山南鹿，驱回嚏嚏鸣前途。忆昔渠黄夹道趋，莅台狎兽凌烟芜；鹿是山中旧仙客，铜牌挂角疑有无。归来写出于田图，专场意气风云俱；我亦校射海东隅，披图一笑从吾徒。

——《月满楼诗集》卷 4

射虎图

《射虎图》为箬溪都宪题

杨　慎

钱选好手工白描，粉墨丹青色沮丧；细观逸迹迥不俗，气骨深稳形萧放。中丞此图开似我，行行游猎极殊状；汉家昔日李将军，生射猛兽天下闻。弯弓半夜没白羽，飞鞚晴昼生黄云；今之图画无乃是，披卷似觉阴风起。积雪惨淡长白山，草木苍乾松漠间；将军身乘大宛马，从骑亦是骁雄者。合围射虎虎带箭，相持不肯遽相下；虎斗马骤两若飞，咆吼欲震长平瓦。东海黄公鲁下庄，裴旻舞剑相颉颃；古来英英者数子，绘事简册传芬芳。何物少陵愁杜甫，短衣南山思射虎；老骥伏枥悲鸣苦，壮士哀歌泪如雨。天狼煌芒直威弧，安得此辈西灭胡；却走马蹄报神都，为献单于款塞图。

——《太史升庵全集》卷23

胡人图

曰："如阿骨打初破辽国，勇锐无敌。及既下辽，席卷其子女而北，肆意蛊惑，行未至其国而死。"因笑谓赵曰："顷年于吕季克处见一画卷，画虏酋与一胡女并辔而语。季克苦求诗，某勉为之赋，末两句云：'却是燕姬解迎敌，不教行到杀胡林。'正用骨打事也。"僩。

——黎靖德编《朱子语类》卷135

《胡人醉归图》

钱　逊

逊，字谦伯，山阴人。洪武末以荐，授宁夏水利提举吏目。壬午，还京，拜孟津知县，改弋阳。坐累，谪戍交址。复以荐，对策称旨，授文昌主簿。谦伯状貌魁梧，所至有声迹，中更颠踬。卒，能保全寿考。有《谦斋集》二十卷。

貂帽锦靴明绣衣，调鹰射虎捷如飞；紫髯寒作猬毛磔，碧眼夜看霜月辉。筚篥声中传汉曲，琵琶帐底醉明妃；更深宴罢穷庐雪，乱拥旌旄马上归。

——钱谦益《列朝诗集》乙集卷8

龙沙图

题《龙沙图》

蒲道源

北俗惟知射与驰，妇无蚕绩亦禽嬉；分明题作龙沙卷，难诵豳风七月诗。

——《顺斋先生闲居丛稿》卷 8

解鞍图

《解鞍图》

王　恽

川流萦带烧痕青，万帐风烟扈汉营；长记散军郊射罢，丹青图上看升平。潇潇牙帐野河春，羽猎归来日未曛；展放尽图还记得，二年鞍马过牛群。高空云迥射雕还，细草平沙困解鞍；醉里清寒将梦去，春风吹雪点旗竿。

——《秋涧先生大全文集》卷 30

题《黄门飞鞚图》

王　恽

金错盘陀络玉羁，春风飞影下瑶池；丹青明见胪传意，花柳深宫燕八姨。年年十月幸温汤，诏给辞臣半骕骦；最见流云潇洒处，津阳春色晚苍苍。

——《秋涧先生大全文集》卷 30

献獐图

《金源野人献獐图》

虞　集

紫盖贵人何处来，西风摇落郊原开；泽虞获鲜敢私取，下马持献披榛莱。韔弓服矢遽为拜，止辔受之貌闲暇；千里独行日云暮，熊耶罴耶在林野。君不见吁嗟麟兮，人不知卒然遇之慎尔为。

——《道园遗稿》卷 2

胡人打球图

题《打球图》

戴　良

群胡击球世未见，人马盘盘若风旋；场中一点走如飞，三人跃马争先驰。两人翻身惊且叹，前视后视回回转；平沙蹙踏黄入天，肯使苍鹰飞向前。身忘激射但狂走，未知球落谁人手；君不见，秦失其鹿人共逐，刘项雌雄几翻覆。

——《九灵山房集》卷 16

移帐图

《番人移帐图》

高 启

悬尔弧，韬我弓，拔帐何徙榆林东；顾语勿驱，日暮中野，儿未十岁，不能骑马。

——《高太史大全集》卷 12

引用文献

一、基本文献

(一) 古籍文献

《史记》，中华书局 1959 年版。

《汉书》，中华书局 1962 年版。

《晋书》，中华书局 1974 年版。

《周书》，中华书局 1971 年版。

《隋书》，中华书局 1973 年版。

《旧唐书》，中华书局 1975 年版。

《新五代史》，中华书局 1974 年版。

《旧五代史》，中华书局 1976 年版。

《辽史》，中华书局 2016 年修订本。

《宋史》，中华书局 1977 年版。

《金史》，中华书局 1975 年版。

《元史》，中华书局 1976 年版。

《资治通鉴》，中华书局 1956 年版。

（唐）王仁裕撰，曾贻芬点校：《开元天宝遗事》，中华书局

2005 年版。

（宋）李焘：《续资治通鉴长编》，中华书局 2004 年版。

（宋）王钦若编：《册府元龟》，中华书局 1960 年影印明本。

（宋）徐梦莘：《三朝北盟会编》，上海古籍出版社 1987 年影印许刻本。

（宋）马端临：《文献通考》，中华书局 1986 年版。

（宋）王称：《东都事略》，《宋史资料萃编》第 1 辑，台北：文海出版社 1979 年版。

（宋）江少虞：《宋朝事实类苑》，上海古籍出版社 1981 年版。

（宋）叶隆礼著，贾敬颜、林荣贵点校：《契丹国志》，上海古籍出版社 1985 年版。

（宋）洪皓：《松漠记闻》，《顾氏文房小说》本。

（宋）程俱著，张富祥校证：《麟台故事校证》，中华书局 2000 年版。

（宋）佚名著，张富祥点校：《南宋馆阁续录》，中华书局 1998 年版。

（元）佚名著，陈高华等点校：《元典章》，中华书局、天津古籍出版社 2011 年版。

（元）熊梦祥著，北京图书馆善本组辑：《析津志辑佚》，北京古籍出版社 1983 年版。

（元）佚名著，郭声波点校：《大元混一方舆胜览》，四川大学出版社 2003 年版。

（明）李贤：《明一统志》，嘉靖己未归仁斋重刊本。

（明）刘侗、于奕正：《帝京景物略》，北京古籍出版社 1982 年版。

刘宗永点校：嘉靖《通州志略》，中国书店 2007 年版。

（元）陶宗仪：《南村辍耕录》，中华书局 1959 年版。

（明）徐象梅：《两浙名贤录》，天启元年徐氏光碧堂刻本。

［伊朗］志费尼著，何高济译：《世界征服者史》，商务印书馆2010年版。

［波斯］拉施特主编，余大钧、周建奇译：《史集》，商务印书馆1983年版。

［法］沙海昂注，冯承钧译：《马可波罗行纪》，商务印书馆2012年版。

麻赫默德·喀什噶里著，校仲彝等译：《突厥语大词典》，民族出版社2002年版。

［英］道森编，吕浦、周良霄译注：《出使蒙古记》，中国社会科学出版社1983年版。

（南齐）谢赫著，王伯敏标点注释：《古画品录》，人民美术出版社1959年版。

（唐）张彦远著，俞剑华注释：《历代名画记》，上海人民美术出版社1964年版。

（唐）朱景玄：《唐朝名画录》，明刻《王氏画苑》本。

（宋）佚名：《宣和画谱》，《津逮秘书》本。

（宋）刘道醇：《圣朝名画评》，明刻《王氏画苑》本。

（宋）孙绍远编：《声画集》，康熙楝亭藏书十二种本。

（宋）郭若虚著，黄苗子点校：《图画见闻志》，人民美术出版社1963年版。

（宋）刘道醇：《五代名画补遗》，宋临安府陈道人书籍铺刻本。

（宋）董逌著，张自然校注：《广川画跋校注》，河南大学出版社2012年版。

（宋）邓椿：《画继》，人民美术出版社1964年版。

（宋）米芾：《画史》，《津逮秘书》本。

（宋）黄休复：《益州名画录》，人民美术出版社 1964 年版。

（唐）段成式：《酉阳杂俎》，中华书局 1981 年版。

（宋）宋敏求著，诚刚点校：《春明退朝录》，中华书局 1980 年版。

（宋）陆佃原著，牛衷增修：《增修埤雅广要》，万历三十八年孙弘范刻本。

（宋）周密：《云烟过眼录》，《宝颜堂秘笈》本。

（宋）周密：《志雅堂杂钞》，《粤雅堂丛书》本。

（宋）赵彦卫著，傅根清点校：《云麓漫钞》，中华书局 1996 年版。

（元）夏文彦：《图绘宝鉴》，至正二十六年刻本。

（元）汤垕：《画鉴》，上海人民美术出版社 1982 年版。

（元）庄肃：《画继补遗》，乾隆五十四年醉经楼刻本。

（明）都穆：《寓意编》，《刻奇晋斋丛书》本。

（明）陶宗仪著，徐美洁点校：《书史会要》，浙江人民美术出版社 2012 年版。

（明）朱谋垔：《画史会要》，崇祯刻清初重修本。

（明）王圻、王思义编集：《三才图会》，上海古籍出版社 1988 年版。

（明）彭大翼：《山堂肆考》，万历二十三年刻本。

（明）汪砢玉：《汪氏珊瑚网名画题跋》，《适园丛书》本。

（明）孙凤：《孙氏书画钞》，涵芬楼秘籍影旧钞本。

（明）郁逢庆：《书画题跋记》，《风雨楼丛书》本。

（明）郁逢庆：《续书画题跋记》，台湾商务印书馆影印文渊阁《四库全书》本。

（明）董其昌：《画禅室随笔》，《扫叶山房》本。

（明）张丑著，徐德明点校：《清河书画舫》，上海古籍出版社

2011 年版。

（明）张丑著，徐德明点校：《真迹日录》，《清河书画舫》附录，上海古籍出版社 2011 年版。

（明）张丑：《法书名画见闻表》，《翠琅玕馆丛书》本。

（明）佚名：《天水冰山录》，《知不足斋丛书》本。

（明）曹昭原著，王佐增补：《新增格古要论》，天顺六年徐氏善得书堂刻本。

（清）王毓贤：《绘事备考》，康熙三十年刻本。

（清）李佐贤：《书画鉴影》，同治十年利津李氏刻本。

乾隆官修：《石渠宝笈》，台湾商务印书馆影印文渊阁《四库全书》本。

康熙官修：《御定历代题画诗类》，台湾商务印书馆影印文渊阁《四库全书》本。

（清）卞永誉编：《式古堂书画汇考》，民国鉴古书社据吴兴蒋氏密均楼藏本影印本。

（清）孔广陶著，柳向春点校：《岳雪楼书画录》，上海古籍出版社 2011 年版。

（清）吴其贞撰，邵彦点校：《书画记》，辽宁教育出版社 2000 年版。

（清）端方：《壬寅销夏录》，稿本。

（清）吴荣光：《辛丑销夏记》，道光刻本。

（清）孙承泽：《庚子销夏记》，《风雨楼丛书》本。

（清）孙承泽：《研山斋珍赏历代名贤图绘集览》，湖北省图书馆藏清钞本。

（清）顾复著，林虞生点校：《平生壮观》，上海古籍出版社 2011 年版。

（清）阮元：《石渠随笔》，阮亨扬州珠湖草堂刻本。

（清）方濬颐：《梦园书画录》，光绪元年刻本。

（清）庞元济：《虚斋名画录》，宣统乌程庞氏上海刻本。

（清）庞元济：《虚斋名画续录》，吴兴庞氏刊本。

（清）安岐：《墨缘汇观录》，《粤雅堂丛书》本。

（清）邵松年：《澄兰室古缘萃录》，《续修四库全书》影印光绪三十年上海鸿文书局石印本。

（清）陆心源：《穰梨馆过眼录》，光绪十八年吴兴陆氏家塾刻本。

（清）胡敬：《西清札记》，《续修四库全书》影印嘉庆刻本。

（清）杜瑞联：《古芬阁书画记》，光绪七年刻本。

（清）吴升辑：《大观录》，民国九年铅印本。

（清）查慎行：《人海记》，光绪正觉楼刻本。

（清）陆绍曾：《古今名扇录》，清钞本。

（清）杨宾撰，柯愈春点校：《大瓢偶笔》，浙江人民美术出版社 2012 年版。

（清）梁章钜：《退庵金石书画跋》，道光二十五年刻本。

（元）王恽著，杨晓春点校：《玉堂嘉话》，中华书局 2006 年版。

（元）郭翼：《林外野言》，《又满楼丛书》本。

（元）长谷真逸：《农田余话》，《宝颜堂秘笈》本。

（元）熊太古：《冀越集记》，乾隆四十七年吴翌凤钞本。

（元）杨瑀著，余大钧点校：《山居新语》，中华书局 2006 年版。

（元）叶子奇：《草木子》，中华书局 1983 年版。

（元）忽思慧著，尚衍斌等校注：《饮膳正要注释》，中央民族大学出版社 2009 年版。

（明）徐伯龄：《蟫精隽》，台湾商务印书馆影印文渊阁《四库全书》本。

（明）徐𤊹：《榕阴新检》，万历三十四年刻本。

（明）李时珍：《本草纲目》，人民卫生出版社 1982 年版。

（明）蒋一葵：《尧山堂外纪》，万历舒一泉刻本。

（明）田艺蘅著，朱碧莲点校：《留青日札》，上海古籍出版社1992年版。

（明）李日华著，郁震宏、李保阳点校：《六研斋笔记》，凤凰出版社2010年版。

（清）王弘：《山志》，清初刻本。

（民国）杨钟羲撰，吴兴、刘承干校：《雪桥诗话续集》，北京古籍出版社1991年版。

（清）俞樾：《春在堂随笔》，光绪《春在堂全书》本。

（清）齐学裘：《见闻续笔》，光绪二年天空海阔之居刻本。

（清）金武祥：《粟香随笔》，光绪刻本。

（清）王培荀著，蒲泽校点：《乡园忆旧录》，齐鲁书社1993年版。

（唐）柳宗元：《柳宗元集》，中华书局1979年版。

（宋）黎靖德编，王星贤点校：《朱子语类》，中华书局1994年版。

（宋）司马光：《温国文正公文集》，中华再造善本影印宋刻本。

（宋）苏颂著，王同策等点校：《苏魏公文集》，中华书局1988年版。

（宋）范成大：《范石湖集》，上海古籍出版社1981年版。

（宋）范成大：《石湖居士集》，弘治十六年金兰馆活字印本。

（宋）王明清：《挥麈录》，中华书局1961年版。

（宋）沈遘：《西溪文集》，《四部丛刊》本。

（宋）梅尧臣：《宛陵先生集》，《四部丛刊》本。

（宋）周孚：《蠹斋铅刀编》，台湾商务印书馆影印文渊阁《四库全书》本。

（宋）陈应行：《陈学士吟窗杂录》，嘉靖二十七年崇文书堂刻本。

（宋）楼钥著，顾大朋点校：《楼钥集》，浙江古籍出版社2010年版。

（宋）韩驹：《陵阳集》，宣统二年刊本。

（宋）孔武仲等：《清江三孔集》，《豫章丛书》本。

（宋）李石：《方舟集》，台湾商务印书馆影印文渊阁《四库全书》本。

（宋）朱熹：《晦庵先生文集》，中华再造善本影印宋刻本。

（宋）牟巘：《陵阳先生集》，《吴兴丛书》本。

（宋）汪元量著，孔凡礼辑校：《增订湖山类稿》，中华书局1984年版。

（金）赵秉文：《闲闲老人滏水文集》，《四部丛刊》本。

（金）元好问：《遗山先生文集》，《四部丛刊》本。

（金）元好问：《中州集》，《四部丛刊》本。

（元）耶律铸：《双溪醉隐集》，台湾商务印书馆影印文渊阁《四库全书》本。

（元）郝经：《郝文忠公陵川文集》，正德二年李瀚刻本。

（元）耶律楚材著，谢方点校：《湛然居士文集》，中华书局1986年版。

（元）王恽：《秋涧先生大全文集》，《四部丛刊》本。

（元）虞集：《道园学古录》，《四部丛刊》本。

（元）虞集：《道园遗稿》，至正十四年金伯祥刻本。

（元）欧阳玄：《圭斋文集》，《四部丛刊》本。

（元）袁桷：《清容居士集》，《四部丛刊》本。

（元）黄溍：《金华黄先生文集》，中华再造善本影印元刻本。

（元）程钜夫：《楚国文宪公雪楼程先生文集》，《元代珍本文集汇刊》影印洪武本。

（元）张弘范：《淮阳集》，台湾商务印书馆影印文渊阁《四库全书》本。

（元）吴澄：《临川吴文正公集》，《元人文集珍本丛刊》影印成化二十年刊本。

（元）贡奎：《贡文靖公云林诗集》，弘治三年范吉刻本。

（元）陆文圭：《墙东类稿》，道光十九年《常州先哲遗书》本。

（元）何中：《知非堂稿》，北京大学图书馆藏清抄本。

（元）刘敏中：《中庵先生刘文简公文集》，《北京图书馆古籍珍本丛刊》影印清抄本，书目文献出版社1991年版。

（元）贡性之：《南湖集》，台湾商务印书馆影印文渊阁《四库全书》本。

（元）戴表元：《剡源戴先生集》，《四部丛刊》本。

（元）陈宜甫：《秋岩诗集》，台湾商务印书馆影印文渊阁《四库全书》本。

（元）揭傒斯：《揭文安公集》，《四部丛刊》本。

（元）朱德润：《存复斋文集》，成化十一年项璁刻本。

（元）张翥：《蜕庵诗》，《四部丛刊续编》本。

（元）刘仁本：《羽庭集》，台湾商务印书馆影印文渊阁《四库全书》本。

（元）郑允端：《肃雝集》，中国国家图书馆藏清钞本。

（元）胡助：《纯白斋类稿》，《金华丛书》本。

（元）陈旅：《安雅堂集》，《元代珍本文集汇刊》影印明钞本。

（元）沈梦麟：《花溪集》，《枕碧楼丛书》本。

（元）曹伯启：《汉泉曹文贞公诗集》，后至元四年曹复亨刻本。

（元）傅若金：《傅与砺诗集》，《嘉业堂丛书》本。

（元）姚燧著，查洪德编校：《姚燧集》，人民文学出版社2011年版。

（元）方回：《桐江续集》，台湾商务印书馆影印文渊阁《四库全书》本。

（元）蒲道源：《顺斋先生闲居丛稿》，至正十年刻本。

（元）陈基：《夷白斋稿》，《四部丛刊三编》本。

（元）李存：《番易仲公先生文集》，永乐三年李光刻本。

（元）王沂：《伊滨集》，台湾商务印书馆影印文渊阁《四库全书》本。

（元）赵孟頫：《松雪斋文集》，《四部丛刊》本。

（元）李祁：《云阳李先生集》，清抄本。

（元）王逢：《梧溪集》，景泰七年陈敏政重修本。

（元）柯九思：《丹邱生集》，光绪三十四年柯逢时刻本。

（元）张之翰：《西岩集》，台湾商务印书馆影印文渊阁《四库全书》本。

（元）戴良：《九灵山房集》，《四部丛刊》本。

（元）丁复：《桧亭集》，台湾商务印书馆影印文渊阁《四库全书》本。

（元）马祖常：《石田先生文集》，《北京图书馆古籍珍本丛刊》影印至元五年扬州路儒学刻本，书目文献出版社1991年版。

（元）王旭：《兰轩集》，台湾商务印书馆影印文渊阁《四库全书》本。

（元）胡祗遹：《紫山大全集》，台湾商务印书馆影印文渊阁《四库全书》本。

（元）释大欣：《蒲室集》，后至元四年刻本。

（元）贡性之：《南湖集》，台湾商务印书馆影印文渊阁《四库全书》本。

（元）李继本：《一山文集》，康熙二十八年金侃抄本。

（元）卢琦：《圭峰卢先生集》，万历三十七年刻本。

（元）郑元祐：《侨吴集》，弘治九年刻本。

（元）鲜于枢：《困学斋杂录》，《知不足斋丛书》本。

（元）陈孚：《陈刚中诗集》，北京大学图书馆藏明抄本。

（元）刘诜：《桂隐诗集》，台湾商务印书馆影印文渊阁《四库全书》本。

（元）吕诚：《来鹤亭诗》，光绪三十一年钞本。

（元）张昱：《张光弼诗集》，《四部丛刊续编》本。

（元）侯克中：《艮斋诗集》，台湾商务印书馆影印文渊阁《四库全书》本。

（元）顾瑛辑，杨镰等整理：《草堂雅集》，中华书局2008年版。

（元）杨允孚：《滦京杂咏》，《知不足斋丛书》本。

（元）蒋易编：《皇元风雅》，元建阳梅溪书院刻本。

（元）传习编：《元风雅前集》，台湾商务印书馆影印文渊阁《四库全书》本。

（元）苏天爵编：《国朝文类》，《四部丛刊》本。

（元）周南瑞编：《天下同文集》，台湾商务印书馆影印文渊阁《四库全书》本。

（元）佚名编，隋树森点校：《梨园按试乐府新声》，中华书局1958年版。

（元）杨朝英编，隋树森点校：《朝野新声太平乐府》，中华书局1958年版。

（明）佚名：《元音遗响》，台湾商务印书馆影印文渊阁《四库全书》本。

（明）刘仔肩：《雅颂正音》，台湾商务印书馆影印文渊阁《四库全书》本。

（明）刘基著，林家骊点校：《刘基集》，浙江古籍出版社1999年版。

（明）杨士奇著，刘伯涵、朱海点校：《东里文集》，上海古籍出版社 1998 年版。

（明）杨士奇：《东里续集》，台湾商务印书馆影印文渊阁《四库全书》本。

（明）郑真：《荥阳外史集（外二种）》，上海古籍出版社 1991 年版。

（明）袁中道：《珂雪斋外集》，万历四十六年刻本。

（明）边贡：《边华泉集》，嘉靖十七年苏祐刻本。

（明）李昌祺：《运甓漫稿》，台湾商务印书馆影印文渊阁《四库全书》本。

（明）朱有炖：《诚斋录》，嘉靖十二年同藩刻本。

（明）林弼：《林登州集》，康熙四十五年刻本。

（明）高出：《镜山庵集》，天启刻本。

（明）解缙：《解文毅公集》，乾隆三十二年吉水解氏刻本。

（明）祝允明：《祝枝山怀星堂全集》，万历三十九年陈以闻刻本。

（明）高启著、金檀辑注，徐澄宇、沈北宗校点：《高青丘集》，上海古籍出版社 2013 年版。

（明）刘永之：《刘仲修先生诗集》，清钞本。

（明）倪岳：《青溪漫稿》，《武林往哲遗著》本。

（明）李日华著，赵杏根整理：《李太仆恬致堂集》，上海古籍出版社 2012 年版。

（明）王世贞：《弇州山人四部稿》，万历五年王氏世经堂刻本。

（明）王世贞：《弇州山人四部续稿》，明刻本。

（明）王恭：《草泽狂歌》，台湾商务印书馆影印文渊阁《四库全书》本。

（明）张羽：《静居集》，《四部丛刊》本。

（明）朱应登：《凌溪先生集》，嘉靖三十三年刻本。

（明）程敏政：《篁墩程先生文集》，正德二年刻本。

（明）王恭：《白云樵唱集》，台湾商务印书馆影印文渊阁《四库全书》本。

（明）何乔新：《椒邱文集》，嘉靖元年刻本。

（明）谢肇淛：《五杂组》，上海书店出版社 2001 年版。

（明）谢肇淛著，江中柱点校：《小草斋集》，福建人民出版社 2009 年版。

（明）朱让栩：《长春竞辰稿》，嘉靖二十八年蜀藩刻本。

（明）凌云翰：《柘轩集》，《武林往哲遗著》本。

（明）顾梦圭：《疣赘录》，雍正七年顾怀劬刻本。

（明）王褒：《三山王养静先生集》，成化十年谢光刻本。

（明）张邦奇：《张文定公四友亭集》，明刻本。

（明）李东阳著，周寅宾点校：《李东阳集》，岳麓书社 1984 年版。

（明）程敏政编：《唐氏三先生集》，正德十三年张芹刻本。

（明）申时行：《赐闲堂集》，万历四十四年刻本。

（明）张宁：《张方洲先生全集》，万历重刻本。

（明）张凤翼：《处实堂后集》，万历刻本。

（明）何景明：《何大复先生集》，嘉靖十六年刻本。

（明）陈诚：《陈竹山先生文集》，雍正七年刻本。

（明）刘嵩：《槎翁诗集》，万历二十五年张应泰刻本。

（明）杨慎：《太史升庵全集》，明刻本。

（明）赵完璧：《海壑吟稿》，万历十年赵慎修刻本。

（明）郑文康：《平桥稿》，台湾商务印书馆影印文渊阁《四库全书》本。

（明）陈继儒：《妮古录》，《宝颜堂秘籍》本。

（明）倪谦：《倪文僖公集》，弘治六年刻本。

（明）吴宽：《匏翁家藏集》，《四部丛刊》本。

（明）刘春：《东川刘文简公集》，嘉靖三十三年刻本。

（明）龚敩：《鹅湖集》，台湾商务印书馆影印文渊阁《四库全书》本。

（明）王英：《王文安公诗集》，朴学斋钞本。

（明）朱谏注：《李诗选注》，隆庆壬申年刻本。

（明）袁华：《耕学斋诗集》，北京大学图书馆藏清抄本。

（明）胡俨：《颐庵文选》，台湾商务印书馆影印文渊阁《四库全书》本。

（明）钱宰：《临安诗集》，中国国家图书馆藏明抄本。

（明）曹学佺编：《石仓历代诗选》，台湾商务印书馆影印文渊阁《四库全书》本。

（明）赵时春：《赵浚谷诗集》，万历八年周鉴刻本。

（明）沈周：《石田诗选》，台湾商务印书馆影印文渊阁《四库全书》本。

（明）袁表著，马荧编、苗健青点校：《闽中十子诗》，福建人民出版社 2005 年版。

（明）贝琼：《清江贝先生诗集》，《四部丛刊》本。

（明）叶廷秀编：《诗谭》，崇祯胡正言十竹斋刻本。

（明）吴节：《吴竹坡先生诗集》，雍正三年吴琦刻本。

（明）赵汉：《渐斋诗草》，嘉靖三十四年刻本。

（清）宋荦：《西陂类稿》，《清代诗文集汇编》影印康熙五十五年刻本，上海古籍出版社 2010 年版。

（清）何絜：《晴江阁集》，康熙刻增修本。

（清）文昭：《松风麈余集》，康熙五十年刻本。

（清）钱谦益：《牧斋初学集》，《四部丛刊》本。

（清）高士奇：《高士奇集》，康熙三十八年刻本。

（清）翁方纲：《复初斋文集》，道光十六年李彦章校刻本。

（清）赵执信：《因园集》，台湾商务印书馆影印文渊阁《四库全书》本。

（清）刘墉：《刘文清公遗集》，道光六年刘氏味经书屋刻本。

（清）陈昌图：《南屏山房集》，乾隆五十六年陈宝元刻本。

（清）彭孙贻：《茗斋集》，《四部丛刊》本。

（清）闵华：《澄秋阁集二集》，乾隆十七年刻本。

（清）张世进：《著老书堂集》，乾隆二十年刻本。

（清）潘德舆：《养一斋集》，道光二十九年刻本。

（清）张履祥：《杨园先生全集》，同治十年刻重订本。

（清）赵怀玉：《亦有生斋集》，道光元年刻本。

（清）梦麟：《大谷山堂集》，乾隆十九年刻本。

（清）吴寿昌：《虚白斋存稿》，乾隆五十五年刻本。

（清）永瑆：《诒晋斋集》，道光二十八年刻本。

（清）张大受：《匠门书屋文集》，雍正七年顾诒禄刻本。

（清）顾景星：《白茅堂集》，康熙二十四年刻本。

（清）华嵒：《离垢集》，道光十五年刻本。

（清）金农：《冬心先生续集》，平江贝氏千墨庵钞本。

（清）吴省钦：《白华前稿》，乾隆四十八年刻本。

（清）汪琬：《尧峰文钞》，《四部丛刊》本。

（清）王士禛：《带经堂集》，康熙程哲七略书堂刻本。

（清）王士禛著，李毓芙、牟通、李茂萧整理：《渔洋精华录集释》，上海古籍出版社 1999 年版。

（清）纳兰性德：《通志堂集》，康熙三十年徐乾学刻本。

（清）薛敬孟：《击铁集》，康熙十年刻本。

（清）许宗彦：《鉴止水斋集》，嘉庆二十四年德清许氏家刻本。

（清）邓显鹤等编，沈道宽等校订：《沅湘耆旧集》，岳麓书社

2007 年版。

（清）张九钺著，雷磊点校：《陶园诗文集》，岳麓书社 2013 年版。

（清）阮元编：《两浙輶轩录》，嘉庆六年刻本。

（清）潘衍桐编：《两浙輶轩续录》，光绪十七年刻本。

（清）钱谦益编：《列朝诗集》，毛氏汲古阁刻本。

（清）沈德潜编：《明诗别裁集》，上海古籍出版社 1979 年版。

（清）彭孙贻编：《明诗钞》，《四部丛刊续编》本。

（清）厉鹗编：《宋诗纪事》，上海古籍出版社 2008 年版。

（清）陈田编：《明诗纪事》，上海古籍出版社 1993 年版。

（清）顾嗣立编：《元诗选初集》，中华书局 1987 年版。

（清）王昶编：《湖海诗传》，嘉庆八年刻本。

（清）茹纶常：《容斋诗集》，嘉庆四年十三年递修本。

（清）朱景英：《畬经堂诗集》，乾隆二十九年刻本。

（清）陈恭尹：《独漉堂诗集》，道光五年陈量平刻本。

（清）卢镐：《月船居士诗稿》，《四明丛书》本。

（清）张謇：《张季子诗录》，民国三年铅印本。

（清）朱彝尊：《静志居诗话》，嘉庆二十四年扶荔山房刻本。

（清）尤侗：《西堂诗集》，康熙二十三年刻本。

（清）张符升：《苏门山人诗钞》，乾隆五十六年寄云书屋刻本。

（清）胡敬：《崇雅堂诗钞》，道光二十六年刻本。

（清）邓廷桢：《双砚斋诗钞》，咸丰二年刻本。

（清）沈德潜：《归愚诗钞》，乾隆十六年刻本。

（清）张问陶：《船山诗草》，台湾学生书局 1975 年影印嘉庆刻本。

（清）董元度：《旧雨草堂诗》，乾隆四十三年刻本。

（清）乐钧：《青芝山馆诗集》，嘉庆二十二年刻本。

（清）刘嗣绾：《尚䌹堂诗集》，道光六年大树园刻本。

（清）曾燠：《赏雨茅屋诗集》，嘉庆八年增修本。

（清）顾宗泰：《月满楼诗集》，嘉庆八年刻本。

（清）严熊：《严白云诗集》，乾隆十九年严有禧刻本。

（清）严长明：《归求草堂诗集》，民国元年郎园刻本。

（清）纪迈宜：《俭重堂诗》，乾隆二十五年刻本。

（清）汪由敦：《松泉诗集》，台湾商务印书馆影印文渊阁《四库全书》本。

（清）傅仲辰：《心孺诗选》，树滋堂刻本。

（清）裘曰修：《裘文达公诗集》，嘉庆刻本。

（清）钱陈群：《香树斋诗集》，乾隆十六年刻本。

（清）王文治：《梦楼诗集》，乾隆六十年刻本。

（清）顾于观：《澥陆诗钞》，乾隆四年汪颀刻本。

（清）纳兰揆叙：《益戒堂诗后集》，《四库未收书辑刊》影印雍正元年揆永寿谦牧堂刻本。

（清）胡承珙：《求是堂诗集》，道光十三年刻本。

（清）桂馥：《未谷诗集》，道光二十一年刻本。

（清）查慎行：《敬业堂诗集》，《四部丛刊》本。

（清）戴文灯：《甜雪词》，乾隆十二年刻本。

（清）鲁一同著，郝润华编校：《鲁通甫集》，三秦出版社2011年版。

（清）程晋芳：《勉行堂诗集》，嘉庆二十三年邓廷桢刻本。

（清）蒋敦复：《啸古堂诗集》，光绪十一年王韬淞隐庐刻本。

（清）翁心存：《知止斋诗集》，光绪三年常熟毛文彬刻本。

（清）施补华：《泽雅堂诗二集》，光绪十六年两研斋刻本。

（清）管同：《因寄轩文集》，道光十三年管氏刻本。

（清）魏源：《古微堂诗集》，岳麓书社2011年版。

（清）钱大昕撰，吕友仁标校：《潜研堂集》，上海古籍出版社1989年版。

（清）钱大昕：《潜研堂诗续集》，嘉庆十一年刻本。

（清）钱大昕著，陈文和主编：《钱大昕全集》，江苏古籍出版社1997年版。

（清）秦瀛：《小岘山人诗集》，嘉庆刻递修本。

（清）李兆龄：《舒啸阁诗集》，乾隆李渭刻本。

（清）翁方纲：《复初斋诗集》，道光二十五年叶志诜刻本。

（清）翁方纲：《复初斋集外诗》，《嘉业堂丛书》本。

（清）张问陶：《船山诗草选》，嘉庆二十年刻道光二十九年增修本。

（清）沈季友编：《沈南疑先生檇李诗系》，康熙四十九年刻本。

（清）叶廷琯：《鸥陂渔话》，《续修四库全书》影印上海辞书藏同治九年刻本。

（清）纪昀：《阅微草堂笔记》，嘉庆五年望益书屋刻本。

（民国）徐珂编：《清稗类钞》第9册《鉴赏类》，中华书局2010年版。

（民国）徐世昌编：《晚晴簃诗汇》，退耕堂刻本。

（二）出土文献及图像资料汇编

台北“故宫博物院”编：《故宫书画图录（四）》，台北“故宫博物院”1990年版。

清室善后委员会编：《故宫物品点查报告》，线装书局2004年重印本。

北平故宫博物院编：《北平故宫博物院古物馆南迁物品清册》，北平故宫博物院1933年版。

北平故宫博物院编：《故宫书画集》1936年总第47期。

台北“故宫博物院”编：《故宫书画录》，台北“故宫博物院”1956年版。

台北“故宫博物院”编：《画马名品特展图录》，台北“故宫博物院”1990年版。

傅熹年主编：《中国美术全集·绘画编》（两宋卷上），中国建筑工业出版社1988年版。

傅熹年主编：《中国美术全集·绘画编》第5卷《元代绘画》，文物出版社1989年版。

甘肃省文物队、甘肃省博物馆编：《嘉峪关壁画墓发掘报告》，文物出版社1985年版。

冀东山编：《神韵与辉煌——陕西历史博物馆国宝鉴赏（陶俑卷）》，三秦出版社2006年版。

乾陵博物馆编：《丝路胡人外来风——唐代胡俑展》，文物出版社2008年版。

西安市文物保护考古所编：《唐金乡县主墓》，文物出版社2002年版。

陕西省博物馆、陕西省文物管理委员会编：《唐李贤墓壁画》，文物出版社1974年版。

陕西省历史博物馆编：《章怀太子墓壁画》，文物出版社2002年版。

孙建华编：《内蒙古辽代壁画》，文物出版社2009年版。

徐光冀编：《中国出土壁画全集（内蒙古卷）》，科学出版社2012年版。

王健群：《库伦辽代壁画墓》，文物出版社1989年版。

向南编：《辽代石刻文编》，河北教育出版社1995年版。

王仁波：《唐懿德太子墓壁画题材的分析》，《考古》1973年第6期。

德新、张汉君、韩仁信：《内蒙古巴林右旗庆州白塔发现辽代佛教文物》，《文物》1994年第12期。

敖汉旗文化馆：《敖汉旗李家营子出土的金银器》，《考古》1978年第2期。

无锡市博物馆：《江苏无锡市元墓中出土一批文物》，《文物》1964年第12期。

张润平：《中国国家博物馆藏辽金元春水、秋山玉器初探》，《中国国家博物馆馆刊》2012年第10期。

杨伯达：《女真族“春水”“秋山”玉考》，《故宫博物院院刊》1983年第2期。

邵国田：《敖汉旗博物馆收藏一批辽墓木版画》，《内蒙古文物考古》1999年第1期。

邵国田：《敖汉旗羊山1—3号辽墓清理简报》，《内蒙古文物考古》1999年1期。

贾鸿恩等：《辽萧孝恭萧孝资墓志铭考释》，《北方文物》2006年第1期。

二、研究论著

（一）学术专著

Thomas T. Allsen: *The Royal Hunt in Eurasian History*, Philadelphia: University of Pennsylvania Press, 2006.

Maxwell K. Hearn: *Reunification and Revival*, *Possessing the Past: Treasures from the National Palace Museum*, Taipei, Distributed by Harry N. Abrams, Inc., New York, 1996.

Peter Burke: *Eyewitnessing: The Uses of Images as Historical Evidence*, London: Reaktion Books, 2001.

Cahill James:*An index of early Chinese Painters and Paintings*:*T'ang*,*Sung*,*and Yuan*,Floating World Editions,1980.

Fu Lo-huan:"*Nat Pat*" *and* "*Ordos*"(*Camps and Tents*),*A Study of the Way of Life and Military Organization of the Khitan Emperors and their People*,London:School of Or. and Afr. Studies,1950.

D. S. Rice:The Seasons and the Labors of the Months in Islamic,Ars Orientalis,1954 Vol. 1.

A. M. Harmon:The Paintings of the Grotta Campana,American Journal of Archaeology,1912. Vol. 16,No. 1.

[英] 彼得·伯克著，杨豫译：《图像证史》，北京大学出版社 2008 年版。

[苏联] Б. Я. 符拉基米尔佐夫著，刘荣焌译：《蒙古社会制度史》，中国社会科学出版社 1980 年版。

张广达：《文本、图像与文化流传》，广西师范大学出版社 2008 年版。

李晓峰等：《契丹艺术史》，内蒙古人民出版社 2008 年版。

石守谦：《风格与世变：中国绘画十论》，北京大学出版社 2008 年版。

石守谦主编：《大汗的世纪：蒙元时代的多元文化与艺术》，台北"故宫博物院"2001 年版。

刘浦江：《松漠之间——辽金契丹女真史研究》，中华书局 2008 年版。

杨若薇：《契丹王朝政治军事制度研究》，中国社会科学出版社 1991 年版。

陈高华、史卫民：《元代大都上都研究》，中国人民大学出版社 2010 年版。

陈高华、史卫民：《中国风俗通史（元代卷）》，上海文艺出版社 2001 年版。

杨风祥主编：《北京市通县地名志》，北京出版社 1992 年版。

（二）学术论文

韩雪岩：《北方草原画派绘画品格的成因分析》，内蒙古师范大学 2005 年硕士学位论文。

彭慧萍：《台北故宫藏〈出猎图〉〈回猎图〉之成画年代暨意涵析探》，台湾师范大学 2001 年硕士学位论文。

吴婉源：《辽墓壁画夫妇出行图图像样本的艺术渊源考述——兼议“北方草原画派”》，中央民族大学 2011 年硕士学位论文。

王丽：《唐代狩猎图案及狩猎俑的初步研究》，西北大学 2012 年硕士学位论文。

乌云格日勒：《人类学视野中的成吉思汗祭奠》，中国社会科学院研究生院 2006 年博士学位论文。

陈兆复：《契丹族画家胡瓌和北方草原画派》，《美术》1980 年第 3 期。

陈兆复：《契丹绘画》，《内蒙古社会科学》1980 年第 4 期。

盖山林：《草原的绘画和造型艺术》，《丝绸之路草原文化研究》，新疆人民出版社 2009 年版。

乌力吉：《草原文化与内蒙古美术的崛起》，《美术》2013 年第 1 期。

乌力吉：《北方草原画派与内蒙古美术》，《美术研究》2011 年第 3 期。

李清泉：《辽代宫廷绘画机构的两种体制——兼论风格与画派》，《贵州大学学报（艺术版）》2004 年第 1 期。

张鹏：《辽代庆东陵壁画研究》，《故宫博物院院刊》2005 年